生き神の思想史

生き神の思想史

日本の近代化と民衆宗教

小沢　浩

岩波書店

家永三郎先生に献ぐ

はしがき——読者へ

小著は、私がこれまで折にふれて発表してきた民衆宗教に関する論文やエッセイに大幅な手を加え、なるべくその全体像が捉えられるように構成したものである。

収録した作品には、二、三の小品を除いて、かなり念の入った「まえがき」がついており、それらを読み合わせていくと、私なりの課題意識や方法的な立場がご理解いただけるようになっている。したがって、ここではできるだけ無用の解説は控えておきたいのだが、そうすると、この風変りなタイトルだけが一人歩きを始めて、結果的には読者の期待を裏切るというおそれも、ないとはいえない。そこで、私がこのタイトルに託して意図している事柄についてのみ、あらかじめごく簡単に述べておくことにしたい。

目次を一瞥していただければおわかりのように、タイトルの「生き神の思想史」も、サブタイトルに付した「日本の近代化と民衆宗教」も、ともに本書に収録した個別論文のタイトルから採ったものである。それは、良かれ悪しかれこの二つの論文が小著の柱をなしており、テーマ的にも、そうした主題が全編を貫くものとなっているからにほかならない。しかし、それだけの説明では、無論、予想される読者の誤解をとくことにはならないであろう。

予想される誤解というのは、私の思いこみでなければ、要するに、「民衆宗教」、「生き神」とくると、いわゆる「土俗回帰論」的なものと混同されるのではないか、という点である。もちろん、誤解や反発の自由はいつも、読者の側にある。しかし、読み終ってから看板の偽りを指摘されるのは、やはり、私の本意ではない。なぜなら、いずれ本書を読み通していただければわかることだが、私の意図の一つは、むしろ、民衆宗教に対する一般的な理解を、そうした主観的・情動的な「土俗回帰論」などの文脈から解き放つことにあるからである。

私が教祖たちの足跡を通して民衆宗教との出会いに導かれたとき、私の前にはすでに、先駆者たちの切り開いたいくつかの優れた研究の成果があった。私はそれらの成果から、近代の民衆宗教が、民衆の自己解放・自己変革をめざす運動として、また思想として、いかに重要な意義を担うものであったか、ということを教えられた。しかし、私の関心はさらに、どのような宗教的観念の特質が、そうした解放思想・変革思想の成立を媒介しているのか、という問題に向けられていった。そして、民衆宗教がまさに宗教として切り開いた新たな思想的地平をさぐり、それをあえてロゴス化しようとしたとき、私にはどうしても「生き神」という以外にそれを表す適切な言葉を見出しえなかったのである。それが、私がこのタイトルに固執しなければならなかった、なによりの理由である。

しかし、私がここでぜひ、言っておきたいのは、必ずしもそのことだけではない。いま、巷に目を向けると、日本人はこんなに読書家であったのかと、改めて驚嘆させられるほど、活字が洪水のごとく世にあふれ、そのなかには類書を見出すことも、もはやまれではない。にもかかわらず、私がその愚を重ねる理由が、一体どこにあるのか、ということである。たとえば、それが「研究書」

であるなら、好きな言葉ではないが、いわゆる「新機軸」の有無が、その評価を左右してくれる。しかし、小著がはたして「研究書」なのかどうかという点を含めて、そうした判断は全て、読者に委ねるのが筋合いというものであろう。とすれば、私があえて小著を世に問う理由として言えるのは、ただ、民衆宗教の教祖たちと、その教えに従って生きた人たちが残してくれた足跡を、少しでも多くの人たちに伝えたいということ以外には何もない。なぜなら、そこから放たれてくる光が、すでに見失われつつあるわれわれ自身の足あとを照らし出し、われわれがどこから来て、いまどこにいて、どこに向かおうとしているのかを、くっきりと映し出しているように思われてならないからである。私の拙い筆先を通して、そのことがいくらかでも明らかになってくれることを、願ってやまない。

なお、私の民衆宗教にたいする問題意識やアプローチの仕方のなかには、当然のことながら、時間的な推移とともに変化してきた部分がある。しかし、そうした観点から、これまでの作品をすっかり書き改めるとなると、さらにどれだけの歳月を要するやも知れないので、大幅な手入れとはいっても、ここでは字句的な修正や資料の追加の程度にとどめざるをえなかった。したがって、全体としての論旨には、必ずしも整合的でないところもあるが、巻末の初出一覧から、せめて、その新旧の別を読みとっていただければ、幸いである。

一九八八年五月一八日

小沢　浩

目　次

目　次

III

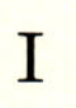
I

日本の近代化と民衆宗教

はじめに

「あなたはどちらからお参りなされたか」

「私は周防（すおう）の国から参詣いたしました」

「……周防の国は何郡何村、お名前は何と申しますか」

「周防の国は熊毛郡大野村、徳永健次と申します。……私は眼病で参詣いたしました」

「神様へ一心にご信心なされませ。おかげはあります。遠慮はないから近うお寄んなさい。お話をせねばなりません。私のことを人が、神、神と言いますが、おかしいではありませんか。私が、なんの、神であろうぞ。私は、何も知らぬ、土を掘る百姓であります。……これへおいでなされるお方が神様であります(参る人を指して、神と言われたり)。あなた方が神様のお子でありましょうが。生神ということは、ここに神が生まれるということであります。私がおかげの受けはじめであります。あなた方もそのとおりにおかげが受けられます。……あの天照皇大神というは日本の神様であります。天子様のご祖先であります。この神(天地金乃神)様は日本ばかりの神様ではありません。三千世界を御つかさどりなされます神様であります。……病気になると、強い物を食うては悪いとか言いますが、強い物を食わんと体が弱うなります。油強い物を食いさえすれば、体が丈夫になります。……この世へは食いに生まれたのでありますぞよ。また、体へ灸をすえると傷がつきます。……あの立ち木へでも、鎌を当て、おうこ(てんびん棒)を当てると、傷がつきます。その傷より、大風が吹くと、風折れがしますぞよ。素直に育った木は、めったに風折れはしません。人間もそのとおり、神様よりきれいな体をくだされたものであります。それに傷をつけたり、鍼を立てたりすると、体がちびます。……あの暦(こよみ)をそしるではないが、旧の暦には、今日は「麦まきよし」「菜まきよし」「そばまきよし」とあるが、大雨降りにでも、……どうでも、まかねばならぬと言うて大雨降りにまいては、つまりません。……」[1]

ときは一八八二(明治一五)年の晩秋、ところは岡山県浅口郡大谷村の百姓家の一室。そして、みずから「土を掘る百姓」と名乗るこの家の主人は、黒住教や天理教などとともに、幕末民衆宗教の一つとして並び称される金光(こんこう)教の教祖金光大神(こんこうだいじん)である。

この会話のなかには、人間を神の子とする考え方や、みずからの信ずる神を天照大神にもまさる三千世界に比類なき存在とみる見方、いわれのない俗信への鋭い批判などがみられるが、これらは多かれ少なかれ、幕末から近代にかけての民衆宗教に共通した特徴であった。しかも、同じ境涯に身をおく民衆への深い共感に裏づけられた教祖の穏やかな語り口は、新政への期待に裏切られた民衆の心をしっかりととらえていった教祖の人間的な魅力を、余すところなくいまに伝えている。

しかし、一八八二年の末といえば、ときあたかも自由民権運動の高揚がその極に達し、県令三島通庸の圧制に抗して立ち上がった福島の農民たちが自由党員とともに決起し、二〇〇〇人におよぶ逮捕者を出すという福島事件のただなかであった。それを思うと、いかにも牧歌的というほかはないこの会話の風情は、一見色褪せたもののように見えてくる。そして、ここに民衆意識の断層を垣間みる人たちは、歴史の進歩を促す民衆の変革意識を、疑いもなく自由民権運動のうちに見出そうとするであろう。

たしかに、幕末から近代にかけての民衆宗教の運動は、それ自体直接、政治的・社会的変革をめざす運動ではなかったし、ごく例外的なケースをのぞいては、そうした運動とかかわりをもつこともなかったといってよい[2]。しかし、そのことからわれわれはただちに、民衆宗教の運動が民衆の解放、社会の変革とまったく無関係のものであった、と結論づけてよいだろうか。はたして、この歴史の断面にあらわれた二つの民衆像は、それぞれに交わることのない別個の存在だった、と断定してよいのだろうか。

いずれにせよ、当時の国家や社会における宗教の位置、民衆の生活における宗教の役割が、今日のそれとは比較にならぬくらい大きなものであったことを想起するなら、このような宗教運動が、宗教運動なるがゆえにはたしえた独自の役割を、まさに国家や社会とのかかわりにおいて、いま一度とらえかえしてみなければならない。そのことによってはじめてわれわれは、幕末から近代にかけての民衆意識の到達点をその深部から把握し、近代天皇制国家の内面をその足下から照らし出すことができるのではないだろうか。

そうした観点から、ここではとりあえずこの会話の主人公である金光大神の思想形成と金光教団の成立過程に主な照明をあてながら、右の課題に接近していってみたい。もちろん、民衆宗教の歴史的な意義は、一教祖一教団のみの検討をもって語り尽せるものではないが、少なくとも、「土を掘る百姓」を自認するこの人物の生き方のなかには、当時の広範な生産者農民が背負っていた普遍的な課題と、その意識面でのたたかいの集積がみごとに結晶しており、以後の教団のあゆみにも、そのような民衆的性格のゆえに直面しなければならなかった近代国家との相剋のあとが、典型的に映し出されていると思うからである。

近年、「高度成長以後」と呼ばれる新たな問題状況のなかで、改めて「近代」の残した負の遺産を見極めるとともに、いわゆる「近代化」とは異質の民衆文化の伝統を掘り起し、再評価しようとする気運が高まってきている。いまわれわれが民衆宗教の問題を取り上げる動機も、一つはそこにあるといってよい。しかし、そうした試みのなかにはまた、「歴史」の恣意的な「切り取り」によって、ただちに現代の問題を説くよすがにしようとするものも少なくない。切り取られた「歴史」の幻想性は、畢竟、かつての国体史観と選ぶところがない。その意味で、われわれの歴史的現実はわれわれだけのものとして直視し、かれらだけのものとしての民衆宗教の歴史的現実に向き合ったとき、はじめて、民衆宗教のうちに含まれる豊かな遺産は、われわれ自身のものとなるであろう。これまで、ともすれば教祖の段階にとどまっていた民衆宗教への射程を、ここでは教祖以後の、少なくとも国家神道体制の確立期にまで伸ばそうとしているのも、そこにこそ、われわれの向き合うべき歴史的現実があると考えるからにほかならない。

一　幕末民衆宗教における生き神思想の成立――金光大神の思想形成をめぐって

1　思想形成を促すもの

金光教教祖金光大神と成立期の金光教に関する基本的な資料としては、「金光大神御覚書」(以下「覚」と略)、「お知らせ事覚帳」、「金光大神御理解集」(以下「理解」と略)などがある。前記の二者は教祖自らが書き残した信仰的回顧録、後者は直信やその縁故者等の伝える教祖の言行録で、いずれも一九八三年に刊行された『金光教教典』に収録されており、以下の教祖に関する記述や引用も、主としてこの教典資料に依拠している。(3) また、「金光大神」の名称は、教祖がその信境に応じて神から授けられた「神号」の最後のものであり、教団での正式な呼称もこれに従っているが、俗名は赤沢文治という(ほかに川手文治郎を名乗っていた時期もあるが、農民時代は赤沢文治と称する期間が最も長かったようである)。この神号と俗名のいずれを用いるかは、ひとそれぞれの立場や状況によるが、消極的には信仰を共有しない者がみだりに神号を唱えることにはばかりがあるのと、より積極的にはあくまで「人間教祖」という視点に徹する意味で、ここでは一貫して文治の名を用いることにする。

赤沢文治は一八一四(文化一一)年、備中国浅口郡占見(うらみ)村の貧農の次男として生まれた。これは天理教の教祖中山みきが生まれてから一六年のち、丸山教の教祖伊藤六郎兵衛が生まれる一五年前、大本教の開祖出口(でぐち)なおの生まれる二三年前のことである。文治は一二歳のとき、隣の大谷村の農業川手粂治郎の家に養子として迎えられ、伊勢参宮(いわゆる文政のおかげまいり)や四国遍路の旅に出かけたほかは、七〇年におよぶ生涯のほとんどをこの村ですごした。大谷村は備中浅尾藩蒔田(まいた)家一万石の所領で、文化一三年の大谷村明細帳によれば、村高二四〇余石、耕地四五町余、人口四七五、また天保一五年の畝高書分帳によれば、高持百姓一二三名中四反以上の土地持が一三名ばかりという零細な小村であった。[4] 青木虹二の『百姓一揆総合年表』によると、備中では文政から慶応にかけての五〇年ほどのあいだに一九件の百姓一揆と、一〇件の村方騒動が起っているが、いまのところ大谷村がかかわりをもった形跡はない。

文治の養家も代々貧窮化の一途をたどり、養父粂治郎のときにはついに三畝一七歩の土地を残すばかりとなって、その母親のごときは一時、蒔田家から救助米を仰がねばならぬほどであったという。このため粂治郎は、一念発起して江戸奉公にでかけ、その資金をもとにようやく二反六畝ばかりの土地持にはい上ったときに、はじめて文治を迎え入れたのである。養父の死後、文治は八公二民といわれるほどの激しい収奪のなかでさらに経営の拡大につとめ、一八五六(安政三)年のころにはついに四反三畝一二歩、村の高持百姓一二七家の一〇位あたりに位置するまでになった。最近の研究では、この経営面積は、小作地も含めると一町歩前後であったと推定されており[5]、生産力の点などを考慮すると、これだけの経営を自力で維持していくことは、必ずしも容易なことではなかったと思われる。

ところが、このようにしてようやく家運が上向きに転じた一八四〇年代から五〇年代にかけて、文治の家には思いがけない不幸がつぎつぎと襲ってきた。まず一八四二（天保一三）年に長男が四歳で夭折したのを皮切りに、三人の子供が相次いで早世し、二頭の飼牛が年をはさんで病に斃れ、一八五五（安政二）年、文治四二歳の厄年にはついに自らが重病の床に臥せるという事態に見舞われる。そしてこの試練が、文治の意識変革を促す直接の契機となっていくのだが、その場合、単に病や死にたいする万人共通の恐怖感だけでなく、それがただちに経営の破綻＝家の没落の危機と結びついていたところに、幕藩体制の解体期に生きる農民文治に固有の「不幸」の意味があったことを見逃してはならない。

ところで、このような苦難に遭遇した文治は、何によってその解決をはかろうとしたのであろうか。その間の消息を、「覚」によってたずねてみよう。

女おちせ（長女）未明より病気なり。医師二人もつけ、祈念、講中、親類のごやっかいに相成り候。一日医師両人も薬り（治療し）、晩には病死仕り候。……槙右衛門（二男）当病にて、病気増し。医師服薬。医師に、いかがと伺い、心配なしと申され。その夜、夜中熱（よじゅう）にたてられ、もんらんいたし。……それからおどろき、祈念、裸まいり、総方神々願いあげ。祈念成就せず、死に申し候。……その日より、延治郎(三男)六歳にて、この子はほうそう出、申し、見舞いに来た人が見られて知らせくだされ候。……注連主神田筑前殿(大谷村の神職)願い、五月二十八日注連あげ(疱瘡などが治って注連をはずし厄守りを送る行事)仕り候。親類よび、一人は死んでも神様へごちそう申し上げ、神職へ喜ぶようにお礼いたし。筑前殿より、品物法類内(神職・僧侶・山伏らの仲間うち)へひろめ、ふいちょういたし。(「覚」3―11〜18。以下数字は『教典』の章・節番号)

文治の淡々とした筆致のなかに、かえってその無念の胸中がうかがわれるが、それはともかく、ひとたび家内に病人がでると、医師にかかることはもちろん、さまざまな祈念や祈禱がおこなわれたこと、しかもそれには親類縁者をはじめ村の講中のものまでが関与していること、さらには村の神職や山伏などの職業的宗教人もそこに寄生して、収奪をほしいままにしていたこと、などを知ることができる。ちなみに、当時の同地方は天台宗と修験道の地盤で、ことに浅口郡一帯は修験宗本山派の西国地方における根拠地、児島五流の一つである伝法院の霞下であり、大谷村周辺にも相当数の山伏が勢力を張っていた。(6) この地方では、数ある民間信仰のなかでも、とくに日柄・方位のタブーにまつわる金神信仰が盛んで(全国的には関西以西に多く見られる)、後述する文治の新たな神との出会いも、まさにこの金神信仰への集中―内面化によってもたらされるわけだが、こうした金神信仰の流布には、山伏たちの活動も深いかかわりをもっていたとみられる。(7)

それでは、このような不幸災難のよって来たる原因を、文治や村の人たちはどのようにみていたのであろうか。同じく「覚」では、文治が四二歳の厄年に重病をわずらった折の様子にふれて、次のように記している。

親類寄って、神々、石鎚様(四国伊予国の修験道の霊山石鎚山の神で、この地方の人々の信仰を集めていた)、祈念願い申しあげ。新家治郎子の年へおさがり(神霊が乗り移ること)あり。普請わたまし(転居)につき、豹尾、金神へ無礼いたし、お知らせ。妻の父が、当家において金神様おさわりはないと申し、方角を見て建てたと申し。そんなら、方角みて建てたら、この家は滅亡になりても、亭主は死んでも大事ないか、と仰せられ。私びっくり仕り、なんたこと(なんということ)言われるじゃろうかも思い。私がもの言われだし、寝座にてお断り申し上げ。ただいま氏子の申したは、なんにも知らず申し。私戊の年、年回り悪し、ならんところを方角見てもらい、何月何日と申して建てましたから、狭い家を大家に仕り、どの方角へご無礼仕り候、凡夫で相わからず。方角見てすんだとは私は思いません。以後無礼のところ、お断り申しあげ。(「覚」3―4〜5)

「普請わたましにつき……」というのは、過ぐる一八四九(嘉永二)年に家屋買収の話がおこり、陰陽頭土御門家の直門であった庄屋の小野光右衛門に日柄・方位の吉凶をみてもらったところ、年回りが悪いといわれるが、あえてくりあわせを願って普請を強行したことをさし、それが豹尾・金神への無礼となって、こうした報いを受けているのだ、というわけである。「日柄・方角」は「占卜・祈禱」とともに、土御門家の支配する陰陽師の重要な家職の一つであった。[8]したがって、光右衛門の媒介する陰陽道も、この地方では山伏の機能と並んで、もともと陰陽道系の俗信に発する金

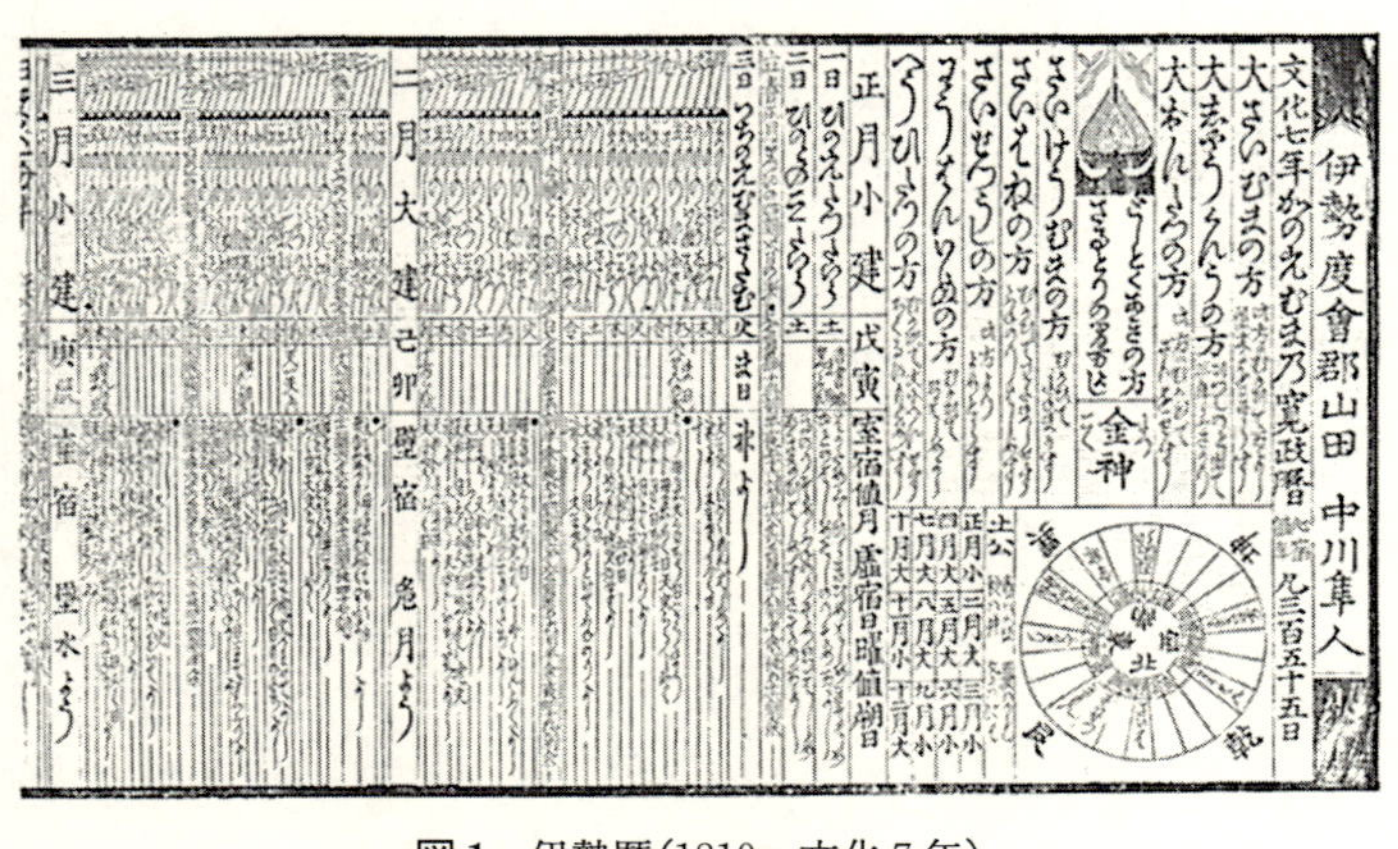
伊勢度會郡山田　中川隼人
文化七年かのえむま乃寛政暦　凡三百五十五日
大さいむまの方
金神
正月小　建　戊寅　室宿
二月大　建　己卯　壁宿　危月よう
三月小　建　庚辰　奎宿　壁水よう

図１　伊勢暦(1810＝文化７年)

神信仰を補完するものであったと思われる。当時はこのような日柄・方位の俗信が、民衆の生活から生産の万般にわたって網の目のようにはりめぐらされていた。たとえば伊勢御師(おし)(伊勢神宮の下級神職で、民間の伊勢信仰の媒介者)が、檀家回りをするさいのみやげものとして全国的に普及していた「伊勢暦」などをみてみると、その実態がよくわかる。上掲の写真は一八一〇(文化七)年当時のものだが、ここでも鬼門の金神はその中心に座している。冒頭の「大さいむま(うま)の方」以下は、「八将神方(はっしょうじんかた)」とよばれる方位の俗信で、それぞれの方角に向かって、木を切ってはならない、お産をしてはならない、種をまいてはならない、転居してはならない、嫁をとってはならない、大小便をしてはならない等々のことが書き連ねられ、そのうえ、各日ごとにその日柄が幾重にも規定されていた。文治がさきの会話のなかでも触れているように、それは農作業に関することまかい指示にまでおよんでいたのである。そして、ひとたび誰かの身の上に不幸や災難がまき起ると、それはきまってこのような禁忌を犯したからであり、厄神の怒りをかったからだとされ、文治の場合も、周囲の人たちは、まさにそうした「常識」によって文治を、そして自分自身を納得させようとしたのであった。

しかし、これに対して文治は、どの方角に無礼があったのか自分は凡夫でわからない、また方角をみてすんだとも思わない、と答えている。つまり、かれはもはや世間の「常識」では律しきれないところに「凡夫」としての自らの限界をみつめ、そのような凡夫性に、あらゆる問題の根源を見出そうとしていたのである。後年、かれは、こうした俗信俗説の大胆な否定者となったことで知られている。しかし、その思想的な契機が、必ずしも近代のいわゆる「科学的」な合理思想によってではなく、このような凡夫認識に示されている人間存在への深い問いかけによって与えられていることを、私はなによりも重視したい。

それはともかく、こうした俗信をつつみこむところの民衆のひろい意味での宗教意識は、そもそも近世社会のどのような特質によって生みだされてきたのであろうか。それはまた、民衆の社会観や秩序観の形成とどのようにかかわっていたのであろうか。その点を理解することによって、われわれは文治の直面していた問題の切実さも、その歴史的意義も、より一層、明確にすることができるであろう。そこで、以下しばらくは文治の問題から離れて、いま少しひろい見地から、その背景をなす時代のすがたに照明をあてておきたい。

2　幕藩制社会と宗教

右の問題を考えていくとき、われわれはまず前近代社会一般に共通することがらとして、つぎの点を確認しておく必要があるだろう。すなわち、人間の生産活動が土地・水・太陽などの自然的条件に依拠し、集団的な生産と生活の営みを不可欠の前提とする前近代社会では、人々の宗教的行為も、その観念も、こうした自然的集団的条件から離れて存在することができず、そのことが民衆と宗教、宗教と国家の関係をわかちがたいものにしていたということである。そこでは宗教はより強く共同体秩序を維持するものとしてはたらき、そのような宗教の機能を独占的に支配することが権力にとっても不可欠の条件であったから、近代的な意味での信教の自由はもちろん存在せず、政教一致の原則が政治のあり方を、したがってまた、宗教のあり方そのものを深く規定づけていた。さきの文治をめぐる宗教的環境も、こうした連関のなかでとらえるならば、けっして大谷村にのみ固有のものではなく、その社会的役割も今日のわれわれが想像する以上にひろく、かつ深いものであったことが理解されるだろう。ところで、一口に前近代といっても古代から中世、中世から近世にかけてはおのずから一定の変化があり、近世には近世の幕藩制社会に固有の宗教の存在形態があった。

これをまず政治権力と宗教的権威との関係からみていくと、古代社会においては、たがいにわかちがたく融合していた両者の関係が、封建時代にはいるとともにそれぞれ自立化の方向をたどりはじめ、中世末期の段階では一向一揆にみられるように、宗教勢力がそれ自体、世俗的権力の一つとして統一政権の確立をめざす領主勢力と相対峙するまでに成長する。ところが太閤検地・兵農分離を画期とし、一向一揆の殲滅、キリシタンの弾圧を直接的契機として政治権力の自立性がいちだんと強化され、宗教に対する政治の圧倒的な専制支配が確立する。この点にわれわれはまず、幕藩体制下における宗教のあり方を規定づけている、もっとも基本的な性格をみることができるであろう。これを支配イデオロギーのレベルでみてみると、そこでは宗教的権威の光背をたちきった独自の政治思想=儒教が支配イデオロギーの中核にすえられ、これを補強するかぎりで神道思想とは一定の習合がはかられたものの、仏教は非合理的なものとして排除されるにいたった。しかし、たとえ支配イデオロギーとしては副次的なものであったにしろ、宗教が専制支配の対象とされなければならなかった理由は、むしろ民衆自身の側にあった。すなわち、近世の場合においても、民衆の生産活動がなお自然的条件に依拠し、集団的な営みを維持しなければならず、しかもその枠内での一定の生産力の発展によって農民が成長し、太閤検地・兵農分離を契機として中世的家父長的な宗教・祭祀のヒエラルキーが解体しつつあったなかでは、民衆の精神生活においては宗教が依然として重要な役割を担い、民衆の宗教活動は以前にもまして活況を呈するようになった。近世における宗教的社会現象として特筆されるべき伊勢神宮への集団参宮=おかげまいりの盛行をはじめ、さまざまな民衆的現世利益宗教の展開は、この背景をぬきにしては考えられない。したがって幕藩権力にとっても、民衆に対する政治的支配を貫徹するためには、なお宗教をその手段として用いざるをえず、逆にまた、民衆の宗教意識の動向も、このような権力側の対応によって深い影響を受けずにはいられなかったのである。

こうした事情のもとで展開された幕府のもろもろの宗教政策のうち、いま、民衆に対してもっとも深い影響をあたえたと思われるものを一つあげるとすると、それは、ひとびとを特定寺院の檀家として登録させる寺檀制度の創設をおいてほかにないであろう。

寺檀制度は、いうまでもなくキリシタン弾圧の手段としての宗門改め(各人が特定寺院の檀家たることを当該寺院に証明させる)を直接の動機として創設されたものだが、一六七一(寛文一一)年、宗旨人別帳(寺檀関係を明記した戸籍帳簿の一種)の記載が統一されて以後は、単なる邪宗門禁制の手段たるにとどまらず、民衆の生活をすみずみまで監視し規制することによって、かれらを土地に緊縛しておこうとする、すぐれて封建的な役割を担うものとなった。したがって寺檀制度のはたした歴史的役割のうちとくに重視されるのは、やはり村請(年貢・諸役を村の連帯責任で納めさせる制度)に対する寺請(宗門改めをはじめ、寺院に各人を把握させる制度)、すなわち政治的支配機構の一環として機能した側面だが、そのことは民衆の宗教意識に対しても意外な影響をあたえる結果となったのである。

すなわち、寺檀制度の創設は、すでにキリシタンや、幕府から異端視された日蓮宗の不受不施派の禁圧によって、いちじるしくせばめられていた民衆の宗教選択の自由を決定的に奪い去り、しかも「葬式仏教」などといわれるように、檀家の帰属する檀那寺の機能を家の死者のために法事を営む「菩提寺(ぼだいじ)」の枠に限定したため、民衆はしだいに現世利益の願いを、これも寺檀制度によってはじきだされた多くの職業的宗教人、御師(おし)(身分の低い神職や社僧で、主として祈禱をなりわいとした)・山伏らの媒介するさまざまな民間宗教に求めるようになり、その結果、かれら巷間の宗教者たちに特有の習合的多神観(相異なる信仰を折衷し、複数の神々が並存するとみる見方)と呪術的観念が民衆の宗教意識を根深く支配するようになった。

こうした習合的多神観と呪術的観念の流行が民衆意識にあたえた影響には、はかりしれないものがあるが、まずさきにみてきた俗信俗説の横行によって民衆の合理的な思惟の成長がいちじるしく妨げられたことは、その最たるものであるといえよう。とくに、封建的な収奪そのものに究極の原因を求めなければならない民衆の不幸や災難が、あたかも神々の意志によってもたらされたかのようにみられることによって、民衆の政治意識の成長がいちじるしく阻害された点を重視しなければならない。しかも、これが強い習合性をもった多神観に裏づけられていたことは、正統的宗教イデオロギーを欠いた幕藩権力のイデオロギー支配の特質ともあいまって、幕末維新の変革期における人民闘争をささえるべき強力な異端的宗教思想を成立させえない原因ともなった(ただし幕末の人民闘争は、民衆の宗教意識とまったく無関係に展開されたわけではない。この点については後述する)。

このように寺檀制度はいわば幕藩制国家の強制によって生みだされたものであったが、これに対して村落の内部で営まれる宮座(祭祀を営む団体)や講(特定の信仰行事を営む団体)などの宗教組織は、そこでの生産活動にも密着し、しかも共同体の自治的な運営にいちおうゆだねられていたという意味で、独自に検討されなければならない問題を含んでいる。

宮座や講の問題についてはこれまでにも民俗学をはじめ、さまざまな観点から論じられてきているが、とくに社会的・政治的機能の側面からこれをみていこうとする場合、一口に共同体といっても、その中味がけっして平板なものではなく、不可避的に階層的な矛盾をかかえこんでいたという点に注意を払う必要がある。すなわち、宮座も講もともに近世村落の発展にともなって、民衆の現世利益の要求を実現する基礎的な単位としていちじるしい発展をみたが、初期にあっては名田地主(中世以来の名田に由来する土地を所有する有力地主)、役家層(特定の夫役をつとめる有力農民層)と隷属的小百姓、中期以降にあっては質地地主(質入れされた土地を小作に出す地主)、豪農と貧農半プロ層(土地を失ったが、賃金労働者に転化せず零細な小作あるいは日傭・雑業で生きる農民層)の間で展開された村落内部の矛盾が、つねにこのような宗教組織にも一定の政治性をあたえることになり、基本的には絶えず前者の後者に対する支配ないし優位の正当性を保障するものとして機能させられていた。宮座の場合は、祭神である村氏神が、共同体の利害の一致を幻想させる宗教的シンボルとしてはたす役割を前提としつつ、とくに祭祀権の排他性、すなわち村落支配者層による祭祀権の独占、ないし階層序列にみあった祭祀権の配分が、村落内部の支配関係を保障する有力な手段となっていた。講の場合も、伊勢講などの代参講には、村落秩序からの解放の要求を一時的にみたしてくれる側面もあったが、組織的にはついに共同体の壁を突破するものとはならなかった。

幕藩体制下における宗教と民衆意識とのかかわりをめぐる問題についてはまだまだ検討してみな

ければならない問題がたくさんあるが、とりあえず以上の検討からわれわれは少なくともつぎの点を確認することができるであろう。すなわち、幕藩体制下における民衆の宗教意識や宗教組織が、不可避的に負わされていた右のような政治的・社会的役割の大きさを考えれば、幕藩体制解体期における民衆の自己解放のためには、このような宗教意識や宗教組織の変革が必須の条件であった。そして宗教意識、とりわけ神観念の問題についていえば、その習合的多神観と呪術的観念を克服していくことが、また、組織的な問題としては村(あるいは家)を契機とする宮座や講の論理から自己を解放していくことが、より具体的な課題として民衆に提起されていた。このすぐれて自己否定的なかかわりが要求される困難な課題に、幕末期の民衆はどのように取り組んでいったのであろうか。ここでふたたびわれわれは文治の問題に立返ってみなければならない。

3　生き神思想の成立

石鎚神のお知らせの一件があってから二年の歳月を経た一八五七(安政四)年一〇月のある日、近くの亀山村に住む実弟の繁右衛門から文治のもとに使いの者がやってきた。かれのいうには、繁右衛門が「金神様お乗り移り」と口走りながら乱心の体で「早う兄の文治を呼んできてくれ」と頼んだのだという。とるものもとりあえず駆けつけた文治に、繁右衛門は金神の頼みとして屋敷がえの建築資金の援助を命ずる。文治は日ごろ畏怖している金神が目の前で弟の体に乗り移っているさまをみて大いに驚き、つつしんでこの頼みを引き受けた。このことがあってから文治はしばしば繁右衛門のもとにかよって、金神のさしずを仰ぐようになる。越えて一八五八(安政五)年の元旦のこと、繁右衛門の口をとおして次のような神のお知らせがあった。

戌の年(文治)は、神の言うとおりしてくれ、そのうえに神と用いてくれ(立ててくれ)、神も喜び。金乃神が、戌の年へ礼に拍手(かしわで)を許してやるからに……。戌の年、今までは、だんだん(いろいろと)不時、不仕合わせ、難を受け。これからは、何事も神を一心に頼め。医師、法人(山伏などの祈禱師)、いらぬようにしてやるぞ。(「覚」4―1)

二年前、新家治郎に乗り移って文治の非を責めてやまなかった石鎚神とは趣を異にする新たな神が、ここに登場してくる。この神はもはや人間に災いのみをもたらす祟りの神ではなく、したがって日柄・方位の禁忌ともかかわりなく、ただ神を一心に頼む信心のみによっておかげをいただくことのできる救いの神であった。この新たな金神信仰はもちろん繁右衛門をとおして授けられたわけだが、繁右衛門はまた別のある婦人からこれを伝えられたのだという(9)。このことは、金神信仰がすでに山伏らの手から離れて民衆自身の手に移行しつつあったこと、すなわち、それまでは職業的宗教人の手に独占されていた現世の禍福の問題を自らの手に奪い返し、自らの要求にかなったものとして追求しようとする態度が、すでにこの地方の民衆のなかに芽生えつつあったことを意味している。こうした背景があってこそ繁右衛門の境地も、以後の文治の思想の展開も可能になったのだ、ということを忘れてはならない。しかし、その一方で、本来ならば除けたり封じたりするはずの金神に、自己の存在をかけて向い合い、その苦難の意味を問いつづけてやまなかった文治の主体的なかかわりが、すでに、氏子をいとおしみ、氏子の難儀を救う以外のものではありえないところの新たな民衆の祖神との出会いを準備していたのだともいえるであろう。

かくして、繁右衛門の神がかりを契機に新たな信境を切り開いた文治は、同じ年の七月、盂蘭盆会の精霊回向のとき、突然、金乃神の言葉を自ら口にし、その後も神の声をじかに感得するようになった。そしてこのときから、なにごとによらず神の意志をうかがい、神の命ずるままに生きんとする新たな生活が始まる。

神の意志、それは見方をかえれば文治の意識の底でうごめいているひそかな確信や願望そのものであったにちがいない。このころの神のさしずに、しばしば世の通念に反することがらが多くみられるのもそのためであろう。しかし、それを忠実に実践しようとする文治の態度に、もはやためらいはなかった。とくに当時の神のさしずのなかには農作業に関するものが多く見出されるが、それはかれの信仰が、自立した生産者であろうとするこの時代の農民の基本的な課題と、深く結びついていたことを示している。次に、その具体的な事例の一つをあげておこう。

これも同じ年の七月、稲の出穂期に秋うんかがおびただしく発生した。当時うんかがわくと、虫送りや虫供養といった呪術的な民俗信仰のほかに、享保期ころから始まった鯨油による駆除法が一般に普及していた。そこで村人たちも一斉に油をまき始めるが、文治に対する神のさしずは意外にも、かれの田には油を入れるな、というものであった。

同じく七月、稲の出穂(でほ)に秋うんかわき、総方(そうほう)みな油入れ。私に金乃神様お知らせ。此方(かた)には油入れな。うんかが食うか食わんか……。とうない田（他人と作り分ける田）へは、人並みに入れ。……仰せどおりに仕り候。（「覚」5—6）

鯨油による駆除法の効能については不明だが、おそらくこれは、当時としては比較的根拠のある方法ではなかったかと思われる。それをやめろというのは一体どういうことなのか。一見、神の権威を誇示する奇蹟話の虚構のようにもみられなくはないが、とうない田についての指示は、それにしてはいかにも分別くさいものである。してみると、これは要するに文治の実験（かれにとっては神のお試し）だったと解されるのである。文治は人一倍身を入れて耕作に励んでいたから、稲の発育も悪くはなかった。そうした作柄に関係なくやみくもに油を投下することは、一見合理的なようでいて実は俗信のたぐいと変りない固定観念ではないのか。このような日ごろの疑問を解くために、文治は思い切って世間の「常識」を打ち破る実験を試みたのだ、と思われる。したがって、事の成否は必ずしもかれの期するところではなかったはずだが、結果的にこの試みはみごとに成功を収めたのであった。むろんここでもわれわれは、合理的な解釈を求めるあまりに、こうしたかれの実験精神が、神への篤い信仰に支えられていたことを、無視すべきではないであろう。文治にとっては、こうした現実の要請を離れては、その信心も成り立ちえなかったと同様、信心の裏付けを欠いた単なる「合理主義」というものも成立しえなかった、とみられるからである。(10)

しかし、このような文治の実験が、金乃神の名においてさらに大胆に行なわれていくためには、いま一つ、踏み越えていかなければならない基本的な課題があった。それは、既存の宗教組織からの脱却の課題である。同じくこの年の「覚」によると、右の一連の農作業に関するお知らせのあと、文治が幻にみたという天照皇大神と金乃神の会話のもようが記されている。

金神「天照皇大神様、戌の年氏子(文治)、私にくだされ候(そうらえ)」

天照「へい、あげましょう。……あげましょうとは申したれども、えい(よう)あげません。戌(いぬ)年(のとし)のような氏子は、ほかにござりませぬ」

金神「それでも、いったんやろうと言うてから、やらんとは、いつわり。ぜひもらいます」

天照「さよう仰せられますれば、あげましょう」(「覚」6―1、ただし文意を通すために会話体に改めた)

戌の年のような氏子はほかにいないというのは、文治が長年、この村の伊勢御師手代の札配り・荷送り役をつとめてきたという特別の関係をさしている。しかも、当時の記録によると、この役目は村から任命され、出費もすべて村の歳費からまかなわれるという、きわめて公的色彩の強いものであったから、この役職から解かれるということは、まさに共同体の祭祀組織から解放されるための不可欠の条件であり、このフィクションのすべては、それを実現するための伏線にほかならなかったのである。そして文治は、間もなく、隠居を名目としてではあるが、ついにこの目的を達成したのであった。

こうして、神のさしずによるさまざまな実験のうちにめまぐるしく過ぎていったこの年の暮、神は、文治の揺ぎのない信心を見定めたかのように、「文治大明神」の神号をかれに与え、改めて、それまでの文治が直面しなければならなかった不幸の因縁を説いて聞かせた。それによると、文治が位牌を継いだこの家の先祖に金神への無礼があったのだという。これを聞いて、文治は、これまでいくら神仏を願ってもかなわず、難渋していたのは、「天地金乃神様へのご無礼を知らず」にいたからであることを思い知らされる。このとき神は、文治を襲った数々の不幸が、実は、その都度、神への無礼を知らせるためのものであり、「実意丁寧」な神信心のゆえに、夫婦の命までは取らなかったことを明かした(「覚」6—9参照)。ここには、人間の不幸をめぐる当時の人々の一般的な理解とは異なった、新たな「不幸」の意義づけがみられる。すなわち、この世の不幸が、人間の心のあり方や行為とはかかわりのない、神の一方的偶然的恣意による、というのが当時の流行神的・呪術的な民間信仰の「不幸」観であったとすれば、文治のそれは、あくまでも、神への無礼を知らない人間の側にその原因が求められている。しかも、その不幸にさえ、神の人間に対する救いの啓示をみようとする「神義論」は、それまでの民間信仰にはまったくない種類のものであった。このように、人間の不幸の責めを人間自身が負い、神にはひたすら救いの愛と義を仰ぎ見るつつましくも力強い信仰が、当時の民衆の主体形成にとって、いかに画期的な意義を担うものであったかについては、もはや贅言を要しないであろう。

文治のことを聞きつけて、時折ひとが訪れるようになったのは、この頃からであろうか。この年、すなわち一八五九(安政六)年の秋、「世間になんぼうも難儀な氏子あり、取次ぎ助けてやってくれ。神も助かり、氏子も立ち行き。氏子あっての神、神あっての氏子、末々繁盛いたし、親にかかり子にかかり、あいよかけよで立ち行き」(「覚」9—3)という神の頼みに従って、文治はいよいよ民衆の救済者として立つことになった。金光教では、このときをもって立教のときとし、右のお知らせをもって「立教神伝」と称えている。

文治はこののち、自宅を広前(神への取次の場、一般的には神を祀る場所)として、救いを願ってやってくる多くの民衆に、天地金乃神の愛を説き、治病のこと、農作業のこと、そのほか、民衆が悩んでいるさまざまな問題について、よき相談相手となっていった。この民衆との対話のなかで、とくに文治が強調したのは、いうまでもなく、それまでの「禍福」の観念を支配してきたいわれのない俗信俗説の迷妄から目覚めることであった。

> 人間は勝手なものである。生まれる時には日柄の良し悪しも何も言わずに出てきておりながら、真ん中の時だけ何のかのと勝手なことを言って、死ぬ時には日柄も何も言わずに駆けっていってしまう。(「理解」II、青井サキの伝え3)

なんと平易な、それでいて事態の本質をみごとについた表現ではないか。また、「天地金乃神は一段上の神、神たる中の神」(「理解」II、市村光五郎の伝え2)という把握から、ひるがえって、人間に対する独自の平等観と連帯感が導き出される。「天が下の者はみな、天地の神様の氏子である。天が下に他人はない」(「理解」II、佐藤光治郎12)。そしてかれはいい切る。「伊邪那岐、伊邪那美命も人間、天照大神も人間であり、その続きの天子様も人間であろう」(「理解」II、前掲市村)。あるいは、「古人は、女の腹は借り物であるというが、借り物ではない。万代の宝である」(「理解」II、前掲佐藤16)、「女は神に近い」(「理解」I、島村八太郎の伝え20)という女性への尊敬も、文治のつねに強調してやまないところであった。このほか、かれの民衆的立場に立った革新的な思想を伝える教説やエピソードは枚挙にいとまのないほどであるが、いま一つ、文治が文久年間に、山伏や代官所の役人から激しい迫害を受けたとき、

今は徳川の時代であって、石垣を積んだようにぴりっとするものではないが、三十年先では世も変わり、この道が貫く。(「理解」II、高橋富枝の伝え22)

と、きたるべき変革のときをみごとに予見していることをつけ加えておこう。

ところで右の教説にみられるような文治の合理主義的なものの見方や人間愛の思想(ヒューマニズムという舶来のことばは、この場合にはそぐわないもののように思われる)は、もちろんそれ自体としても評価されなければならないが、われわれはさらに、これらの思想が一つの究極的な思想原理、新たな神観念に対応する独自の自己解放・民衆救済の原理によって媒介されている点をみのがしてはならないであろう。その究極的な思想原理とはなにか。いまかれ自身のことばのなかにそれを求めるならば、かれが一八七三(明治六)年に信心の要義として示し、今日「天地書附」の名でよばれている「生神金光大神(神の許しによって文治がとなえた最後の神号)、天地金乃神、一心に願、おかげは和賀心にあり、今月今日でたのめい」(「覚」21―10)ということばのなかに、とりわけ「おかげは和賀心にあり」という一句のなかにすべて表現しつくされているように思われる。すなわち、あいつぐ苦難に直面して、既存の価値観によった自己回復のこころみがすべてむなしいものであることを

知らされた文治が、それでもなお否定しえないものとして最後に見出したものこそは、氏子の難儀を救う以外のものではありえないところの新たな神の存在と、それを受けとめることのできる唯一の主体としての自己の心の存在であった。

このように心の普遍性を最後のよりどころとして、自己の内面に生への積極的意志をうちたてていこうとする思想のタイプは、石田梅岩の心学をはじめ、近世の中期以降に登場してくる民衆的諸思想に共通してみられたものであるが[11]、文治の場合はそれだけにとどまらず、およそ真実なるもの(かれにとっては神の意志)をそこに写しだし、そこから現実の諸関係を批判的にとらえかえしていく原点として、「心」のはたらきをとらえていた。この点にかれの思想の新しさがあった。しかし、それにしても、ここでいう真実=神の意志なるものが自明のものではないかぎり、人間の心はまたしても恣意と放縦に流れ、かってな偶像をつくりかねない。それを正す保障はどこにあるのか。この点でさらに注目したいのは、この「天地書附」の冒頭にも示されている生き神の思想である。

「はじめに」の冒頭で紹介したように、文治は生き神の意義をしばしば「ここに神が生まれる」ということだ、と説いた。これは文治が新たな信境を切り開くごとに、その神号が改まっていったことからもうかがえるのだが、人間は神であるのではなく、絶えざる自己吟味によって神であろうとする存在であり、そうした能動的主体的な姿勢のなかに実は神のはたらきが生きているのだ。人間の主体性と神のはたらきが一体となったとき、そこに新たな神が生まれる、生まれ続ける、そのような意味に理解される。しかも文治の説くところによれば、生き神は単に教祖である文治にのみ体現されるものではなくて、神の氏子たる人間はすべて生き神たりうるものだ、とされた。文治における合理的批判精神や新しい人間観の成立は、こうした生き神という独自の思想原理に媒介されることによって、はじめて可能となったのである。

このように、人間の無限の可能性を信ずる豊かなオプティミズムと、しかも瞬時たりともとどまることを許さないきびしい自己変革の要求に裏づけられた文治の生き神思想は、宗教意識の変革を不可避的な課題とする幕末の民衆解放思想が、所与の歴史的条件のなかで考えられる可能性をぎりぎりのところまで切り開いたものである、とみることができる。いいかえれば、このような生き神思想の成立においてはじめて、幕藩体制解体期における民衆の自己解放の要求に、一つの思想的表現と方法的内実があたえられたのである。生き神思想成立の、ひいては幕末民衆宗教の成立そのものの歴史的意義を、私はまずなによりもこの点に求めたいと思う(生き神の思想は、それぞれに固有の性格を捨象して考えれば、幕末から近代にかけて成立してくる民衆宗教に、多かれ少なかれ共通してみられる)。

なお、同時代における文治以外の代表的生き神教祖としては、天理教の中山みき(一七九八―一八八七)、丸山教の伊藤六郎兵衛(一八二九―九四)、大本教の出口なお(一八三七―一九一八)らの名をあげることができるが、これらの教祖たちについてはすでに多くの紹介や研究がなされているので、ここでは省略する。

4　世直しと生き神

封建的宗教意識の変革を通じて自己解放をはたしていこうとする民衆宗教の運動は、このように幕末民衆宗教における生き神思想の成立にいたって一つの結実をみる。しかし、そこにはもちろんそれが導きだされてくる思想的前史があった。まずわれわれは近世のなかごろから民衆の間でさかんになる明神（みょうじん）や霊神（りょうじん）の信仰（ある特定の人物の霊を神として祀り、その人物にまつわる特異な事情を信仰の対象とするもの）に、その思想的な起点を見出すことができるであろう。

この神のいちじるしい人間化、人間のいちじるしい神格化を特色とする人神（ひとがみ）的な信仰のタイプは、もちろん古くからみられるのであるが、祀られる対象がいちじるしく庶民化してくるのは近世になってからの特徴である。しかも、発生の当初においては、さきにもみてきた呪術性の強い民間信仰の土壌とわかちがたく結びついていたが、しだいに怨霊（おんりょう）・御霊（ごりょう）などの祟り神的な性格を克服し、民衆を救済する神へと転化していった点に、これまでの人神信仰とは異なる大きな特色がみられた。一八世紀の半ばごろから、百姓一揆の高揚に結びついて発生してくるいわゆる「義民」信仰は、あきらかにこうした霊神信仰の発展した形態の一つである、と考えられる。また、山伏や巫女（みこ）などの祈禱師がみずから、あるいはほかの民間人に生霊（いきりょう）や死霊（しりょう）を乗り移らせておこなう寄加持（よせかじ）や憑祈禱（よりきとう）なども人神的な観念のうえに展開されたものであると考えられるが、幕藩体制の解体が急速度に進行する一九世紀の段階にはいると、繁右衛門の例にもみられるように、職業的宗教人の影響から脱却した一般の民衆が、その呪術的多神観をしだいに克服しつつ、みずから神がかりになるという事態がしばしばみられるようになった。[12] 幕末民衆宗教における生き神の思想は、もちろん文治のケースにみられるように、教祖たちのはげしい自己変革のたたかいを経ないでは成立しえないものであったが、それはまた、このような人神信仰の伝統に変革のいぶきをあたえつつ自己解放の道を模索しつづけてきた、広範な民衆の努力の集積のうえにこそ築きえたものであった。とするならば、このような生き神の思想が、単に民衆宗教という限られた範囲の運動にとどまらず、幕末維新期に登場してくるさまざまな民衆運動の精神的基盤としても、なんらかのはたらきをなしていることを予測させずにはおかない。もちろんここでいうのは、自己神格化による解放という一点のみを共通の指標とするひろい意味での生き神思想ないし生き神的なエトス(精神的雰囲気)のことであって、厳密には民衆宗教における狭義のそれとは区別して理解されなければならない。

このような観点からみたとき、たとえば一八六七(慶応三)年の「ええじゃないか」の運動にあらわれた民衆像のなかに、われわれはまずもっとも素朴な形態をとって発現した生き神たちの姿をみてとることができないであろうか。もっとも「ええじゃないか」をめぐる歴史的評価が一般的にはまだ確定されていない段階で、そうした評価とかかわりなく形態的特質のみを指摘することには、いささか問題があるかもしれない。その意味では、維新の変革を最深部から担った「世直し」の闘争にしばしば登場してくる「世直し神」「世直し大明神」などにおいて、われわれはさらに革新的な意義を担った生き神の姿を明確にとらえることができるであろう。

汝等よく聞け。金銀のあるにまかせ多(おおく)の米を買しめ、貧乏人の難渋を顧みず、酒となして高直(こうじき)

（高値）に売、金銭かすめ取たる現罰逃るべからず。今日只今、世直し神々来て現罰を当て給ふ。観念せよ。……こざかしい、其竹鎗は何にするのジャ。世直しの神に向っては、ヨモ働く事はなるまい。（「鴨の騒立」）[13]

武装した代官所の役人どもをものともせず、このように高らかによばわっている民衆の威厳にみちた態度は、みずからを世直し神の権威を体現した生き神と確信することによってはじめて成立しえたものであった、といえよう。

このようなさまざまなレベルにおける生き神たちの輩出の背景に、われわれはまた民衆の一般的な宗教意識の高揚があったこともみのがしてはならない。いまその一例を物語るものとして、神祇伯（神祇官の長官）白川家の門人帳を開いてみると、それまで百姓など一般の民衆が取得するのはきわめて困難であった神主の補任状や神拝式の許状が、文化文政のころからしだいに容易に取得できるようになり、これによって入門者の数が急増し、一八〇八（文化五）年から幕末にかけて総数二五〇〇人にも達し、そのうち百姓・大工・医師・杣職などの一般庶民が一三〇〇人にもおよんでいるという事実がみられる[14]（後述のように、文治もこのとき修験らの迫害を切り抜けるために、やむなく、白川家の神拝式許状や神職の補任状を取り付けている）。

もちろんここでは、この白川家が、尊皇攘夷思想と深く結びついていたことに注意する必要があるし、一般的には国学・復古神道の思想が、政治イデオロギーとしても宗教イデオロギーとしても、はるかに体系性をもったものとして、状況をつねにリードしていたことを無視するわけにはいかない。その意味で、こうした生き神思想が、個々の運動を個々にささえながら、それらを緊密に結びつけていく統一的な世界観・新たな秩序観にまでみずからを高めていくことができなかったことは、この思想の負っていた大きな限界としておさえておく必要があるであろう。しかし、幕末維新期におけるこのような宗教意識の高揚を、いわゆる「神道」思想の高揚としてのみとらえることはあきらかに誤りであって、論理的にはいかに未成熟であれ、民衆の自己解放と世直しの要求を深部からささえたものとして、そのかぎりでは「現人神(あらひとがみ)」に対する民衆の服従を心情的に調達しようとする復古神道イデオロギーとは、おのずから異質な内容と方向をもった独自の宗教意識として、この生き神思想のはたした歴史的役割は正当に評価されなければならない。

このようにして、世直しの精神状況を深部からささえた生き神は、いわば「民衆の神」「人民の神」として、一方で形成されつつあった「国家の神」「権力の神」としての現人神と競合しつつ、雌雄を決すべき新しい時代の夜明けを待っていたのである。

二 民衆宗教と国家——生き神か現人神か

1 「近代」へのプロローグ

一八八三(明治一六)年の七月のある日、大阪の神道分局の者だという二人の男が文治に面会を求めてやってきた。かれらの訪問の目的は、このころ京阪地方にまで教線を拡大し、この地方の民衆にあなどりがたい影響力を示しはじめていた金光教を、国家神道体制のなかにとりこんでいくために文治を説得することであったが、これにはまた文治の弟子たちの思惑もからんでいた。すなわち、教線の拡大とともにめだってきた官憲の禁圧に対処していくためには、神道教派としての組織化をいそぐ以外に道はないというのが、おもだった弟子たちの考えでもあり、この点で両者の関心は一致していたとみられるからである。このとき、分局員らによって具体的に提示された方策というのは、「金乃神」の神号にちなんで、金山彦命(かねやまひこのみこと)を祀る美濃宮代(みやしろ)の南宮(なんぐう)神社の分霊を勧請して、文治の広前をその出社とし、そこから布教公認への道を開いては、というものであった。ただちにこの意向を取り次いだ弟子の佐藤範雄に、文治は言下に答えた。「此方(このかた)のは神様が違(ちが)う。そのとおりにはできませぬと言うてくれ」(「理解」III、内伝7)。佐藤から文治の回答を聞いた二人の分局員は「論外じゃ」としっぽを巻いて退散したというが、われわれはこの一件のなかに、ひとり金光教のみならず、近代の民衆宗教が文字どおり民衆のための宗教として発展しつづけるか否かの岐路を問う、重要な問題が示唆されていることを見出すであろう。この点を明らかにしていくために、ここからは、われわれの視点をいま少し教祖から教団に拡大し、教団史の歩みにそくして文治の真意をたしかめていかなければならない。

先述のように、金光教では一八五九(安政六)年の「立教神伝」をもって、教団成立の起点としているが、そののち文治の門をたたく人たちは、しだいにその数を増していった。文治がその翌年から書き始めた「願(ねがい)主歳書覚帳(ぬしとしがきおぼえちょう)」(篤信者の住所、氏名、年齢などを記録したもの)によると、初期のころは毎年百人前後の人たちの名が記帳されているが、そのなかには「講連中」「講元」などの名も散見する。こうした講集団の存在は、形成期の教団の性格とその発展の要因を考える際の手掛かりの一つとなるであろう。また、信者たちのなかからは、齋藤重右衛門のように、早くも文治の信をえてその地に広前を開き、自ら取次にあたるものも現れてくるが、「出社（でやしろ）」と呼ばれるこれら高弟たちの活動は、さらに広い地域とさまざまな階層の人たちに、文治の教えを浸透させていく原動力となった。

こうしてできてくるこの集団は、立教の精神に基づく文治の取次のはたらきによって、おのずと形成されてきたものであり、一個の教団を創始する念慮などは、もとより文治とは無縁のものであった。しかし幕末とはいえ、民衆の自由な宗教活動が極端に制限されていた当時にあって、当然のごとくに降りかかってきたさまざまな障害は、文治の内面に新たな緊張を呼び覚ましていく。まず、一八六二（文久二）年には、修験者たちによる文治への迫害が相次ぎ、翌年には重右衛門も代官所に捕えられて激しい拷問を受ける。いずれも新義異宗の禁をその名とするものであった。このような事態に際会して、とりあえず布教の公認に打開を求めた文治は、ついに白川神祇伯に願い出て、一八六四（元治元）年には神拝式許状を、一八六七（慶応三）年には神職の補任状を取り付けている。このとき文治は代人に、「官位の儀はよろしくお願いするが、金神広前では京都御法のとおりにはできぬ」（「覚」15―1参照）という断りを託しているが、文治にとってこれはまさに、立教の根本義を貫くためにのみ許されるギリギリの選択だったことを示している。しかし、このような試練を通して、文治はまた、社会の現実のなかでどうしても教団が守り抜いていかなければならないものが何であるかを、いっそう明確に把握していったにちがいない。

やがて世が明治と改まり、政治や社会の諸制度が急激な変化をとげていくなかで、一八七一(明治四)年、文治の神職資格が剝奪され、七三年には戸長から「神前撤去」(祭具などの撤去=事実上の布教禁止)を命ぜられるなど、文治らをとりまく状況はいっそう厳しいものとなっていった。しかし文治は、あえて再び教導職などの資格を取ってその延命をはかろうとはしなかった。それは新政府の推進する神道国教化政策が、もはや自らの信心とは決定的に相容れないものであることを直感的に見抜き、自己の内面にさらに強固な信心を育んでいくことこそが、この苦境をのり切っていく唯一の道であることを確信していたからであろう。その意味では、ちょうどこのころ、信心の要義を説いた「天地書附」が示され、文治の信仰形成史ともいうべき「金光大神御覚書」の執筆が始まるのも、単なる偶然であったとは思われない。また同じころ、文治は各地の「出社」を「金光大神一乃弟子」と改めることを告げ、信仰の源泉とその組織上のあり方を明示しているが、『概説金光教』では、「ここに金光教団の実質内容の成立をみることとなった」としている。[15]

こうしたなかで、文治の取次を受けた信徒たちのうちから、次代を担うべき優れた指導者が次々に輩出し、その教勢も、中国地方から近畿地方へと着実に伸びていった。しかし、非公認のままでの布教が、困難をきわめるものであったことはいうまでもない。そのため各地の出社では、やむなく神道事務局や他の宗教に帰属して布教の維持をはかるものも増えていったが、そうした事態にかえって教団の生命にかかわる危機をみて取った二代白神(しらかみ)新一郎、近藤藤守(ふじもり)、佐藤範雄らの弟子たちは、しだいに、公認による教団統一の必要性を痛感していく。かくして、神道各派の相次ぐ独立をみた一八八二(明治一五)年、佐藤はまず公認の前提となる教義の確立のため、しかるべき信条の形成を教祖に進言する。これに対して文治は、「此方(このかた)は、独立してもせんでも、人が助かることさえできれば、結構である」(「理解」Ⅲ、内伝9)と答え、公認には消極的であることを示した。しかし、再度にわたる佐藤の懇請に、信条の記述は認められ、翌八三年の秋、文治の死の直前に、ようやくその完成をみることになった。これが、後のいわゆる「慎誡(しんかい)」「神訓(しんくん)」と呼ばれるものである。両者は合わせて八二カ条から成っており、いわば文治の信心のエッセンスを集めたものだが、このうち、前者の「神国の人に生まれて神と皇上(かみ)との大恩を知らぬこと」と、後者の「わが身はわが身ならず、みな神と皇上(かみ)との身と思い知れよ」の二カ条だけは、民衆の生活に密着した真の信心のあり方を具体的に説き明かしているほかの八〇カ条とはまったく異質のものであり、どう推測しても、復古神道教義に精通していた佐藤の進言、もしくは加筆によって成ったもの、としか考えられない。後年、国体明徴・戦争協力のための種々のパンフレットに、この二カ条が最大限に活用されようとは、文治の予想だにしなかったことであろう。

一方、大阪布教の開拓者である初代白神新一郎の急逝によって、その遺志を継いだ近藤は、神道大阪事務分局のものと、公認についての協議を重ねた。その際、祭神の「天地金乃神」が、神道本来のものではないことがとくに指摘され、そこで、前述のような提案をもった分局員の来訪となり、

「此方のは神様が違う」という文治の断りとなったのである。

この文治の言葉が明確に示しているように、もともと民衆宗教の神は国家神道の神とはきわめて異質なものであった。まず、その名称からして、金光教の天地金乃神、天理教の天理王命(てんりおうのみこと)、丸山教の元(もと)の父母(ちちはは)、大本教の艮(うしとら)の金神など、いずれも国家神道の側からすれば「皇典」にも記載されていない外道の神々であった。後述のように、天理・丸山・大本・御嶽(みたけ)などの各教が、やがて国家神道系の神々に祀りかえていくのは、「公認」をえるための妥協にほかならない。また、その神話についても、天理教の「こふき」や大本教の国祖隠退説話のように、記紀神話のそれとは性格を異にするものがあり、それが、国家権力をしてこれらの教団を異端視させる原因ともなった。

しかし、両者におけるより根本的な差異は、なによりも神の性格そのもののなかに見出されなければならない。まず、天照皇大神に代表される国家神道の神は、文字どおり国家の神であり、天皇の祖神であり、その一義的な役割がつねに国体を顕現し皇国を鎮護する点に求められているのに対し、民衆宗教の神は、いずれも三千世界に比類のない人類の神であり、民衆の祖神であり、苦難の底にあえぐ民衆の救済をそのはたらきの根本とするものであった。そして、神の性格上の特質におけるこのような差異はまた、当然人間観の差異となって現れる。すなわち、前者においては、神の権威を体現するものがひとり「現人神」たる天皇の一身に集中し、民衆はすべて御稜威(みいつ)(天皇の威光)のもとになびき伏すべき民草(たみくさ)としてとらえられているのに対し、後者においては、すべての民衆が神の分身を心に宿した「生き神」たりうるものとして把握された(「生き神」を教祖にのみ限定しようとする立場も少なくないが、民衆は神の分身を心に宿しているという見方はいずれの場合にも共通していた)。

この場合とくに、現人神の権威を保障するものが「万世一系」の血統を継ぐという事実そのものに求められるのに対し、生き神のそれが、神の救済に対する自己の確信のみによって保障されているという点も、重要な差異の一つとしてみのがせない点であろう。そして、このような差異のうちに含まれている問題の重大性を直感し、たとえ形のうえであっても国家神道系の神社と野合することは、自己の宗教にとっての自殺行為にほかならないことを鋭く認識していたがゆえに、文治は断固として、この申入れを拒否したのである。

これを信心と組織という問題にそくしてみるなら、佐藤らの立場が、教団という組織体があってこそこの道の信心も貫かれる、というものであったとすれば、この道の信心があってこその教団であり組織である、というのが文治の一貫した立場であったといえよう。むろん、信教の自由が実質的には何ら保障されていない当時の厳しい歴史的現実にあって、佐藤らの立場にもそれなりの真実が含まれていることを、文治とて熟知していたはずである。その意味で、これは必ずしも二者択一的に割り切れる問題ではない。しかし、その点を踏まえたうえで、たとえ歴史的な状況がいかように変化しても、この世に難儀な氏子のいるかぎり、教団が生命あるものとしてはたらき続けるための根本のところを、文治は身をもって示したのであった。そしてはからずも、それから間もない一八八三(明治一六)年の一〇月一〇日、文治は取次一筋に捧げてきたその生涯をとじたのである。

2 生き神か現人神か

ところで、「国家の神」か「人民の神」か、「現人神」か「生き神」か、という問題は、もちろん直接的には民衆宗教自体の命運にかかわる問題であったが、客観的にみればさらにつぎの点において、国家の体制そのものにかかわるひろい社会的な意義を担っていた。すなわち、その一つは、国家神道を支柱とする天皇制国家の宗教的性格にかんがみて、民衆宗教は少なくともそのような宗教的次元では、もっともラジカルに天皇制国家と対抗しうる論理を内包していた、という点である。自由民権運動は少なくともこの点でのラジカルな対立者ではなかったし、ほんらいはこのレベルでのもっとも鋭い対立者たるべきプロテスタント・キリスト教も、その支持基盤が士族・豪農層に限定されていたために、民権運動の敗北を境に大勢は国家の論理に包摂され、一部のキリスト教社会主義者や内村鑑三らによって担われた天皇制国家に対する一定の批判も、広範な民衆の支持を獲得するまでにはいたらなかった。ここでは反権力を本来の動機とする民衆の反文明意識が、神仏の守旧勢力によって展開された激しい破邪＝キリスト教打破のキャンペーンにも影響されつつ、欧化主義のシンボルともみられたキリスト教への反感を根強くささえていた、という点も考慮されねばならないであろう。

「現人神」か「生き神」かの選択が、客観的に背負っていたもう一つの重要な意義は、この問題が不可避的に「政教分離」「信教の自由」という普遍的歴史課題と深く結びついていたという点である。

この観点から明治以降の近代天皇制国家における宗教のあり方を顧みると、いわゆる「文明開化」を基調とする上からの「近代化」政策と、民衆自身の要求の結果として、いちおう「信教の自由」「政教分離」のたてまえは成立するが、実質的にはあとからも述べるように、国家神道を事実上の国教とする政教一致の体制が、近代天皇制国家の本質をなし、そのことによって信教の自由はいうにおよばず、あらゆる思想信条の自由が抑圧されることになった。したがって「信教の自由」「政教分離」の獲得は、宗教に対する立場のいかんを問わず、天皇制支配からの解放を求めるすべての民衆にとっての共通の歴史的課題であったが、とりわけ、宗教次元での論理的対抗を不可避的にはらんでいた民衆的諸宗教にとって、この課題はいっそう切実なものとしてあったのである。

国家権力が民衆宗教に対して執拗な統制と弾圧の手をゆるめようとしなかったのは、まさに「現人神」か「生き神」かの問題が、このような連関のなかで問われていたからにほかならない。それでは、民衆宗教はよく右の課題にこたえたであろうか。結論からいえば、大半の民衆宗教が早くも一八八〇年代の前半に、そして国家神道教義に対する独自性をもっとも強く維持していた金光・天理の両教団も、一九〇〇年代にはついに、いわゆる「教派神道」の形で国家神道体制のなかにくみこまれ、「現人神」による「生き神」の包摂ないし、「生き神」の敗退が決定づけられる。このことはもちろんこれらの民衆宗教が、その歴史的役割を消滅させてしまったのではなく、まさにこの時点から天皇制国家を独自にささえていく新たな役割を担わされて展開していくことを意味していた。この新たな段階における民衆宗教のはたす役割を展望していくために、われわれはまず、国家神道体制と教派神道成立にいたるまでの過程とそこでの問題点を、具体的に明らかにしておかなければならない。

一八八九(明治二二)年の帝国憲法と、九〇(明治二三)年の教育勅語の発布によって体制的確立をみるまでの国家神道の歩みは、ふつう初期の神道国教化政策から国民教化政策を経て祭祀と宗教の分離にいたる三つの段階に区分される[16]。

まず、幕末維新期における前述の神道思想の興隆と、民衆の宗教意識の高揚を背景に、天皇の古代的宗教的権威の復活をスローガンとして展開された倒幕運動の当然の帰結として、維新政府のイデオロギー政策の基調は祭政一致・神道国教化のうえに構想された(一八六八年三月祭政一致・神祇官再興の布告)。この政策を強力に推進するため、政府は有力な神職や神道思想家を採用してその任にあたらせたが、その主力メンバーは、かつて尊皇攘夷の運動の精神的理論的支柱の役割をはたした復古神道系の人たちによって占められていた。

祭政一致の布告ののち、新政府はまず民衆に対する五カ条の禁令(五榜(ごぼう)の掲示)のなかで、徳川幕府のキリシタン禁制をそのまま引き継ぐ態度を明らかにしたのをはじめ、神社からの仏教色の排除をめざす神仏判然令、古代の令制に基づく神祇官設置、神道による国民思想の統一をはかった大教宣布と、神道国教化のための政策を直線的におしすすめていった。しかし、宗門改めにかわる氏子調べ制度の新設にみられるように、その具体的な施策にはあまりにも時代錯誤のものが多く、また、神仏分離を契機とする廃仏毀釈（はいぶつきしゃく）の運動が、寺檀制度に苦しめられてきた民衆の仏教に対する怒りを一気に爆発させ、政府側の意図をも越えて拡大する様相をみせはじめたため、政府は神祇官の神祇省への格下げを契機に、早くも仏教その他の宗教をあわせた、より効果的な国民教化政策へ転換することを余儀なくさせられた。

こうして一八七二（明治五）年の三月には、もはや無用の長物と化した神祇省を廃して教部省を新設し、国民教化政策推進のための中央官衙となし、神仏教導職を置いてその宣教にあたらせた。教部省設置の翌月には「三条ノ教則」として、

一、敬神愛国ノ旨ヲ体スヘキ事
二、天理人道ヲ明ニスヘキ事
三、皇上ヲ奉戴シ朝旨ヲ遵守セシムヘキ事

を制定し、教化の指針となさしめる一方、神仏教導職合同の布教機関として東京に大教院、各地方に中・小教院の設置をきめた。翌年教則三条の主旨を徹底するため、教部省はさらに各教導職に「十一兼題」を布達したが、そのうちの七項までが神道教義によって占められていたという事実は、このような国民教化政策への転換の目的が、あくまで廃仏の是正と全宗教勢力の動員にあり、いささかも神道国教化の放棄を意味するものでなかったことを示している。

しかし、このような合同布教の強制は、仏教側にとってはもちろん、神祇官の再興を求める神道側にとっても不自然かつ不都合なものであったから、両者の間にはしだいに反目の気運が生じ、信

教の自由を求める声が高まっていった。政府部内にあっても、おりからアメリカにあった森有礼がこれを批判して信教の自由を建白し、同じころヨーロッパに滞在していた真宗僧侶島地黙雷も、教則三条批判の建白に寄せて信教の自由・政教分離をうたい、帰国後も合同布教の反対運動を展開したため、一八七五(明治八)年にはついに大教院の解散が宣せられるにいたった。こうして政府側も教部省口達(こうたつ)の形で、「治化ヲ翼賛スル」義務とひきかえに「信教の自由」を認めざるをえなくなり、さしもの一大教化運動も三年余にして終息のやむなきにいたるのであるが、少なくとも森らによって主張された「信教の自由」は、文明開化を一方の急務とする政府側の意図とははなはだしく懸隔するものではなかった点も指摘しておかなければならない。

ところで、これよりさき政府は一八七一(明治四)年に「神官職員規則」を公布して、旧来の因習を改めることを名目に、これまでの神職をいったん解任したうえで「精選補任」することとし、また、七二年には死霊・生霊の口寄せをする巫女である市子(いちこ)・梓巫(あづさみこ)(梓巫は梓弓を鳴らして口寄せをする)や、寄坐(よりまし)に霊をつかせて祈禱する憑祈禱(よりきとう)などの所業を厳禁し、教導職以外の布教活動を処罰する方針を明らかにしたが、これは国家神道教義とは異質な内容をもった民衆的諸宗教をふるいにかけ、国家神道に適合的なものとして再編する一方、下からの自主的な宗教運動を、「淫祠邪教(いんしじゃきょう)」の名のもとに弾圧する目的でなされた処置であったことはいうまでもない。これによって天理教教祖の中山みきは、その没年まで一八回も警察に拘引され、丸山教の伊藤六郎兵衛も呪術行為をしたかどでいく度も拘留されたほか、前述のように金光教の赤沢文治も幕末に白川家から取得した神職を剝奪されるなど、さまざまな弾圧と規制を受けなければならなかった。

一方、権力に迎合的な体質をもった多くの習合神道・修験道系統の諸教派は、大教院の解散にさきだって設立された神道の半公的中央機関である神道事務局に吸収されたが、ここでも本来その性格を異にする神社神道との矛盾があらわとなり、神道界には神社神道を国家祭祀として一般の宗教から分離し、国教としての地位を確保すべしという意見が支配的となった。これはようやくにして民間から高まりつつあった信教の自由に対する要求と、神道の国教化をめざす自らの要求との相剋に悩んできた政府当局に対して、いちおうは信教の自由の要求を受け入れる形をとりながら、実質的には神道国教化の目的をはたしていく格好の口実をあたえる結果となり、内務省はまず一八八二(明治一五)年、省達をもって神官教導職を廃止した。

これはいわゆる神社と宗教、祭祀と宗教の分離の起源をなすものであるが、これによって同年、神道事務局傘下の神宮・大社・扶桑・実行・大成・神習・御嶽の諸教派が、一八七六(明治九)年の黒住・修成の各派についで宗教神道としての別派独立を公認され、いわゆる「教派神道」の確立をみるにいたったのである。その後、神道事務局の残存部分によって創立された神道本局が「神道」を称して独立教派のあつかいを受け、さらに神理・禊・金光・天理の各教の独立が認められ、また、伊勢神宮が国家神道の本宗的性格をもつにいたって神宮教が奉斎会に改組したため、通常「教派神道一三派」と称されている。

各教派の別派独立の過程では、自らに固有の祭神を国家神道のそれに祀りかえ、その教義を国家神道教義にみあったものに改編することが暗黙の前提となっていた。このことは、まさに教派神道が国家神道の宗教的機能を直接代行するものとして設置されたことを意味し、国家神道の宗教としての本質と、祭祀と宗教の分離政策の真のねらいをあますところなく明らかにしているといえよう。

このように、祭祀と宗教の分離政策は、一見、信教の自由・政教分離の要求にこたえるポーズをとりながら、そのことでかえって神社の宗教としての本質を隠蔽し、さらに宗教をこえた位置から、宗教のみならずあらゆる思想信条の自由までも拘束しようとする、国家神道体制の確立をささえるものとなったのである。教派神道の成立はその前提であり、帝国憲法はその法的保障であり、教育勅語はその教義的完成を意味するものとなった。

ところで、右の国家神道体制の確立は、民衆のなんらの抵抗もなくスムーズに実現されたものではもちろんなかった。

天理教・金光教・丸山教などの民衆宗教は、一八八〇年代から九〇年代にかけて、さまざまな弾圧や規制にもかかわらずいちじるしい発展をみせるが、それは、おりからの松方財政による原始的蓄積(一方で土地その他の生産手段や貨幣を資本として少数者が集積し、他方でそれらを失った多数の賃金労働者をつくりだす資本主義的経済構造の形成)の強行によって、没落の危機に瀕した中・下層の農民や都市の小市民・貧民たちの自己回復の要求を、これらの民衆宗教が広範に組織化しえたからにほかならない。このような民衆的基盤にささえられて、天理教教祖の中山みきは終始「大社」「高山」(権力者)に対する激しい批判を展開してやまず、丸山教教祖の伊藤六郎兵衛はまた

「人倒し」の文明に対する怒りをもやしつづけ、一八八四(明治一七)年前後には、静岡県を中心とする丸山教の農民たちが活発な世直しの運動を展開して、官憲の弾圧を受けた。一方、金光教の赤沢文治の場合は、中山みきや伊藤六郎兵衛のように「文明開化」=近代化をトータルには否定せず、下からの近代化の道を独自に追求していこうとする側面があったが、反面世直しへの志向は弱かった。したがって、この段階の民衆宗教における民衆意識の到達点と問題点を全体として明らかにしようとする場合、それぞれの一面のみが強調されるのは適切でない。その意味でわれわれは、国家神道体制が確立するまでのさまざまな紆余曲折や、それが祭祀と宗教の分離という矛盾を内包した形で成立しなければならなかったこと自体のなかに、このような民衆のたたかいのあとを読みとる、という視点を失ってはならないであろう。しかし、そのことを前提としたうえで、われわれはやはり、そのような民衆宗教がなぜ、どのようにして国家神道体制のなかにくみこまれていったのか、という問題をさらに追求しなければならない。ここでも、ふたたび金光教の場合に例をとりながら、この過程を具体的にあとづけていってみよう。

3 「独立」の代価

金光教が別派独立をはたしたのは一九〇〇(明治三三)年、同じ幕末民衆宗教として並び称される天理教の独立に八年さきだっているが、ほかの教派神道各派に比して遜色のない教団としての伝統と内容をもちながら、天理教についで公認がおくれた最大の理由は、天理教と同様、国家神道教義ときわめて異質な内容をもっていたことと、教祖文治が、先述のように公認をいそぐことに否定的ないし消極的態度を保持しつづけたことによるものであった(中山みきも「律(法律)よりも心定めが第一」であるとして、国家神道との一体化による合法化のコースを拒否している)。しかし、教祖亡きあと、教団のおもだったひとたちは、早くも公認の途を求めて動き始めた。たとえ教祖が、いま少しその命を長らえていたとしても、これはだれもとどめることのできない時の勢いというものであったろう。だが、そこで得たものと失われたものの大きさを、いまだからこそ、われわれは秤量しうるのだし、また、そうしなければならない。

まず、教祖五〇日祭の日、幹部らが鳩首協議の結果、教祖の四男金光萩雄が教務を総轄し、五男宅吉(いえよし)が教祖の取次を継承し、二代白神と近藤は主として布教面の、佐藤はもっぱら教団設立のための、それぞれ責任を負うこととなった。そこで、佐藤は、当時神道事務局幹事として重きをなしていた野田菅麿に随行して広島県下の宣教を手伝い、広島地方の布教に道をつけたのを皮切りに、教会設立の運動に挺身し、一八八五(明治一八)年には神道管長稲葉正邦に願い出て、神道備中事務分局所属金光教会設立の認可を取り付けた。このときに制定された規約(佐藤が起草し、事務局系神官二人が校閲)は、教祖からの逸脱の度合をはかるうえでも、以後の修正点と対比する意味でも重要なものと思われるので、つぎにその一部を紹介しておきたい。

〈神道金光教会規約緒言〉

夫レ、本会講社ヲ結収スル所以タルヤ、教祖金光大神三拾余年間誠ヲ凝ラシ、真正ヲ以テ天地神慮ノ随々、下ニ掲ル条々ノ教旨ヲ立ラレ、以テ教諭セラレタルニヨリ、実ニ千有余年来ノ迷夢ヲ覚シテ、惟神ノ正道ニ帰シ、神恩ヲ拝戴スルモノ、日一日ヨリ巨多ナリ。……抑親睦協和恰モ一家同胞ノ如ク、吉凶禍福ヲ同フシ……同胞ノ信義ヲ欠カサルハ、人道ノ主眼ニシテ神恩報謝ノ要務ナリ。故ニ信徒タル者ハ、天性禀所ノ善念ヲ拡充シテ神恩ニ報シ、以テ文明ノ治ヲ裨ケ、神州固有無上至尊ノ国体ヲ明ニシ、惟神ノ大道ヲ遵奉シ、以テ妖教邪道ニ惑溺セラレス……。

〈神道金光教会規約〉

第壱章　総則　第一条　三条教憲及慎誡十二条ニ則リ、惟神ノ大道ヲ宣揚スヘシ

第弐章　主神　第弐条　日乃大御神、月乃大神、金乃大神、右三柱ノ神ヲ本会ノ主神トシ、左右相殿ニ、産土神、教祖神霊ヲ鎮祭ス

第三章　拝礼　第四条　毎日早天、賢所神霊、天神地祇、歴代皇霊ヲ遥拝スヘシ

第四章　遺教　第五条　教祖三拾余年間道ノタメ国家ノタメニ教諭セラレタル慎誡左ノ如シ

一、神国の人に生れて神と皇上との大恩を知らぬ事（以下一一項目略）

第五章　誓約　第六条　三条教憲ハ終身之ヲ謹守スヘキ事、第七条　惟神ノ大道ヲ遵奉シ、生死ヲ神明ニ信頼スヘキ事、第八条　異端邪説ニ惑ヒ、外教ヲ信ス間敷事、第九条　報本反始、人タルノ通義ヲ達スヘキ事、（中略）第拾弐条　各其業ヲ励ミ、黽勉従事シテ国恩ニ報スヘキ事、第拾参条　教祖ノ遺教慎誡ニ違フ間敷事（以下略、傍点引用者）[17]

まず、緒言にみられる「国体」と「惟神」の思想の表明は、神道事務局傘下の教会として公認されるには、むしろ最低の条件であったと思われるが、いずれも教祖の思想からのはなはだしい逸脱であることは論をまたない。総則第一条の三条教憲も、大教院以来の神道事務局そのものの教憲であり、いわば義務的な規定であったといえるが、もちろんこれも佐藤の思想と根本的に矛盾するものではなかった。祭神もなぜか「天地金乃神」以前の段階にもどされ、しかも「生神金光大神」がまったく影をひそめてたんに教祖神霊として産土神(これも神道事務局の規約にのっとって奉祀したもの)とともに「左右相殿」におしやられたことは、金光教の生命ともいうべき「生き神」思想の後退につながる致命的な転換であった、といわなければならない。このように大きな犠牲を払って、ようやく金光教は別派独立への第一歩を踏みだしたのである。

しかし、設立された金光教会は、神道地方分局の付属教会でしかなく、他府県への布教にはなお思うにまかせぬものがあったため、教会は直ちに神道本局(一八八六年神道事務局改め)に直轄教会昇格への運動を開始した。その結果、一八八七(明治二〇)年には本局直轄六等教会への昇格が認められ、各地出社の教会への結集と、教勢の「自由」な発展が約束されることになった。しかしそのためには、ここでも旧に倍する教規上の制約を、その代償として支払わなければならなかった。すなわち、翌八八年に成った「規約改正」がそれである。

この改正は、本局固有の「神道教規」に基づくものであっただけに、さすがの佐藤ら教団首脳部も二の足を踏んだもののようであり、また、一部の布教師や信者たちのなかからも反対運動が起って不穏な気配となったが、結局は佐藤が泥をかぶる形で改正は強行された。万事体制に順応してきた教団側をも逡巡させた問題とは、いうまでもなく金光教の生命たるべき主祭神の問題であった。ここでは固有の祭神を「天地金乃神」の名に復することができたものの、同時に「神道教規第二条ノ祭神」を奉ずることが義務づけられた。ここにいう第二条の祭神とは「宮中所斎ノ神霊……特ニ天之御中主神、高皇産霊神、神皇産霊神、伊邪那岐神、伊邪那美神、天照大神……」以下八百万神であり、これを奉ずることはすすんで国家神道と一体化することにほかならなかった。この改正はまた単に祭神の問題にとどまらず、ほかの点でも大幅な後退を示した。たとえば旧規約「緒言」はここでもほぼ原形のまま採用されたが、「教祖金光大神」は単に「金光教祖」に、「神恩報謝ノ要務」は、「神皇ノ恩報謝ノ要務」に、「神恩ヲ報シ」は「神徳皇恩ニ報酬シ」にそれぞれ改められ、また、新たに「衆心合力以テ顕ニハ一身ヲ行政官ニ隷シ、皇民ノ本分タル敬神尊王愛国ノ大義、報本反始ノ誠意ヲ明ニシ……」の一句が加えられているほか、旧規約拾参条の「教祖ノ遺教慎誡ニ違フ間敷事」が跡形もなく消し去られている。[18] ここにはもはや金光教らしい姿をとどめるものはほとんど見出せない。かくして佐藤みずから「独立に進むべき第二歩」と評した新「条規」の成立は、正確には国家神道との一体化をすすめる第二歩となったのである。

ただ、そうした国家への対応が、すぐさま教団の性格を全面的に規定したとみるなら、それは正しくない。なぜなら金光教が、固定化された教義よりは、氏子の難儀にそくした取次をもってその生命とする限り、そこにはさしあたって国体の教義の持ち込まれる余地はなく、また、取次の支柱である宅吉も、信徒たちの信望をその一身に集めて、教祖の信心の灯を守りつづけていたからである。一八九三(明治二六)年、その宅吉は、四〇歳の若さで他界するが、わずか一四歳で跡を取った嗣子の摂胤も、幼時からの厳しい信心の修行によって、教統をみごとに引き継いでいった。その意味で、今日の教団があるのは、この父子の生涯にわたる無私無欲の神前奉仕の賜物である、といってもいい過ぎではない。しかし、一方では、国家への対応や教団政治にかかわる部門が、もっぱら教会長の萩雄(金光大神)や佐藤の手に委ねられ、それによって生じた教務と取次の乖離が、さきにみられた事態の背景をなしていたのだとすれば、そうした二元的な構造にこそ、当時の教団が抱えていた問題の本質があったのだ、といえよう。

その後、教会は、一八九一(明治二四)年に三等直轄教会に昇進し、九四年には、新たな時代に即応した教師の育成をめざして神道金光教会学問所(後の金光中学)を開設するなど、着々と教団組織としての体裁を整えていった。かくして、一教独立の気運がいよいよ高まるなかで九九年、神道本局はついに「金一〇〇〇〇円を神道本局維持金として本局へ納入のこと」(定約証)と引き替えに別派独立を認め、独立請願書に管長添書をあたえることを約した。当時の物価と今日の物価を米の値段で比較してみると約一八〇〇倍、つまり今日のお金で一八〇〇万円もの大金を納めて「独立」を買ったわけである。教会から請願の全権を託された佐藤は、東京布教の立役者で佐藤につぐ枢要の地位を占めていた畑徳三郎らと教規・教則を作成し、これに「別派独立請願理由書」などをそえて、同年七月、内務大臣西郷従道あてに提出のはこびとなった。一万円の納金によって本局への遠慮もいらぬこととなったためであろうか、「請願理由書」には以下のように本局下にあってしいられてきた制約とその苦痛があからさまに記されている。

……明治十九年ニ至リテ神道教規ノ制定アリショリ本教ハ全ク教義祭神ニ於ケル自由ヲ剝奪セラレ甘ンジテ教義ノ根本ヲ異ニセル本局ノ下ニ屈辱セザルベカラザルニ至レリ……是ニ於テ本教ノ如キハ主神ニ非ザル神ヲ数多祭祀シ本教ノ主神ハ却リテ其客神トシテ合祀セラルルガ如キ境遇ニ陥レリコレ実ニ教祖立教ノ大旨ニ違背スルモノニシテ本教ハ何ニヨリテカ其面目ヲ保タンヤ……本教徒如何ニ蒙昧ナリト雖（いえども）今後尚此屈辱ヲ忍ブモノナランヤ之ヲ従来ノ経験ニ徴スルニ神道本局ノ布教使部下ヲ巡教スルニ当リテヤ本教ノ信徒ニ向フテ往々本教ノ主旨ト相容レザル宣教ヲナス事アリ……然レドモ神道教規ノ範囲内ニ検束セラレタル本教ハ又之ヲ拒ムノ権能ヲ有セズ為ニ本教ノ信徒ヲシテ安心立命ノ念ヲ鞏固ナラシムル能ハザリシガ如キハ本教ノ最モ遺憾トスル所ニシテ……。(19)

以下連綿として本局下における苦痛のほどを吐露しているが、それまでとは手の平を返したような言い草にひっかかりがあるものの、本局下の教団に強いられていた制約の、いかに耐えがたいものであったかが、よくうかがわれる。この国家神道の別働隊、教派神道のお目付役としての本局のはたした役割の大きさは、不幸にして一九四五(昭和二〇)年の敗戦まで本局の膝下にあった丸山教の衰退ぶりからも理解されよう。

しかし、本局とのあらゆる差異について強調することは、一面で本局からの分離独立を正当化することになるが、反面でそれは国家神道教義との相違を強調し、かえって内務当局に独立の認可を逡巡させる両刃の剣ともなりかねなかった。すなわち佐藤が請願書類提出から翌年にかけて内務省にお百度を踏み、ようやく認可も間近いと思われたころ、考証官荻野某から四九カ条にわたる質問状「金光教会調査事項質問要領」が示され、回答を求められるという難題をふっかけられたのである。その中心をなしていたのはいうまでもなく奉祭主神に関するもので、焦点は「神道普通ノ神トノ関係」にあったが、教派神道一三派のうち国家神道系の神々を奉祀せざるものがひとり金光教のみであってみれば、内務当局がこれにつまずいたのはむしろ当然のことであったといわなければならない。これに対して佐藤がいかなる回答をあたえたかはつまびらかでないが、結局この問題は、双方ともこれ以上触れないという約束でいちおうの落着をみた。

このほか内務省は教会建築の図面についても神社に似ていると難色を示し、さすがの佐藤も逆上して請願放棄をくちばしる一幕もあったが、内務当局側にいかなる打算がはたらいたのか、おりしも第二次山県内閣の手で陸海軍大臣現役武官制を確立し、治安警察法を公布して、列強帝国主義のアジア分割競争に伍していく新しい体制づくりがなされつつあった一九〇〇(明治三三)年六月、金光教はついに当時のきびしい条件のもとでは異例とも思える「別派独立」を認可されるにいたったのである。

苦節一七年、かくして成った「独立」を、教団の人たちがいかに欣喜して迎えたかはいうまでもない。これによって、自らの意志に基づく布教活動と教団運営とが、曲がりなりにも保障されることになったからである。しかし、たとえ方便にしろ、本局下にあって敢行された大幅な教義の修正（「生き神」の「現人神」への屈服）は、別派独立による多少の手直しでは取返しのつかぬほど深くその後の教団の歩みを規定することになった。しかも、ここでいう「独立」とはむろん、本局からのそれであって、国家からのそれではなかった。すなわち、当時の神仏各教宗派では、一八八四（明治一七）年の太政官布達によって、管長に教師の任免等の主要な権限が委ねられ、その管長の任免や教規宗制の認可権はまた、政府の掌中にあった。そうした管長制度の軛(くびき)は、やがて教団のなかにさらに深刻な問題を生みだしていくのだが、ここでは少なくとも、それ以外に金光教の生き延びる道があったかどうかは別にして、公認制度そのものが、信教の自由とは根本的に相容れないものであったことを、原則的な問題として確認しておかなければならない。

最後に、その後の教団の歩みを簡単に概観しておくと、一教「独立」ののち、教団の指導体制は、それまでの佐藤、近藤、白神の、いわばトロイカ方式から佐藤が抜け出して、その本領とする教育事業や対外的教化活動に専念し、教務を統轄する教監の任には、白神や近藤があたるという形に移っていった。この背景には、先述の教務と取次の二元化の問題が伏在しており、前者を重視する佐藤と後者に重きを置く白神や近藤との間には、以前から意見の対立があって、それが人事のうえにも反映したものとみられる。しかし、その結果はいきおい教務の中心が布教面に偏り、組織運営面は信仰とは直接かかわりのないものとして、機械的に扱われる、という傾向を招いていった。しかも、日清・日露の両戦役を経て、社会が急速な変化を遂げつつある折から、教勢が拡大していけばいくほど、そうした教団運営の限界がいよいよあらわとなっていったのである。そこで教団は、一九〇七(明治四〇)年、再び佐藤を抜擢して教監の任につけ、教団運営の刷新をその一身に託したのであった。

新教監となった佐藤の前には多くの問題が山積していたが、なかでも大教会所の造営に伴う金光教維持財団の設立は、その最大のものであった。すなわち、当時の法律では、仏教以外の宗教団体は法人の適用外にあって、教団の土地・建物は個人名義となっていたが、大教会所の造営にあたっては、その性質上これを教団のものとし、別に教団の土地・建物を維持管理する法人をつくって、すべてそこに委ねようという動きが起り、これに対して肝心の管長が難色を示したのである。このとき管長は、それまで金光家一族のなかから選挙で選ばれることになっていた管長職を、現管長家の世襲とするという交換条件を持ち出し、結局はそれが容れられて、一九一二(大正元)年、ようやく維持財団は設立の運びとなった。しかし、これは結果的には管長家による教団の私物化とその専決体制を促すこととなり、教団内にはしだいに佐藤の失政を批判する声が高まっていった。この批判の背景には、佐藤のみならず、教祖直信の古い体質による教団運営の刷新を求める気運があって、佐藤もそれを察し、一九一七(大正六)年に至り、ついに教監の職を辞した。

次いで教監になったのは、教祖の直信ではないが、東京布教の開拓者として早くから声望の高かった畑徳三郎であった。畑は、若手布教師らの期待を背に鋭意教政の改革にあたり、一九年には、それまで曖昧にされてきた大教会所の規則の制定をめざして、金光教制度調査委員会を設置する。

そこでの中心議題は、大教会所のいわゆる「お下り」に関するもので、畑や若手委員の和泉乙三らは、それまで金光家の有に帰していた信徒たちの浄財を、教団のお役に供するのが神の思し召しであるとして、その改革を強く迫った。しかし、これはむろん管長の容れるところとはならず、間もなく管長の死によって後を継いだ二世管長金光家邦もかたくなにそれを拒んだため、畑もまたその責めを負って辞任のやむなきに至る。

その後、畑は請われていくたびか教監の座に復帰しているが、管長の専制はそのたびに、いよいよ目に余るものとなっていった。そしてついにそれは、次章で述べる未曾有の大事件にまで発展していくのだが、国家がその間接支配をねらって設けた管長制度の重みを、いまこそ人々は痛切に思い知らされることになったのである。しかし、管長制度の弊は、それをいっただけではまだ十分ではない。むしろ教祖の原点からみれば、本来切り離しがたい関係にある教務と取次、組織と信心の機能が、現象面だけでなく意識のうえでも分化していき、ために立教の精神をもとにする強固な信心が失われていった点にこそ、金光教にそくした問題の本質があった、とみるべきであろう。

こうした教務と取次の乖離によって、「国家への御用」と「神様への御用」は、教務と取次のそれぞれに別個に担われていくことになるが、これを別派独立の代価として買いとった国体の教義とのかかわりでいえば、少なくとも信者大衆は、それによって、天皇本位・国家本位の国体の教義から、ある程度隔離されることになった、ともいえる。その意味で、われわれは別派独立をもって単純に教団史を二分することには、いま少し慎重でなければならない。しかし、難儀な氏子を取り次ぎ助けるという立教の精神が、不可避的に国家や社会への独自のかかわりを求めていたとすれば、そうした視点をも、それは遮断するものとなった。結果として、そこに、国家本位の立場をたてまえとし、自己本位の立場を本音とする精神の二重構造が生みだされていくことになる。後述するように、大正から昭和にかけては、高橋正雄、片島幸吉らの優れた指導者が出て、教祖本位の立場から教団の国家本位を批判し、自己本位の弱点を克服していこうとする運動もこころみられるが、大局的にはそれもこの二重構造を内部から打ち破っていく力とはならなかった。国家本位のたてまえは、金光教において、自己本位をおおいかくす防壁として機能しており、同時にそれは、金光教の信仰を世俗的な御利益信仰のレベルにおしとどめてしまう重石の機能をはたすものとなった。したがって、教派神道の担った役割は、教団レベルの国家との一体化の事実のみから即断されてはならないが、信徒大衆のレベルにおける本音の部分の存在もまた過大に評価すべきではない。

このように、自己本位の立場が国家の人民支配を補完するものとして機能させられてきたところに、私は、教派神道にそくした問題の核心部分をみようとするものだが、同じ問題は、教派神道にかぎらず、近代天皇制国家における他のさまざまな社会集団や個々人においても存在していたと思われる。

4　民衆的異端の系譜を継ぐもの

金光教が「独立」を手中にしてから八年後の一九〇八(明治四一)年一一月、幕末に生まれた民衆宗教のうちでも最大規模をほこる天理教が、金光教よりさらに多くの犠牲を払って最後の「別派独立」をはたした。このことは、幕末民衆宗教のもつ民衆解放運動としての歴史的役割が、ここにいちおうの終息をみたことを告げるとともに、前に触れたような新しい役割をもつ教派神道体制がいよいよ構造的に定着し終えたことを意味していた。しかし、世界史にみられるように近代の民衆解放思想としての主役を演ずべき民主主義思想・社会主義思想などが、その担い手である労働者階級の未成熟と、天皇制国家によるきびしい思想統制によって、広範な大衆のものになりえていなかった日本の「近代」社会の現実は、なお、民衆的諸宗教がもつ民衆解放思想としての歴史的役割が、まだ終わらないことを示唆していた。このような役割を担う新たな民衆宗教は、国家の主導による急速な資本主義化の強行が広範な人民大衆に新たな矛盾を加えつつある一八九〇年代の前半に、早くも呱々の声をあげていたのである。いうまでもなく丹波福知山盆地の小都市綾部で、貧乏大工の未亡人出口なおによって開教された大本（おおもと）教がそれである。

原始的蓄積期の新たな社会不安と、帝国主義列強のアジア分割競争に揺れ動く国際情勢を背景に形成されていったなおの宗教は、金光教・天理教などの幕末民衆宗教から深い影響を受けつつも、資本主義的「近代」に対する激しい批判と独自の終末観をその特色とするものであった。なおは、資本主義の進出にさらされる地方小都市の細民として味わったきびしい生活体験をもとに、現代を「われよしのやりかた」ばかりが横行する「獣類（けもの）の世」「くらがりの世」「絶命の世」としてとらえ、「末法」のときが到来したことをくりかえし強調した。しかし、なおはまた一方で、人民が早く改心し心の大掃除をすれば、いったん悪神によって隠退させられた国祖の大神＝艮の金神が「表にあらはれて三千世界の立替え立直し」をし、「大難を小難にまつりかえて人民を助け」、やがて「人民がいさんで暮らせる」水晶の世、みろくの世が必ず到来する、と力説した。すなわち、「獣類の世」「絶命の世」としてとらえられる資本主義的「近代」の奈落は、もはや自己を無媒介に神と直結させる、これまでの「生き神」の信仰のみでは救いがたいものであることが認識されていた。人民を真に救済しうる神は、なによりも自己の没落を直接に媒介する国家と対決しうる神、三千世界を一度にひっくりかえす「世の立替え立直しの神」でなければならなかった。

もちろん、このような「世直し」の思想は、すでに天理教の中山みきや丸山教の伊藤六郎兵衛によっても語られていたが、立直されなければならない世の実態を明確に「近代」社会そのものであるととらえ、これに対する絶望的な呪詛を前提とした鮮烈な現世的ユートピアを対置させていったところに、なおの宗教の新しさがあった。

しかし、現人神の「御稜威」によって切り開かれたとする「近代」の栄光を正面から否定することによって、大本教は天皇制国家との対決を不可避的に宿命づけられることとなる。その後、大本教のたどらなければならなかった道程は、いうまでもなく多難かつ悲惨なものとなった。一九〇八（明治四一）年、京都府亀山近郊の貧農の出で、習合神道説とその行法（修行の方法）をよくする出口王仁三郎を教団の指導者に迎えた大本教は、帝国主義段階にはいった日本資本主義の矛盾の激化によって、多くの人民大衆がいっそうの窮乏を強いられていくなかで、急激な発展をとげていく。大本教の終末観的変革思想に状況突破の期待を寄せて集まってきた広範な信者大衆の要求を、国家神道体制下における非公認宗教として貫いていこうとするとき、大本教がとった皇道ラジカリズム(天皇が行なう政治を理想化することによって現状の復古的な変革を企図する思想)・異端的ファシズムへの転回は、ほとんど不可避的なものであった、といわなければならない。にもかかわらず、というよりはそのゆえにというべきであろうか、資本主義がふだんに生みだす無産大衆的基盤にささえられてラジカルな皇道主義がたどろうとする方向は、国家権力によって鋭くかぎつけられ、狂気ともいうべき激しい弾圧に見舞われなければならなかった。一九三五(昭和一〇)年、大本教はついに壊滅させられ、戦後の再興にいたるまで、暗い谷間のときをすごさなければならなかったのである。

これを要するに、近代における民衆宗教があゆんだ道は大別して二つの類型にまとめられるであろう。一つは、金光教や天理教の、あるいはほかの教派神道各派にもおそらくは共通してみられたであろう類型である。この場合、その宗教思想が(ひいては民衆の意識が)下から国家をとらえていく可能性があったにもかかわらず、自己本位の本音と国家本位のたてまえをみごとに使い分けていくことで自らその可能性を遮断してしまい、客観的には国家意志のおもむくところに自ら屈服していった。もう一つは、大本教や天理本道にみられる類型である。この場合、自己本位を貫くことが不可避的に国家本位との対決を迫られていくなかで、一見、国家本位の立場とみまがうほどに自らを変形させつつ、なおも自己本位の内実を貫こうとして、ついに破局に導かれていった。この両者のあざやかなコントラスト、にもかかわらず一九四五(昭和二〇)年の敗戦において国家と命運をともにしなければならなかった両者の同じ結末、そこからわたしたちは、なにを学ぶことができるのであろうか。いずれにしてもわれわれは、いかなる形態をとるにしろ、つねに政治のもとに手段化されなければならなかった「近代」日本における宗教のあり方の特質と、その問題性を、すぐれて今日的な問題意識からとらえかえしていく必要があるだろう。

(1) 金光教本部教庁『金光教教典』理解I、徳永健次の伝え、一九八三年、三四〇―三四三頁。
(2) 民衆宗教の運動が直接政治的社会的変革運動とかかわりをもった例としては、一八八四―八五年をピークとする静岡県地方の「借金党」の運動と丸山教信徒との結びつきによる「丸山教み組事件」がある。江村栄一「自由民権運動と民衆」(『日本民衆の歴史』六、三省堂、一九七四年)参照。
(3) このほか伝記のたぐいとしては、金光教本部教庁『金光大神』(一九五三年)、村上重良『金光大神の生涯』(一九七二年)、瀬戸美喜雄『金光教祖の生涯』(一九八〇年)、同『金光教―金光大神の生涯と信仰』(一九八五年)などがある。
(4) 金光教本部教庁『金光大神・総索引・注釈・人物誌・年表』(一九六五年)所収の史料による。以下、文治の農業経営の実態についても同書の史料によった。
(5) 三矢田守秋「教祖一家の農業経済についての一考察―近世大谷村農地の実情」(『金光教学』第七号、金光教教学研究所、一九六四年)参照。
(6) 金光図書館報『土』第九五号(一九七一年一一月)〃特集・金光周辺の民俗(その2)〃所収の中山薫「修験道」に、その詳細が記されている。
(7) 佐藤米司「岡山県下の金神信仰について」、金光図書館報『土』第九〇号(一九六八年三月)参照。

(8) 江戸時代の陰陽道と土御門家の役割については、高埜利彦「近世陰陽道の編成と組織」(『日本近世史論叢』下巻、吉川弘文館、一九八四年)参照。

(9) 伝承によると、この婦人の名は「堅盤谷(かきわだに)の婆さん」こと小野はるという。はるから繁右衛門を通して文治へと展開されていく金神信仰の深化の過程については、真鍋司郎の考察(「民衆救済の論理―金神信仰の系譜とその深化」『金光教学』第一三号、金光教教学研究所、一九七三年)がある。

(10) この「秋うんか」の事蹟の意義については、福嶋義次の「〝秋浮塵子〟の事蹟について―『御覚書』解釈のための試論」(『金光教学』第八号、金光教教学研究所、一九六八年)参照。

(11) この点については、安丸良夫の人口に膾炙した優れた研究(『日本の近代化と民衆思想』青木書店、一九七四年)がある。

(12) この項、村上重良『近代民衆宗教史の研究』増訂版、法蔵館、一九六三年、二二一―二二三頁参照。

(13) 「鴨の騒立」(『民衆運動の思想』日本思想大系五八巻、岩波書店、一九七〇年)二五〇頁。

(14) 近藤喜博編『白川家門人帳』同刊行会、一九七二年、五九五頁参照。

(15) 金光教本部教庁『概説金光教』金光教本部教庁、一九七二年、二八四頁。なお、この本は、今日の教団の、教祖や教義についての見解を知る上で、最も依拠すべきものの一つであると思われる。

(16) 国家神道の時期区分については、村上重良『国家神道』(岩波新書、一九七〇年)七八―八〇頁参照。

(17) 佐藤範雄『信仰回顧六十五年』上巻、同刊行会、一九七〇年、一一四―一一七頁。なお、この本には、教団史にかかわる重要な史料が数多く含まれている。

(18) この改正条規については、佐藤範雄、前掲注17書、二〇九―二二〇頁参照。

(19) 金光教本部教庁『本教史の概要』金光教本部教庁、一九五〇年、一四―一六頁。

民衆宗教における〝近代〟の相剋

――教派神道体制下の金光教――

はじめに――問題の所在

これは広く学問一般についていえることだが、とかく未開拓の研究分野に取り組もうとする場合、その意義を認知させるためにも、かぎられた素材から大きな見通しを立てなければならないときがある。近代の民衆宗教史研究の分野にみられる今日のある種の「盛況」も、先駆者たちがあえてそうしたリスクを犯すことによってもたらされたものであるといってよい。しかし、それが学問としての信用をかちとって、確固とした地歩を築いていくためには、当然のことながら、その仮説が、より豊かな事実の検証によっていく度となく吟味され、鍛え上げられていかなければならない。そうした観点から、今日の民衆宗教史研究の状況をうかがうに、残念ながら、事実による検証を重ねる前に、「論」ばかりが先行して一人歩きを始め、そのために民衆宗教に内在する多様な可能性や問題性が、いまだ十分には汲み尽されていない、というのが現状のように思われる。それでは、その未知の可能性や問題性とは何か、ということだが、その点を明らかにしていくためには、定石どおりになるが、やはり研究史の回顧から始めなければならない。

近代の民衆宗教の問題に初めて科学的歴史的分析の光があてられたのは一九五〇年代の後半からであり、その画期をなしたのはいうまでもなく村上重良氏の『近代民衆宗教史の研究』であった。氏はこの記念碑的労作のなかで、幕藩体制下における民衆の宗教意識の変革の道筋を明らかにしつつ、その幕末維新期における到達点を民衆的諸宗教の成立に求め、それらの民衆解放思想としての役割を積極的に評価した。この労作の研究史上の意義については、いまさら喋々するまでもないが、とくに小論とのかかわりで重視したいのは、そこでの個別教団の分析が、おのずから類型的把握の可能性と必要性を示唆していたと思われることである。もちろん、いまはそれ以上断定的なことはいえないが、たとえば、呪術からの解放=教義の合理化と、信仰の個人化内面化、政教分離の志向などに特徴づけられる金光教のようなタイプと、権力支配への激しい呪詛を前提とする世直し=現世ユートピアへの志向を共通の性格とする天理教・丸山教・大本教のようなタイプとの間にみられる差異がもつ意味は決して小さなものではなかったといえよう。しかし、その後の研究のおもだった関心は必ずしも類型的把握の深化→統合の方向には向わず、概して後者の系列に属する諸教派の際立った性格を浮彫りにしながら、そこから近代における民衆の変革思想の特質をトータルに展望するという方向に傾斜していった。

そのような方向を決定づけたものに、安丸良夫・ひろたまさき両氏の「『世直し』の論理の系譜」(『日本史研究』八五・八六号、のちに安丸『日本の近代化と民衆思想』に収録)がある。この論文の特徴の一つは、幕末の世直し闘争を含む日本近代社会成立期の民衆闘争が一般に非宗教的であったという理解から、民衆宗教(この場合はとくに丸山教)にみられる世直しの観念の成熟も、いわゆる通俗道徳的自己形成の帰結として捉えられ、神観念などの宗教的要素はむしろ、阻止的要因とみなされている点にあるが、これについてはすでに私なりの見解を明らかにしているので、ここではとくにふれない(1)。そして、いま一つの重要な論点は、民衆宗教における世直しの主張が、いずれも「近代化」に反対する復古主義的「反文明開化」の立場からなされるのが常であった、という指摘であり、この指摘がはからずも、以後の民衆宗教に対する関心のあり方を決定づけるものとなっていったのである。その後筆者自身は、幕末民衆宗教の思想的役割を宗教的観念にそくして明らかにする意図から、いわゆる「生き神」の思想に着目し、とくにそれを民衆の自己確立、自己変革の原理として鍛え上げていった金光教の場合について論じたことがあったが(2)、世直し型の民衆宗教との関連で近代を明確に展望するにはいたらなかった。

こうして、安丸氏にそくしていえば、その後しだいに宗教的観念の独自のはたらきを重視する立場に転じ、とくに大本教についていくつかの優れた成果をもたらしたが(3)、そのことはおのずから、天皇制国家の対極にある最底辺の民衆の変革思想が、「反近代」「反文明」の性格をもった復古的神道説の形をとらざるをえなかったという氏の見解を、さらに推進させていく役割を担った。一方、ひろたまさき氏も「文明開化」という視点から近代の思想的諸潮流の法則的・全体的把握をめざしたその後の論文で、同様の見解を定式化したばかりではなく、屈折を強いられた「反文明意識」がやがて天皇制ナショナリズムと結びついた農本主義に包摂されていく命運にあったことまでを展望した。(4) また、ひろた氏の所説に触発されて、反文明意識を背景とした民衆の抵抗のありようを天理教の中山みきの思想に求め、(5) さらに、大正期の大本教にその新たな展開をみようとしたのは、(6) 鹿野政直氏であった。すなわち、大正デモクラシーの合理主義的開明主義的基調にさえぎられてくすぶりつづけた「土俗」的精神の諸潮流に、青年団運動、大衆文学と並んで、大本教に代表される異端的創唱宗教の系譜をつきとめた氏は、その「文明への報復」の視点のうちに、「大正デモクラシーからファシズムへの急激な移行の内的契機」(7) を見出した。かくして、当初世直し型の民衆宗教を鮮明に彩るものとして抽出された「反文明」の視点は、ついに幕末から昭和のファシズム期までの民衆的変革思想を一貫して見通す方法的視座にまで高められていったのである。

以上は一定の限られた研究者サークルの内部の動向にそくしてみたものだが、視野を「学界」の外に向けた場合にも、「反文明」「反近代」という一点ではこれらと同様の見解をみることができる。最後にその一例を、やはり独自の立場で民衆宗教の問題に取り組んできた梅原正紀氏の『民衆宗教の世界――叛科学の旗手たちとそのコミューン』にみてみることにしよう。この書物は新宗教系の一二の中小教団を取り上げてレポートしたものだが、なぜとりわけてかかる中小教団の存在に着目しなければならないのか、その理由を述べた序章のなかで、氏は大略、次の点を指摘している。近代天皇制の国家体制は「科学技術文明とその無制限な発達を許容する」ものであり、そこから科学的なるものは「善」、非科学的なるものは「社会悪」であるという争いがたい風潮が生み出されていった。これに対して大型化し、近代化した教団は、新旧を問わず、教勢の拡大とひきかえに「文明」との妥協をはかり、草創期の宗教的ラジカリズムをはやくも雲散霧消させてしまった。しかし、新宗教系の中小教団は、その点では「近代」からの侵蝕をまぬがれ、かえって濃密な宗教性と信仰的バイタリティーを保持しえている。民衆は、抽象的思弁的な教説によってではなく、呪術的行為・儀礼を媒介として非日常的次元にいざなわれ、世俗社会を批判する超越的視座を獲得する。したがって、「近代」から負の記号として烙印されたこの土俗的民衆思想＝シャマニズムをいかに現代の問題に連続させていくか、その点に今日的な課題を見出さなければならない。(8)

このような梅原氏の主張は、近代天皇制国家における最底辺の民衆の変革意識の基調を「反近代」「反文明」に求めるという一点では、さきの安丸氏らの見解と重なるが、その歴史的評価については両者の間に顕著な差異がみられる。しかもその差異には無視することのできない重要な問題が含まれていると考えるので、まずはその点から検討しておきたい。

すでにみてきたように、安丸氏らの場合、謂うところの「反近代」「反文明」は、日本の近代化過程の特質が生みだした民衆の国家批判のやむにやまれぬ歴史的な表現形態であり、それが不可避的に内包している神秘思想は、ラジカルに展開されればされるほど、かえって現人神の限りない神秘化を内実とする超国家主義の論理に組みしかれていかざるをえない命運を担っていた、という理解が共通してみられる。これに対して梅原氏は、「反近代」「反文明」をすでに動かすべからざる価値として前提しているため、この点での評価にはほとんど手放しともいえるものがある。そして、私自身の見解を端的にいえば、私は、梅原氏の評価にまったく賛成することができない。というのは、このような評価からただちに土俗的宗教思想＝シャマニズムの現代的意義が強調されるとき、それはかえって民衆の主体的な意識変革を妨げ、新たなファシズムに道を開く危険性をさえ孕んでいると思われるからである。

もちろん、今日の高度に発達した資本主義体制が、その「豊かさ」の幻影とは裏腹に生みだしている深刻な精神の荒廃状況を、いわゆる「近代化」「文明開化」の線上に捉えることに異存はない。しかし、「反近代」「反文明」に血路を求めた民衆の恋革思想の鮮烈さと、その故の悲惨な結末とを同時にわれわれのかけがえのない歴史的遺産として、そこから今日的な課題を求めていこうとするなら、再び「反文明」「反近代」の思想を土俗的宗教思想＝シャマニズムに期待するというがごときは、氏の主観的意図にも反して、民衆の真の解放を永遠の彼方に追いやるものといわざるをえない。そして、その点では、「「文明開化」の優越性を凌駕する科学的社会観が、民衆の主体的な努力のなかからいかに創造されるかが、つぎの課題となる」[9]というひろた氏の指摘の方が、今日のわれわれが直面している思想状況に妥当するものであると私は考える(もっとも、何をもって「科学的」とするかについては議論の余地があるものとして)。しかし、それならば、安丸氏らの立てた議論には全く問題が無かったか、その全体的見通しに不十分な点が無かったかどうか。ここでいま一度、氏らにおいて「反文明」「反近代」の視点がさぐりあてられていった経過に立返って、検討しなおしてみたい。

そもそもこれら民衆思想史の開拓者たちが、六〇年代に入って一斉に民衆思想の問題に立向っていった背景に、折からの「近代化」論の挑戦に対する鋭い批判意識がこめられていたことはいうまでもない。そしてこの課題にこたえるに、何よりも「文明開化」の虚偽性をついた独自の民衆思想の究明をもってしたことは、きわめて正当であり、また有効なものであったと考える。しかし、ここでまず注目しておきたいのは、これらの人たちが最初にうち出した視点が、いずれも国家の要請する「近代」とは別の「近代」、下からの「近代」を掘り起すという点に向けられていたことである(「下からの」という表現は、学問的にはあまり適切ではないが、ここでは広い意味での民衆が担い手であるということのほかに、その思想原理が内発的・土着的であるという意味をこめている)。安丸氏の『日本の近代化と民衆思想』における「通俗道徳」説がそうであった。色川大吉氏の『明治精神史』の視点がそうであった。鹿野氏の『資本主義形成期の秩序意識』も、一部知識人の反近代思想には言及されているが、全体としては同様のモチーフで貫かれていたといえよう。そして、このような視点の設定は、その当時においてのみならず、今日もなお無視することのできない意義を担っていると私は考える。しかし、前記の人たちは、それぞれの見出したいま一つの「近代」、下からの「近代」が、あるいは変質し、あるいは挫折させられていく経過を見極めたとき、そこから新たな視点への模索を開始し、そしてつきとめたものが、いわゆる「世直し」型の民衆宗教の思想に顕著にみられるところの「反文明」「反近代」の思想にほかならなかった(逆にいえば、この人たちの民衆宗教への関心は、初めからそうした課題意識と視点に枠づけられていた、ということだが、その点についてはあとでふれる)。

このようにみてくると、氏らの視点の推移にはそれなりの根拠と必然性があったことを十分に認めることができる。しかし、ここで私が問題にしたいのは、そのような視点の推移がもたらした客観的な意味である。とりわけ、いま一つの「近代」という視点が、それによっておのずから取り残されてしまった、そのことの意味である(10)。

まず、反近代・反文明の対極に見据えられているのはいうまでもなく国家的要請としての「近代」化であり「文明」開化であるが、日本の近代国家の性格はもちろん、それらによってのみ規定されているわけではない。むしろ「現人神」の問題に象徴される「前近代」的な性格が、近代天皇制国家における一方の重要な支柱であったことは、いまさら指摘するまでもないであろう。この点で、民衆の「反近代」は、それが強調されればされるほど、国家の「近代」、国家の「文明」のイメージのみが肥大化していき、そのことで国家の「前近代」、なかんずく、「現人神」の反人民的性格が不問に付され、結果的に免罪されるということになってはいないであろうか。もちろん、氏らにして、国家の「前近代」がみえていないなどというつもりはないが、文明開化↕反文明という単線的な視座によるかぎり、それはいきおい後景に、かすんでいかざるをえない。そして、いま一つの「近代」、下からの「近代」は、その意味で、国家の「近代」よりはまさに国家の「前近代」をこそ、正面から照射する視点としての意味を、もちつづけていたのではなかったか。

もう一つの問題は、そのことと密接に関連しているが、このような土着的「反近代」「反文明」の思想を、ほかならぬ世直し型の民衆創唱宗教に見出したことが、逆に民衆宗教に対する視点をそれに枠づけ、民衆宗教に含まれている他のさまざまな可能性や問題点を見失う契機となってはいないか、ということである。こうした傾向はもちろん、氏らにかぎったことではない。大型よりは中小の、正統的であるよりは異端的な、公認よりは非公認の、合理的であるよりは非合理的な教団の存在に、近代以降の民衆宗教の可能性と問題性のすべてをみようとする傾向は、今日ますます広がりつつあるように思われる。こうしたなかでとくに私が気にかかるのは、教祖以後、とりわけ別派独立以後の天理教や金光教など、いわゆる教派神道体制に組み込まれた民衆宗教の問題が、ほとんど視野の外に置かれてしまっているということである。[11] もちろん、その責めまでも前記の人々が負うべきであるというのではないが、少なくとも、国家神道体制の支柱たる教派神道体制下の民衆の宗教意識のあり方が構造的に明らかにされないかぎり、われわれは国家と民衆宗教とのかかわりにおける日本の近代を、トータルに展望しえたとはいえないのではなかろうか。

長い前置になったが、このような認識に立って、いささか研究史の間隙を埋め、先駆者たちの提起した問題に私なりに答えてみようとしたのが、小論のこころみである。その場合の具体的な素材として、小論ではとくに大正・昭和期の金光教にスポットをあててみた。内在的・土着的「近代」の方に研究史の振子を戻す意味でも、教派神道体制下の民衆宗教の生態をとらえる意味でも、それがやはり、質量ともに格好の対象であると思われたからである。もちろん、金光教のケースは一つの事例であり、それだけで民衆的・土着的「近代」の問題と、教派神道体制の問題を論じつくすつもりはない(その点で、たとえば別派独立後の天理教は、発生の時点での差異にもかかわらず、多くの点で金光教と似た性格と問題性を含んでいるとみられる)。まして、民衆的・土着的「反近代」「反文明」の問題は、小論の及ぶ範囲ではないが、一応その点をふまえたうえでの私なりの見通しをあえていうならば、私は、さきにみた近代天皇制国家の二重の性格に鑑みて、両者がいわばクロスする形で、民衆の「反近代」と「近代」が国家の「近代」と「前近代」に向き合っている、そうした構造において初めて、民衆宗教における可能性と限界の問題がトータルに把握されるのではないか、と考えている。しかし、豊富な事例の発掘がおのずからそれを証しするときまで、これは単なるアイディアの域にとどめておかなければならない。

なお、小論では教祖以後の金光教の問題を扱うわけだが、教祖以後の問題は教祖段階についての一定の理解なしに語ることはできない。しかし、教祖段階についてはすでに多くの研究や紹介があり、不十分ながら筆者なりの見解も明らかにしているので[12]、ここではそれらを前提としてただちに教祖以後の問題から始めることにしたい。

一 別派独立後の金光教団——その内部構造について

一八八三(明治一六)年、金光教教祖金光大神は、その七〇年にわたる生涯をとじた。彼は死の直前、神社神道との結合による布教の合法化を勧誘に来た神道事務局のものに対して「この方の神さまは違う」と、言下にこれを断っている。それは、「現人神」を頂点とする国家神道体制の確立を急ぐ権力が民衆的諸宗教への弾圧と統制を一段と強化しつつあるなかで、金光教の歩むべき道を身をもって示した教祖の切実なる遺訓であったといえよう。しかし、日増しにつのる官憲の圧迫に苦慮しつつ、布教公認を焦眉の課題としていた弟子たちは、教祖の死後いくばくもなく神道事務局傘下の教会としての公認を取り付け、ひきかえに課せられた国体の教義へのはてしなき接近の義務を甘受しつつ、「別派独立」への道をひた走った。そして一九〇〇年、金光教は遂に神道教派としての汚辱にまみれた「独立」をはたした。いいかえればこのときから金光教は、たてまえ上、祭祀に機能を限定された国家神道の宗教的性格を代位する教派神道としての役割を、正式に担うことになったのである。

このようにして確立された教団の公的立場が、教祖の思想からいかに逸脱したものであったかはいうまでもない[13]。そして、教祖以後、とりわけ別派独立以後の金光教は、権力に屈服し去ったものとみなすのは、その限りでは正しい。しかし、教団としての公的立場がそのまま広汎な信徒大衆の立場をも代表しえていたと考えるなら、それは正しくない。というのは、自己の精神的救済を最大の関心事とする広汎な信徒大衆にとって、教団の公的立場や教義の改変などの問題は、さしあたって重要な関心事とはなりえないという一般論的な理由に加えて、金光教の場合はさらに、国体の教義とは本来的になじまない教祖の思想が、「取次」という独自の信仰形態を媒介することによって、根強く信者大衆のなかに生きつづけることを可能にした、とみられるからである。

いまはこの問題にあまり深入りできないが、国体の教義になじまない教祖の思想とは、一言でいって、神への篤い信仰とたえざる自己への内省から生まれた深い人間愛と独立した人格を尊ぶ思想である。それを私はあえてある種の「近代的自我」の覚醒と呼ぶことに躊躇しないが、それを支える原理において、金光大神の思想はどこまでもかれに独自なものであった。いまその原理をかれ自身の言葉のなかに求めるならば、それは、かれが信心の要義として書き残し、今日「天地書附（てんちかきつけ）」の名で呼ばれている「生神金光大神、天地金乃神、一心に願（ねがえ）、おかげは和賀心にあり」という一句に、すべて表現し尽されているように思われる。まず、身にふりかかる不幸の数々を契機とする土俗的＝封建的宗教意識（前者が後者から独立してあったと考えるのは「近代人」の錯覚にすぎない）との孤独なたたかいのはてに訪れた凡夫としての自己認識があらゆる精神的解放の出発点となった金光大神にとって、神のおかげとは、自己の内面に向けての不断の倫理的問いかけを通して、まさに「わが心」のうちにおいてのみ成就されるものであった。そして、そのような神への主体的応答のうちにこそ、実は神のはたらきが生きている。「氏子あっての神、神あっての氏子」、神と氏子は「あいよかけよで立ちゆく」（『金光大神御覚書』）。このような神と人との関係において、不断に神の願いを成就しようとする「わが心」のありようを、かれはまた「生き神」という言葉で表現したのである。金光大神はその晩年、一信者との問答のなかで「生神と言ふ事は、ここに神が産るると云ふことであります」（『金光大神御理解集』）と述べている。人間は生まれながらにして神であるのではなく、たえざる自己吟味によって、神のはたらきをその身に顕現しうる存在である。そのような人間の能動的主体性と神のはたらきが一体となったとき、そこに新たな神が生まれる。生まれつづける。それが金光大神における「生き神」の意味であり、それがかれにおける自己確立、自己変革の思想、人間愛と人格主義の思想を支える根本的な原理だったのである。こうした思想が、現人神に対する臣民の無条件の随順を説く「国体」の教義と、いかに相容れないものであったかは、いまや明白であろう。

しかし、そのような思想が、教義の改変などの障碍に耐えて信者大衆のなかで生きつづけていくには、いま一つの重要な契機がなければならなかった。「取次」という独自の信仰=布教の形態がそれである。取次とは何かについては、くだくだしい説明をするより、現実のありさまを描写する方が手っ取り早い。岡山県金光町にある金光教本部の広い境内の一隅に「会堂」と呼ばれる信仰の殿堂がある。会堂の正面には前述の「天地書附」が掲げられている以外、いわゆる神体に相当するものや、それに付随するきらびやかな装飾などはほとんどみられない。この正面に向って右側前方の小机の前に教主(現教主金光鑑太郎(かがみたろう)氏は教祖の四代目の子孫)が座して、終日神前に奉仕している。神前奉仕といっても、それは神楽を奉納したり、祝詞をあげたりすることではない。まず三々五々に訪れる信者たちが、思い思いの場所で正面に向って静かに黙禱を捧げ、ややあって教主の前に進み出て、自らの悩みや問題を打ち明ける。教主は信者とともに神に祈りを捧げつつ、神が願うところの信者のたすかる道、たちゆく道が何であるかを語り合う。やがて信者はもとの座に帰り、再び黙禱を捧げて、静かに退場していく。このように教主(各教会所にあっては教師)が媒介して、氏子の願いを神に、神の願いを氏子に伝えるといういたって単純な、しかし緊張にみちた神との対話の様式、それを金光教では取次と呼び習わしているのである。そして、このような様式が、単なる形式でなく、「実意丁寧」をモットーとして生活の真只中に信心を求めた教祖の生き方そのもの、いわば生活化された教義ともいうべきものであるとしたら、書かれた教典のたぐいよりは、このような様式のなかにこそ、教祖の信仰の真髄が脈々と流れているのだ、ともいえよう。事実、教祖はその晩年にいたるまで、体系的な教義の形成にはいたって消極的であり、その教えは、教祖との出会いに鮮烈な衝撃を受けた直信の弟子たちから、また次の世代へと、この取次の場を通して生き生きと語り継がれていったのである。

もちろん、われわれはそのことで、教団が別派独立の代価として支払ったものの大きさを見失うわけにはいかない。ただ事実の問題としては、かくして、一方における教団の国家本位のたてまえと、他方における信仰次元の自己本位の立場が、背を向け合って併存するという重層的・二極的構造、それが別派独立後の金光教のあり方を基本的に特徴づけていくことになったのである。とすれば、われわれは単に教団の公的立場においてだけでなく、このような二重構造の全体として、それがはたした役割を問い直してみる必要があるであろう。ここではさしあたり、大正デモクラシーと昭和ファシズムの二つの局面にみられた二つの特徴的な事態の検討を通して、このような構造が担った意義を明らかにしてみたい。

二　大正デモクラシーと金光教

1　佐藤範雄と「国民教化」運動

大正デモクラシーを背景とする時代状況のなかで、金光教団ではデモクラシーをめぐる二つの相反する運動が、それぞれ担い手を異にして同時に進行するという特異な現象がみられた。その一つは、国体護持の立場から、デモクラシー、社会主義、労働運動、農民運動などの抑止・善導をめざして華々しく展開された「国民教化」運動であり、主として国家権力と手を結んだ教団の最高幹部がこれを担った。他の一つは、教団の生命たる教祖への回帰＝信仰復活(リバイバル)を内的契機とする教団革新運動に端を発し、やがてそのなかから独自の社会批判とデモクラシー擁護の諸活動を生みだしていった、主として教団の青年会を拠点とする青年布教者たちの運動である。このような二つの相異なる運動が同じ教団のなかで同時に進行するという事態は、さきにみた教団の構造的特質を抜きにしては理解しがたいものであるが、ここではとりあえずそれぞれの運動が個々に担った役割とその特徴を、具体的な事実の経過にそくして明らかにしておきたい。

まず、国体護持の立場からデモクラシーなどの「危険思想」圧殺を旨とする一大教化運動を推進した教団の最高幹部とは、当時教監(管長を補佐し教団運営の最高責任を負う)の要職にあり、文字通り金光教を代表する「顔」として八面六臂の活躍をしていた佐藤範雄(一八五六―一九四二)である。

佐藤の教団内外における活動の軌跡については、かれの『信仰回顧六十五年』上・下巻（同刊行会、一九七一年）に詳しく述べられている。以下、主として同書に拠りつつ、佐藤を軸として展開されたこの運動のあとを簡単に追ってみることにしよう。

佐藤は一八七五年二〇歳のとき金光教に入信し、間もなく教祖の勧めに従って布教者の道に進んだ。しかし、教祖の信仰には「教学」が無いとみて不安を覚えたためであろうか、やがて大国隆正門下の黒坂昌芳(のちには井上頼圀)について記紀などの「皇典」の修学を始め、ただちに教導職試補の資格をえて、神道事務局の巡教に随行するなどの経験を重ねている。金光教が国家神道とは極めて異質な性格をもちながら、ようやく神道教派としての独立をはたすことができた理由の最大のものは、この佐藤の教導職(神道本局となってからは宣教使)としての布教の実績と、復古神道教義の素養による金光教教義の修正ないし付会の努力にあったといっても過言ではない。その後、日露戦争勃発を機に、教団は国家への協力姿勢をいよいよ明確にし、一九〇八年の戊申詔書渙発に際しては全教団をあげて聖旨普及の運動につとめたが、佐藤は一貫してこのような方向づけをあたえる教団の舵取りであった。また佐藤は、折からの地方改良運動、青年団運動、在郷軍人会の運動などとも密接にかかわり、一九〇八年から一四年にかけては「国民講演」と自ら名付ける講演活動を精力的に展開して、巷間のイデオローグとしてもしだいにその名を知られる存在となっていった。そして、一二年、宗教界の国家的再編をねらって開催された三教会同は、神道側代表委員として常にこれをリードした佐藤の活躍によって、かれのみならず、金光教=教派神道の優等生の「声価」を一度に高からしめる絶好の機会ともなったのである。

かくして、「大正政変」とともに迎えた新しい「民衆の時代」のうねりを尻目に、否まさにその故に、かれの「国体護持」の使命感は、この時期いよいよ激しく燃えさかっていった。すなわち、一九一四年、佐藤は『我国体之尊厳図』および『尊厳なる我国体』を著し、翌年「国体神勅普及会」なるものを設立して、これらの著書を各皇族、諸官庁、陸海軍、全国の小・中学校に寄贈、その数は三万一〇〇〇部に及ぶ。次いで一六年には『憲政自治の精神』を刊行、これをスライドにしてさらに「国民精神教育」の実を挙げようとはかった。この幻燈スライドは同年四月に完成、六月には東京日本橋倶楽部で試写会開催の運びとなったが、参会者のなかには井上友一、一木喜徳郎、石黒忠悳、床次竹二郎、田沢義鋪、平田東助、筧克彦、高田早苗、前田多門、沢柳政太郎ら地方改良運動などにかかわりをもつ内務省関係の有力者、学者、文化人がずらりと顔を揃えている。そしてこのときの助言に基づき、さらに推敲を重ね、翌一七年三月に完成をみたのが、のちに文部省から通俗教化図書の認定を受け、民衆教化の格好のテキストとして迎えられた『敬神崇祖、憲政自治大精神』(六一コマのスライド付、中央報徳会刊)である。やがて、おそらくは前記の有力者たちの口利きによるものであろう、六月にいたり、赤坂離宮に天皇・皇后をはじめ一五名の皇族と、宮内省関係の貴族・高官七〇余名を集めて、一大御前講演の開催となった。内容の詳細については省略するが、前編「敬神崇祖の大精神」では皇祖にゆかりの神社旧蹟のスライドをみせながら、敬神崇祖の精神を説き、後編「憲政自治の大精神」では黒船来航、五箇条誓文、国会開設の勅諭、憲法発布などの意義を語りながら、最後にいわゆる模範村の「自治」の実態にまで説き及んでいる。ここでは欽定憲法たることとの意義を自覚し、天皇の政治を翼賛することが「自治」の本義である、というのがかれの一貫した論理であった。

ところで、一九〇七年以来引続き教監の地位にあり、名実ともに金光教の最高の指導者として君臨してきた佐藤は、同一七年一月、突如としてその地位を退いた。これは、当時管長家個人の名義になっていた本部境内の土地を金光教維持財団に移管しようという動きが起り、初代管長(教祖の四男萩雄)がそれまで選挙制だった管長職を世襲制に改めることと引き替えにこれを認めることになったため、教団革新を唱える青年布教師たちが佐藤にその引責を迫ったことによるものである。佐藤はこのときかれらの言を容れて「自分は今まで道に国家に多少の功労あるものと云われてきたが、今その全部をとり消して一信徒としての新しい生涯に入る[14]」と述べ、教団運営の第一線から去っていった。しかし、多くの信徒・布教師たちを感激させたこの言葉は、その後一層華々しく展開されていくかれのイデオローグとしての活動によって、見事に裏切られていった。とりわけ、教監辞任直後の同年六月、さきの『敬神崇祖、憲政自治大精神』が天覧の「栄誉」に浴したことは、まさにかれのイデオローグとしてのはたらきが、このとき頂点に達していたことを、何よりも雄弁に物語っている。その後、国民教化の目的で書かれた同種の通俗図書、パンフレットのたぐいは枚挙にいとまのないほどであるが、もちろん、かれの活動はかかる文書宣伝にとどまるものではなかった。

一九一九年、かれはデモクラシー絶滅を唱える上杉慎吉の『デモクラシーと我国体』を金光教本部より刊行、翌年には加藤玄智、筧克彦、杉浦重剛、芳賀矢一らにはかって、「美濃部博士の天皇機関説打破」と「上杉博士支援」を目的とする懇談会を開催するなど、デモクラシー運動への攻撃に執念をもやした。一方、米騒動以後飛躍的に発展しつつあった労働運動・小作争議・社会主義運動に危機感をつのらせたかれは、二二年「壬戌会」なる組織を結成して、労働者の思想「善導」にも意をくだいた。その手はじめに、かれは『覚めよ兄弟』『露国革命の真相』『資本家に告ぐ』などの思想パンフレットを毎回数万部「潜行的」に労働者に配布、つづいて二五年には、いよいよ運動の頂点から切り崩しをはかるべく、大阪府知事らと協議して、在阪の代表的労働運動の指導者を集め、同年中に三回「思想緩和懇談会」なるものを開催するにいたった。また壬戌会はこの年、神道各教派ならびに上杉慎吉、平沼騏一郎、小川郷太郎、紀平正美らの有力政治家・学者・軍人らを糾合して、臣民翼賛による普通選挙の大成をめざす「大成会」なる組織をつくり、普選後の対策にも気を配った。このほか『信仰回顧六十五年』に記されている同時期の佐藤の活動は、さらに広汎多岐にわたっているが、ここでは以上の概要の紹介にとどめておかなければならない。

このようにみてくると、佐藤(その他東京布教の開拓者畑徳三郎をはじめ、佐藤に協力した教団幹部は少なくないが、今は一応佐藤に代表させておく)の活動は、もはや金光教の指導者としての性格をはるかに逸脱したもののようにみえてくるが、佐藤の主観においてのみならず、教団の上層部でも、かれのはたらきはあくまで金光教の立場からする国家への奉仕である、とみなされていた。そのかぎりで、かれの思想と行動の軌跡は、当時の教団における思想上の振幅の一方の極点を確実に代表しえていたのである。そしてそのことは、国体護持を旨とする教派神道の公的立場からみて当然すぎるものであったとはいえ、教派神道がそれとして担った役割の大きさを、改めてわれわれに告げるものだといえよう。

2　信仰復活運動の意義

以上の佐藤らを中心とする教化運動が、「教派神道」を意識した華々しい対外活動を特色として展開されたものであるとすれば、この期の金光教のいま一つの思想的潮流を代表する青年布教師たちの運動は、はじめ、「金光教」の独自性を強く意識した地味な教内活動を特色とする信仰回復・教団革新の運動から出発した。そのかぎりでこの運動は、佐藤らの運動に対する直接のプロテストとして起ったものではなかったが、のちに社会観・国家観の点でも佐藤らの場合と大きなひらきを示すようになったのは、むしろこの運動が組織維持の問題よりは個々人の信仰の質の問題を、国家の問題よりはまず個々人の生活の問題を、善の問題よりは悪の問題を、すなわち宗教の本来的な使命を問いかえすところから一歩一歩問題を掘り下げていくという着実な態度に貫かれていたからであると思われる。

このような運動の芽は、すでに一九〇六年、折からのキリスト教青年会の活動や各地の青年団運動の高揚に触発されて、佐藤金造、高橋正雄、佐藤一夫、長谷川雄次郎、和泉乙三ら在京の留学生を中心に結成された金光教青年会の活動のうちに胚胎していた。これらの青年たちは、いずれも佐藤範雄の愛弟子たちであり、教団組織の「近代化」を担うべき次代のリーダーとしての期待を一身に集めて、東大や早大などの「最高学府」に学んだのであったが、次の点でかれらはすでに佐藤ら教団幹部とは異なった問題意識のうちにあった。その一つは、佐藤らとちがって直接教祖にまみえたことがないということが、かえってかれらの教祖への関心をかりたて、教祖像の主体的把握へと向わしめたということであり、いま一つは、彼らの吸収した新しい学問や思想や文化が、その教祖理解とあいまって、佐藤とは異なった思想的回路による社会観・国家観を育みつつあった、ということである。そして、折から結成された金光教青年会とその機関誌『新光』は、おのずからかれらの信仰と思想を錬磨し、広くかれらの主張を同世代の信徒たちに語りかけていくかけがえのない場となっていったのである[15]。

　このようにして、まず教祖の信仰的立場の闡明に向ったかれらは、やがて別派独立後の教団の歩みが、教祖のめざしたものとははなはだしく異なった方向に向いつつあり、そのことが教勢の伸びとは裏腹に深刻な信仰的危機を生みだしていることを鋭く察知した。それが引き続いて起る活発な信仰復活(リバイバル)運動の直接の契機となっていくのであるが、そこでのかれらの基本的な問題意識は、一九一三年の『新光』新年号の巻頭論文「教祖に復(かえ)れ」に余すところなく語られている。次にその主要部分を紹介しておこう。

　往年、本教一部に信仰復活てふ声あり、昨年は亦佐藤教監によりて信仰の現状を改むべき由を説かれたりき。然れども吾人は、教監の諭されたる所、その改善の標的は何れにあるかにつきて頗る漠然たるの感なき能はざりき。改善せよといふにつけては、頼りて帰趨し、依りて確立すべき本教信仰の明確なる或る物を予め示さざるべからず。或る物とは即ち我が〈教祖〉なり。本教信仰の根本茲に存し、教義も組織も亦茲に出立せざる可からず。是れ今更申迄もなき次第なるが、本教今日迄の実状は、教祖に対する朧気なる理解によりて成立せるが故に、教義も組織も纏りたるが如くにして実は徹底せざる点尠からず。されば若し一旦教祖の御経歴、人格及び教説の、更に詳なるに至らば、今日まで説き来り、信じ来れる教義は或部分まで改訂せらるべく、本教組織も亦変更するに至るは必死（ママ）の結果なり。之を要するに本教信仰の真義を闡明発揮せんは本教の急務にして、教祖研究はその中心事業なり。本教今や現下の時勢に遭遇して教義の扶植、教勢の発展、社会事業の経営の如き華々しき各種の問題眼前に横たはれり。是等固より重要ならざるに非ざれども、而も概ね第二事業に属す。第一事業を閑却して、第二事業にのみ焦思せんとする如きは、恰も母屋の雨漏りを防がずして、直に庇の拡張を急ぐに類す。頃者、大教新報（教内一般信徒向けの新聞）は某教正（佐藤範雄）の社会事業に熱心なるを称揚して、同教正は最早本教の人に非ずして、国家の人たりと評せり。何等滑稽なる言ぞや。我が国籍を有する以上、何人も国家の人ならざるなし、称揚するに事を欠くにも程こそあれ。本教の人は徹頭徹尾本教の人たるべし。然れども滑稽なる此言の中、亦自ら同教正近来の消息を語れるものなきに非ず。吾人は、実に此評を見て顰笑と嘆息とを禁ずる能はざりし。本教の急務は、赤裸々なる我が「教祖」を闡明し、以て本教徒の依て立つべき根本の教義を発揮し、一切の情実弊竇とを去り、翕然として教祖に復り、而して更に各自信仰の道に出直すにあり。教祖に復らんかな、教祖に復らんかな。(16)（傍点および（ ）内は筆者）

気迫のこもったいい文章である。本文はこれに数倍する長さだが、要点は右につくされている。佐藤ら教団首脳に対する批判は、いまだその思想内容にまで及んではいないが、この場合、国家への奉仕より教祖に復れ、教祖の教えが明らかになれば従来の教義も組織も改めねばならぬだろうと説くことは、少なくとも教団の構造的矛盾をつくという点で、最もラジカルな意味をもつものであったといえよう。そして「教派神道」への自己同化に狂奔するこのような教団幹部の動きに「金光教」の死命を制する「危機」をみていたのは、もちろん、かれら青年布教師たちばかりではなかった。一九一六年五月発行の『新光』一二三号は「本教の現勢に対する感想」「神前奉仕の覚悟」について、布教の第一線に立つ各地の教師、教会長に発したアンケートの回答を掲載しているが、ここでは「教祖に復れ」で指摘されている問題が、教祖以来の神前奉仕＝取次を使命とする現場の布教師たちにおいても、一層、深刻に受けとめられていたことを明らかにしている。たとえば、金光教浜松教会長（当時）の関口鈞一は「神前の奉仕は本教の生命であり、教祖立教の大精神であるが、奇怪なことには神前奉仕に無経験なる、あるいは専らならざりし指導者が、その真に困難なるを理解せずして奉仕の重要なるを喋々し、しかもその意は外にあって社会事業をもって得々としていることである。そもそも無学の百姓をもって自任していた教祖の教えは一知半解の学識を超絶したものであり、神前奉仕の上でこそその真生命にふれることができるのである。布教者たるものはすべからく、区々たる社会事業の如きを棄てて奉仕の実をあげ、その燃ゆるが如き信念をもって難儀せる氏子の取次救済に専心すべきである」(17)(大意)と述べ、また「飛鳥生」と名乗るものは、「教団の将来を思うと憂懼にたえない。教団維持のために信心までも犠牲にしている先輩たちには同情を禁じえないが、教団の事情のために信心を左右されるとは何たる本末顚倒であろうか。年数ばかりが多くても、職級ばかりが高くても、役ばかりが重くても、お家柄であっても、信心が進まねば駄目である。われらは信心だけは教祖のような信心をさせて貰いたい。信心本位ですべての価値を定めてゆきたい。私はどれだけの功があるということを考える人は多いが、私はツマラヌもので相済まぬという自覚に立って信心に励むものが少ないのは心細い。よいといううえに立てられた教義はあるが、わるいという自覚に立てられた教義がまだ開かれていない。教祖は決して布教や事業に重きをおかれなんだ、そんなことに傾かれるには、信心のことが余りに重大であった」(18)(大意)と述べて、いずれも教祖不在・信仰不在の教団、とりわけその首脳部に対して厳しい反省を求めたのである。この「飛鳥生」と名乗るものこそ、実は、佐藤教監を辞任に追いこむ教団革新運動の急先鋒となり、その深い思索と信仰体験に基づく数々の名著によって、後年「金光教にその人あり」とうたわれた高橋正雄であるが、高橋およびかれによって代表されるこの運動の宗教思想の側面について、ここでは深く立ち入る余裕をもたない。ただ、「わるいという自覚に立てられた教義がまだ開かれていない」という言葉にもその片鱗がうかがわれるように、この時期のかれには、精神主義運動の清沢満之や一灯園の西田天香らにも通ずる厳しい求道的精神と深い罪の意識と絶対的他者への篤い信仰がみられる。[19]こうした特徴をもつ高橋の宗教思想は、それ自体、資本主義的「近代」の精神的荒廃に対する抵抗の意義を担うものであったと考えられるが、それが信仰復活運動以後の展開のなかでどのような役割をはたしたか、それをどう評価するかなどの点については今後の検討課題としておきたい。

このように佐藤らの運動に対比せられる青年布教師たちの運動は、「教祖に復れ」ということと、「信心専一」ということを中心課題とし、社会事業のごときは自信をもって棄てよと訴えたが、ここでいう社会事業とは勿論、取次を生命とする金光教の本来的使命とはあまりにも隔った(とかれらがみた)「国家的事業」をさすのであって、信仰上の立場の故にする社会へのはたらきかけを全て否定し去るものでは決してなかった。否むしろ、「赤裸々なる教祖」の信仰に立返り、「難儀な氏子」の取次救済に専心すればするほど、かれらは民衆の生活次元に深くくい込んでくる国家や社会の暗黒の姿に、熱い信仰的まなざしを向けざるをえなかったのである。そして、そのような動きのなかから、やがて、いわゆる大正デモクラシーの時代状況に呼応する独自の実践的な活動がさまざまに生みだされてくるのであるが、ここでは、常に第一線にあってこの運動を支えた片島幸吉の思想と行動を軸に、その足跡をたずねてみることにしたい。なお、この期の片島らの活動を、やはりデモクラシーとの関連で位置づけようとしたこころみの一つに、坂本忠次氏の「金光教の町――大正デモクラシーと新生舎の活動」[20]がある。新生舎というのは、第一次世界大戦前後から片島らにより「金光教青年同行の自由集会所」として阪神地区の信者有志の家に設けられたもので、同地区における伝道と種々の社会的活動の拠点としての役割を担ったが、のちに金光町に移転して、高橋正雄らにより「備中大谷製麺会社」の事業をおこし、折からの米騒動に象徴される民衆の生活不安に、信仰的立場から応えようとするユニークな活動として注目された。坂本氏の論文は、とくに後者の活動に焦点をあてたものである。佐藤範雄らの運動に対する評価その他の点で、筆者と見解を異にする点も少なくないが、大正デモクラシー下における金光教の動きを把握するには欠かせない文献の一つであると思われる。小論では以下、主として片島の言論執筆活動を中心に取り上げ、新生舎の活動などについては言及していないので、坂本論文を併せてご参照いただければ幸いである。

3　片島幸吉の思想

片島幸吉は一八八四年神戸に生まれ、一九一一年早稲田大学文学部哲学科を卒業、その年神戸にある奥平野教会初代教会長片島せん師の娘と結婚し、神戸を中心とする布教活動に入った。かれはこのころとくに賀川豊彦の貧民救済活動で有名な新川の未解放部落に伝道の輪を広げ、翌一二年には貧民救済を目的とする「稲穂会」を結成して、自らその責任者となっている。その後、かれの関心はしだいにデモクラシー、労働運動、社会主義運動などに広がり、後述する活発な言論執筆活動となって現れてくるが、初期の部落問題への取組みは、その原点としての意義を担うものであったと考えられる。この間かれは青年会の有力メンバーとして教団革新運動にも積極的に参加しているが、二四年には青年会幹事長に就任し、『金光教青年会雑誌』の編集長の任にも就いた。二六年、かれは米国布教視察のため渡米し、米国での開拓伝道に寄与したが、その後は教団本部の要職を歴任し、戦後は五〇年に就任した教監を最後に第一線を退いている。この間、かれの公的立場における発言内容はしだいに「時局」の要請に従って屈折を余儀なくされていくが、その心中はおそらく苦渋にみちたものであったと思われる。六二年、かれは七八歳でその生涯をとじた。ここで取り上げるかれの思想は、したがって、かれが最も生気あふれる活動をなした青年布教師時代のそれである。

一九一七年、それまで東京・大阪の各地に分散していた三つの青年会が合同をはたし、新たに全教的組織の金光教青年会を発足させた。これを機に機関誌も『新生』と改題し、一般信徒向けの新聞『金光教徒』(金光教徒社発行)とともに文書布教の中心的役割を担うようになったが、片島はすでに『新光』の時代から、その重要な論客の一人であった。当初のエッセイのなかには、自然主義やトルストイについてなど、文学士の名残りをとどめるものもみられるが、大半は、教祖への回帰、信仰の覚醒を基調とする折からの信仰復活運動を反映した論説・主張などでしめられている。『新生』の発刊後も、かれは義母であり、信仰の導き手であった「片島せん師」についての評伝を連載するなど、相変らず信仰上の問題について健筆をふるっていたが、一九年一〇月の誌上に「デモクラシーに就いて」を発表してから、かれの論調はしだいに鋭い社会批判を含むものとなっていった。その意味でこの論文は、かれにとっても、青年会の運動にとっても、新しい境地を切り開く画期的な意義を担うものとなったのである。

この論文の冒頭で、かれはまず、デモクラシーについて考えるときには、感情に走らず、事柄に対する公正な見方を保つことが重要であり、とくにその反対論において、かかる不都合な説は絶滅せよ(たとえば上杉慎吉のごとき)などというのは、いやしくも一個の思想に対する正しい対し方ではない、と述べている。教団本部ではこれよりさき、一九一七年八月に上杉慎吉を招いて憲法講演会を開催しており、また佐藤範雄が文字通りデモクラシーの絶滅を説く上杉の『デモクラシーと我国体』を刊行したのは、片島論文発表のつい三カ月ほど前のことであったから、片島の所説は単に上杉に対する批判にとどまらず、これを称揚する教団本部に対しても真向から対決を挑むものであったといえる。それだけに、かれはきわめて慎重に、周到に、議論の仕方から説き始めなければならなかったのである。次いでかれはデモクラシーを「平民が自由平等を要求する精神若しくは観念」であると規定し、さらにデモクラシー興隆のよってきたる原因を、内因と外因の両面から考察している。かれによれば、その内因は近代以後平民、とりわけ労働者階級が自ら「一個犯されざる人格」たることを自覚し始めてきたことにあり、その外因は「資本の前に屈服することを余儀なくされた」労働者階級の悲惨な生活の現実そのものにある(ここでは素朴ながらマルクスの剰余価値説が援用されている)。そしてかれは、かかる内外いずれの原因からみても、デモクラシーの主張には「当然必然の理由」があることを認めざるをえない、と結論づけている。[21]

この論文の表題の下には「十八日会講演要旨」と付記されているが、十八日会とは一九一九年七月に結成された阪神青年教師会の通称であり、[22]その第一回の会合では「デモクラシーと金光教」に関する片島の発題をめぐって協議がなされ、一〇月の例会では『資本論』の研究も行なわれている。[23]

したがって片島の主張は決してかれだけの孤立したものではなく、かれを含めた阪神地区の先進的な青年布教者全体の気運を代表するものであった、とみてよいであろう。いずれにせよ、教団の準公的な機関ともいえる青年会の会誌に、マルクスの所説を肯定的に紹介する論文が掲載されたのはこれが最初であり、そのことが教団内に少なからぬ波紋をなげかけたであろうことは疑いない。しかし、マルクス主義からの影響という事実は、少なくとも片島の思想の独自性を示すものではない。そして、その意味ではむしろ、内因としての「人格の覚醒」という問題が、外因としての社会矛盾の問題と不可分のものとして重視されている点が、ここではさらに注目されなければならないであろう。また、デモクラシーと社会主義が、かれにあっては、折からの民本主義論争のごとく、二者択一的なものとしてではなく、ともに労働者の解放に不可欠のものとして統一的に把握されているという点も見逃せない。このような特徴をもつかれの思想は、当時の教団のなかで、また社会の現実のなかで、いかなる意義をもちえたのか。この点をいま少し具体的に掘り下げてみよう。

一九二一年八月、青年会機関誌『新生』は、さらに『金光教青年会雑誌』と改題された。これよりさき、同年一月より教団では阪神連合布教と銘打って、阪神地区を一括対象とする大々的な巡教を展開していたが、その一翼を担っていた片島は、改題第一号より「阪神通信」なる欄を受け持って、活動の模様をつぶさに書き送ってきた。それによると、この期間中片島らは、大原社会問題研究所などから講師を招いて「社会問題講演会」を開催したり、「社会主義是非論」をめぐる討論会をもったり、神戸の新川地区を訪ねて貧民問題の実態を学んだり、労働争議についての懇談会を開くなど、金光教独自の立場から、社会問題に積極的にかかわりをもとうとしたことが知られる。片島はこれらの紹介記事に自らのコメントをつけ、また個別の論文も多く寄稿しているが、それらに一貫してみられるかれの思想の原理的な特質とは何か。

まず、デモクラシーや社会主義運動・労働運動に対してかれが積極的な評価をあたえていたことはさきにもみた通りだが、そもそもかれをして社会問題への関心を動機づけ、またそれを通してかれが究極的にめざしたものを一言でいうなら、それはやはり、自由な人格としての人間の尊厳を守り抜く、ということであったと思われる。たとえば、かれは「阪神通信」の一節で次のように訴えている。「わが神戸は、いまや軍備制限から来る軍艦建造中止その他で、多くの労働者が失業の危機に面しております。現在我国のごとき工業状態に於て、一工場に於て、一度職を失うたならば、どこへとりつく島もありません。家をもち、妻子をひかへた労働者が、まじめに労働問題や、失業防止を考へることは、どこを押しても無理とは思へません。しかもこの中に於て軍備制限を理解して、これに賛同している労働者の態度は、非常に立派なものだと思はずには居れません。二口目には危険思想だとか、労働者に何がわかってとか、それはブローカーの仕事だとかいひ、全体の労働者を、ヤクザ者の如く、愚人の如く考へて居る人々も、考へ改ためて、ほんたうに人間といふ立場に置て考へなほしてもらいたいと存じます」(24)。

このように、かれの労働運動への理解と支持は、単なる歴史的必然論からのそれではなく、安易な同情論からのそれでもなく、困難な状況のなかでたたかっている労働者そのものへの深い人間的共感と、敬意の念に根ざしたものであった。しかし、右の主張でさらに注目されるのは、「考へなほしてもらいたい」と訴えている相手のなかには、資本家や権力者そのものが含まれていたとみられることである。すなわち、かれの人間観からすれば、資本家や権力者の労働者に対する人格無視から解放されなければならないのは、労働者だけではなく、むしろそのことによって人間としての尊厳を自ら放棄している資本家や権力者そのものだったのである。資本家も人間的に救われなければならないというかれの愚直なまでの徹底した人格主義の立場に、われわれは宗教家としての限界のみを見出すべきであろうか。

もちろん、かれの人格主義は、何よりも労働者の自己確立・自己変革に不可欠なものとして、労働者自身に対して一層熱心に主張された。かれは、一九二一年七月の神戸三菱・川崎造船の大争議の渦中、進んで多くの未知の労働者と交流し[25]、一〇月にはある造船所の労働者を前に、請われて一席の講演を行なっている。ここでもかれはこの争議が当然起るべくして起ったものであり、資本家側の責任のまぬがれないことを強調しつつ、一方で、日本人の労働者気質についてふれ、まだ労働者としての自覚が十分ではなく、ややもすれば自暴自棄に陥りやすい面があるが、労働者としての誇りを失わず、建設的でねばり強い運動を持続的に展開していかねばならないと、その持前の人格主義の立場から、労働者を励ましている[26]。こうした人格主義の立場が、場合によっては労資協調主義に利用されやすい側面をもち、両者の対決点を曖昧にする危険性を孕んでいたことは否定できないし、そこには青年期以来の人文主義的ロマンチシズムの影響が色濃く反映し、人間に対する過度のオプティミズムがひそんでいたことも否定できない。しかし、長い間の封建的半奴隷的な境涯からぬけ出たばかりのプロレタリアートにとって、労働者も一個犯すべからざる人格をもった自由な人間なのだという片島の主張は、われわれが想像する以上に深い共感をもって迎えられたのではあるまいか。そのことの意義を重視するかしないかは、各人の見方によるが、片島の思想家としての本領はこの点につきているといってよい。そして、このようなかれの人格主義の立場は、もちろん、西欧の近代思想からも触発されながら、根本的にはやはり、独自の「近代」を内発的に切り開いた教祖金光大神との信仰的な出会いを抜きにしては成立しえないものであったと思われる。

そのことはまた、当然のことながら、かれが徹頭徹尾信仰の人であり、宗教の人であり、その限りで社会主義やマルクス主義に限りなく接近しながら、その無神論に対しては明確な一線を画していたことを意味している。

筆者自身は、少なくとも片島の思想をはかるのに、唯物論か観念論かという古典的なものさしをもってするのは、あまり有益だとは考えないが、誤解をさけるために、かれが究極的にはマルクス主義に対して次のような批判を抱き続けてきたことを、明らかにしておかなければならない。それは一九二二年八月の「阪神通信」の一節であるが、そこでかれは、社会主義勃興の必然性を繰り返し強調したのち、次のように述べている。

「第二に、併しながら、かの階級闘争の思想や、唯物史観の考へ方を、そのまま承認することが正しいかどうかを、本統(ママ)に考へたいと思ひます。……それを決定するのは大問題であるにしても、少なくとも唯心論上の要求が、人間生命の一部をなしておることは、これまた歴然たる事実である。この事実を正当に認めないやうな考へ方は正しい人間の考へ方と受取ることはできません。且つ唯物論的の考へ方が、平民の自覚の究極の姿だとは、どうしても思へません。もっと人間を全体として考へたい。精神の要求を充して貰ひたい。……闘争のない彼岸に達したい」[27]。ちなみにこのあとかれは、いわゆる「危険思想」に対する真摯な取組みが、金光教の内部でいかに欠如しているかを再度指摘して「世を動かす力は何と云っても真摯（シンサリチー）である。かのレニンが労農ロシアのために身心を過労して、強い神経衰弱に罹ったといふ新聞電報を見て、いかに彼が全力を尽して、その経営に任じてをるかを思はれて、そぞろに心動かされるものがあった」と述べている。かれのいわゆる唯心論の射程を示したものといえよう。

ところで、これら大正期の片島らの運動によって育まれた信徒大衆の民主的な感覚と、信仰復活のエネルギーは、やがて次なる局面、すなわち日中戦争前夜の吹き荒れるファシズムの嵐のなかで、再び、思いがけない噴出をみることになる。この期の問題についてはいずれ改めて取り上げるつもりだが、ここでは大正期の運動の帰趨を見定める意味で、その概略のみを簡単に紹介しておくことにする。

三　ファシズム期の金光教

1　教団「民主化」運動の展開

一九三四年から三五年にかけて、金光教団では全国の教師・信徒層の大半が管長弾劾に決起するという、教団自体の存亡にかかわるような未曾有の事件が巻き起った[28]。直接の契機は、当時の二代管長金光家邦（いえくに）が、大教会所の神前奉仕者金光摂胤（せつたね）に集まる信望を妬んで、地方新聞に中傷記事を書かせたことによるものだが、その本質はもっと根の深いものであった。すなわち、別派独立を端緒とする教団の組織運営と信仰との乖離において、前者の権限を独占するものが管長であり、後者のはたらきを象徴するものが神前奉仕者であったとすれば、そのような機能分化の根底にある重層構造の矛盾のうちにこそ、事件の真因があったといわなければならない。以下、その経過を簡単に追ってみよう。

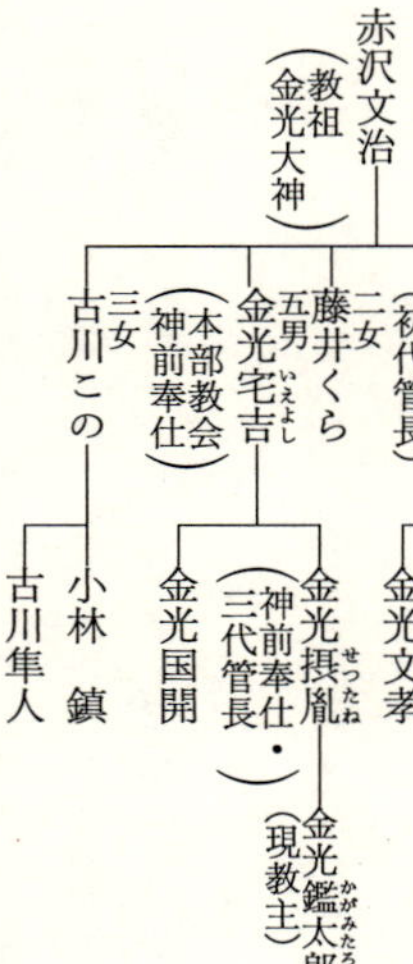

　右に述べたように、この事件を単なる金光家の内紛とみるのは正しくないが、やはり人脈的な背景を無視しては理解しにくい点もあるので、

赤沢文治（教祖　金光大神）
- 三男　金光金吉
- 四男　金光萩雄（初代管長）
  - 金光家邦（二代管長）
  - 金光文孝
- 二女　藤井くら
- 五男　金光宅吉（いえよし）（本部教会　神前奉仕）
  - 金光摂胤（せつたね）（神前奉仕・三代管長）
    - 金光鑑太郎（かがみたろう）（現教主）
  - 金光国開
- 三女　古川この
  - 小林　鎮
  - 古川隼人

まず教祖以後の金光家の系譜を事件に直接関係するものにかぎって紹介し(前頁図参照)、事件にいたるまでの経過についても簡単にふれておくことにする。

教祖の没後間もなく、佐藤範雄、白神新一郎、近藤藤守らの弟子たちが鳩首協議の結果、四男萩雄が教務を統轄し、五男宅吉が教祖の神前取次の業を継いで、本部広前に奉仕する身となったことは、前章で述べた通りだが、その後萩雄は一八八五年、教会設立とともに教長に就任、一九〇〇年の独立以後は管長となり、一九一九年に没した。その後は家邦が管長を襲職し、他方、一八九三年に没した宅吉のあとを継いでその嫡子摂胤が神前奉仕の任にあたり、副管長を兼ねて事件当時にいたる。俗世間的にはもちろん、管長が最高の権威をになうものであったが、教祖立教以来「難儀な氏子を取次ぎ助ける」神前奉仕が金光教の生命とせられ、その取次の業に専念してきた宅吉・摂胤父子に教内の布教者・信徒たちの篤い信頼と尊敬が寄せられていったのは、当然の成行きであったといえよう。これに対して管長父子はその分だけ信仰を守り伝えていく責任者としての自覚を失い、徐々に教団を私物化しようとする方向に傾いていったが、それはちょうど、大正初期以来顕在化してきた教団組織と信仰の乖離を、金光家のレベルで反映したものであったともいえる。前述のように、一九一二年、大教会所造営にあたってそれまで管長家ほか個人の名義になっていた境内の土地を教団所有とし、維持財団を設立してそこで土地建物の管理にあたるという案が提出されたとき、一世管長萩雄が、一九〇〇年の別派独立以来金光家一族中から各教会長の選挙で選ばれることになっていた管長職を、一世管長家の世襲とすることと引き替えにこれを認めたという一件は、まさに管長専決体制確立の第一歩をしるすものとなったが、これを不満とする若手教師らの運動が佐藤教監を辞任に追いこんだあとも、管長家の乱脈ぶりはとどまるところを知らず、人事権や財政権までも管長がほしいままにするという事態が、教師・信徒らの知らぬところでどんどん進行していたのである。

かくして迎えた一九三四年二月、第四九回の金光教定期議会は、日頃敬畏している「金光様」(摂胤)の神勤四〇年の労をねぎらう御礼文を決議し、同三月、教師有志も「御礼之会」を結成して感謝の意を表そうとした。これに対して摂胤は、おそらくは管長家に対する配慮もあってのことであろう「自分は年限が長いというだけで特別の功があるわけではない。みんながたすかるのは神のおかげであるから、神にお礼をいってくれるだけで結構だ」とこれを固辞、御礼之会に結集したものたちは、それならばせめて信心の上で各自が行にはげみ、その気持を表したいということで、改めて「御礼信行会」を結成し、六月から八月にかけてこれを実施するということになった。ところで、当時倉敷の地方紙に『国粋新報』(月三回の旬刊)というものがあったが、折しもその五月三〇日号に「大伏魔殿、金光教は蛇蝎の集団」と題して、御礼之会のこと、摂胤のことなどを口を極めて誹謗する中傷記事が載り、これが全国の各教会にもくまなく配送されるという事件が起った。驚いた教団の首脳部は、ただちにその出所を調べたが、なんとそれは管長家のさしずによるものであり、すべて管長家から発送されていることが判明した。当時の教監は管長家邦のいとこにあたる小林鎮が勤め、専掌の任にはその実弟古川隼人ほか佐藤一夫・白神新一郎・畑一らがあたっていたが、小林らははじめ、これが教団の内外に知れわたることを恐れ、極力幹部のレベルで収拾しようと、九月にいたり小林が管長に諫言し、一〇月に四カ条の覚書を提出した。その四カ条とは、(1)大教会所広前奉仕の神聖不可侵(これは管長が摂胤の神勤を妨害するのをふせぐ処置)、(2)大教会所会計の厳正(これは一九二五年に炎上した大教会所再建のために信徒から集めた一四〇万円の献金をはじめ、諸会計が、家邦・文孝兄弟に握られていて使途の明瞭をまったく欠いていたことに対する処置)、(3)教監の責任制(これは管長の専決体制を改め、教監と議会の責任における教団運営の民主化をはかる処置)、(4)金光家家憲の制定、の四カ条であった。これに対して管長ははじめ、摂胤に陳謝、遺憾の意を表明し、小林教監にも反省の色を示したが、一一月になって突如、小林は管長の面責を受けて古川とともに罷免され、事件の全貌はついに覆うべくもなく内外に知れわたるところとなったのである。

いうまでもなく、教団の内部からは一斉に管長弾劾の火の手があがった。まず一九三五年一月、各教会長が教団浄化を叫んで「有志盟約」を結成、三月には青年会連合本部がこれに加わり、同三月大阪地方の信徒を中心に「教団粛正期成会」が生まれ、四月には金光町で「全国青年信徒大会」につづいて「全国信徒大会」が開催され、管長に抗議、岡山市中をデモ行進して知事に陳情するという事態に発展した。これよりさき、和泉乙三ら議員有志をはじめ全国の教会長が管長の辞職要求を掲げて一月ころより文部省に続々と陳情におしかけていたが、事態の容易ならざる推移に不穏の気配を感じとった文部省は、早速調停案の提示による介入に踏み切った。一月一九日付宗教局長の

「金光教内紛につき指示せる制度改革案」がそれである。一八八四年の太政官布達第十九号（教導職ヲ廃シ教宗派ノ取締ヲ管長ニ委任ノ件）以来、管長への権力集中による教団支配の安定をはかってきた国家権力にとって、調停の目標が管長リコールの阻止にあったことはいうまでもない。したがってその内容は、(1)大教会所会計制度の確立、(2)教監責任制の確立、(3)管長の肉親のものが教務の要職に就くことを禁ずるなど、管長罷免の一点を除けば教師・信徒側の要求をほぼ認めた形のものであったが、もはや管長辞任以外に道はないとする教師・信徒側はいうに及ばず、専決体制をあくまで維持しようとする管長側にとっても、この提案はすでに受け容れがたいものとなっていた。かくして、管長は二月一七日、弟の文孝を教監に据え、ますます対決の姿勢を強め、教師・信徒側も前記のごとく全教的な管長排斥運動を拡大していって、両者の抗争はいよいよ抜きさしならぬ泥沼に落ちこんでいったのである。

こうしたなかで、教師・信徒側の圧倒的な力の前に屈した形で管長辞任が実現するのはぜひともさけたいとする文部省は、極力前記の三項目の線にそって収拾をはかるべく、多久岡山県知事に斡旋方を命じ、多久は管長一派と佐藤範雄・小林鎮らを招致して協議を重ねた結果、ついに四月の下旬にいたって、教監文孝の更迭と三項目の実現につき、管長の同意をとりつけることに成功した。この間、斡旋案不履行につき、多久知事が管長を非難する談話を発表するなどのトラブルが相次いで起っているが、大本教などの「危険」な新宗教教団を踏みつぶすことなど朝飯前の国家権力が、管長一人の駄々のために手こずっている様は、彼らがいかに教派神道体制の維持に細かい神経を使い、管長体制の維持に重大な関心を払っていたかを如実に示している。

その後、罷免された文孝の後任として教監の要職に就いたのは、かの高橋正雄であった。高橋といえば、かつて教団の内部矛盾をいちはやく察知し、その改革の急先鋒に立ち、信仰復活運動においても常にその中心にあって信徒たちの敬愛を一身に集めてきた人物であったが、この運動に関するかぎり、かれは当初から第一線には立たず、一歩退いたところから事態の推移を冷静に見守っていた。もちろん、かれとても積年の弊たる管長専決体制を改める願いにおいては切なるものがあり、これを成就するにはこのときを措いてほかにないと考えていたが、管長排斥を自己目的とした運動展開には疑問を抱き、三項目の課題を主体的に追求する方向で教団全体の民主化をはかることが運動の本筋であり、そのためにも文部省＝国家権力の介入を極力さけて、かりそめにも権力の力で管長を解任せしめてはいけない(どのみち文部省にその意の無かったことは明らかだが)と考えていたようである。こうした立場から、これよりさき、四月上旬に大阪で開かれた青年信徒大会でも、かれは「管長排斥、金光様擁護というのはおかしい。われわれが擁護しなければならない程金光様は無力なお方ではない。管長が金光様を排斥するのはかれが信仰によって救われていないからだ。そのことによってわれわれも、教団の全体もまた救われていないのだ。それに本当に気付かされていくことが、この運動の真の意義なのだ」[29]という主旨の発言をし、管長排斥でわき立つ六〇〇〇余の聴衆に冷水をあびせ、以後高橋変節の風評をまともにかぶっていたのである。したがって三項目を政治的妥協の産物と心得、事態収拾のみに力点をおいて管長排斥のほこを収めようとしていた有志盟約の中央委員(旧教団幹部中心)や一部の議員たちはともかく、なおも管長解任に固執し、教監人事に反対を唱える多くの信徒たちと、いつまた前言を翻すやも知れぬ管長、三原則の完全実施(=管長体制維持の確認)まで監督の手をゆるめない文部省当局を相手に、高橋は全く孤立無援の状態で改革の難事に立ち向わなければならなかった。

教監就任後の高橋の前には改革三原則の具体化、乱脈を極めていた教務、財政事務の引継ぎ、などの重要課題が山積していたが、かれはあくまで文部省の介入を最小限にくいとめ、教団自体の力で、したがって教団全体の合意によって事態の解決にあたることを必須の条件とし、文字通り寝食を忘れてこの難題に取り組んでいった(事態解決の結果ではなく、そのプロセスそのものに運動の帰趨がかかっており、民主化の目的は何よりも民主的に追求されねばならぬというのがかれの一貫した信念であった)。当面する課題のなかでも、とくに早急の解決を迫られていたのは、頂上会談でしか合意されていない改革三原則の具体化(法的手続きとしては教規・教則の改正)であったが、そのためにはまず金光教議会での承認が必要であり、これを有効なものたらしめるためにはそれ以前に、一部の議員も対象とされた事件発生以来の処分の取消しを管長に認めさせせなければならなかった。これは管長側の非を自認せしむることにほかならず、ほとんど不可能に近い事柄であると思われたが、かれは終始毅然たる態度で交渉に臨み、それがかえって管長の優柔不断にとどめをさす結果となって、処分の取消しをかちとり、教規・教則の改正は無事議会の承認をうる運びとなった。

これで法的手続きの問題としては文部省の認可を待つばかりとなったが、高橋はさらに、信徒あっての教団であるかぎり、信徒の同意をえずして事を運ぶわけにはいかないと、折から面会を求めて来ていた三原則改革案反対の信徒代表に、それが信徒多数の望むところであれば、たとえ議会の承認を経たものであっても、文部省への提出はしない、早急に各教会長を通して反対意見をとりまとめて提出されたい、と申し出た。そこで信徒代表はいったんひきとり、鳩首会議の結果、ここはとりあえず教監に一任しよう、ただし秋の教祖大祭が管長の主斎で行なわれるかぎりそれには一切参加しないという決議をし、ここにようやくにして、二年に及ぶこの運動も、なお多くの課題を残しながら、一応の終息をみるところとなった。なお、大祭斎主問題は、高橋の説得により管長の譲歩するところとなって、この年の大祭は摂胤主斎により、かつてない盛会のうちに滞りなく行なわれた。

この事件は、そのかちとった成果もさることながら、事件の全体を通して、信徒の一人一人が教祖の信心の根本に立返って、自分一個の助かりだけでなく、教団全体の助かりを願う信心に目覚めさせられていった点に、教団史にそくした最大の意義があったとみなければならない。その意味で、この事件は「昭和九年十年事件」とも呼ばれているが、和泉乙三が命名したといわれる「教団自覚運動」の方が、内容的にはふさわしいものといえよう。しかし、一般的には「教団民主化運動」などの名称の方が、理解しやすいかも知れない。

その後一九三九年には、悪名高い宗教団体法が公布され、金光教団もこれに基づいて新教規を制定することになるが、法自体の反動的性格を別にすれば、これはさきの改革で残された課題を一気に解決するまたとない機会の到来を意味していた。そこで教団は、管長の世襲制を元の選挙制に改めることなどを骨子とする教規草案をまとめて提出するが、そこでも管長側の頑強な抵抗にあい、あわや公認取消しという深刻な事態を迎える。ここにいたって再び全教団はあげて新教規実現の運動(こちらの方は金光教新体制確立運動と呼ばれた)に立ち上がり、ついに管長側を説得して、一九四一年三月三一日、認可期限の最終日に、ようやく新教規による認可をかちとったのであった。その結果行なわれた選挙で、晴れて摂胤が管長に選ばれたことはいうまでもない。また、このとき、新教規に従って『金光教教典』の巻頭に、教団の根本義たる「立教神伝」が掲げられたことも、きわめて意義深いことであった。

ちなみに、宗教団体法による教規改正問題の段階で、文部省は一転して管長側に見切りをつけ、管長排斥、教団「革新」の信徒側を激励するという態度に変じている(30)。体制化したファシズムの質を考えるうえでは興味深い問題であるといえよう。

2 「新体制」の意味

教派神道体制の金光教については、まだまだ取り上げなければならない事実、究明しなければならない問題が少なくないが、一応以上の検討をふまえて、最後に若干のまとめと補足をしておきたい。

これまでみてきた経過から、われわれはまず、教派神道体制下の金光教を内側から規定していたものが、さまざまな位相で捉えられる二極的な構造であったことを、いま一度確認しうるであろう。この構造は、一方からみればたしかに国家に屈服した教団首脳部が、究極的にはそれを強いた国家権力自体が生みだしたものであった。しかし、他方からみれば、そのような国家の論理に容易に包摂されえない独自の領域をもった信徒大衆の信仰のしたたかさが、かかる構造を構造たらしめたのだ、ともいえる。そのしたたかさとは、もちろん、民衆の自己解放(宗教的に表現すれば現世利益)への強い関心に根ざしたものだが、そこに民衆的「近代」を切り開く独自の方法的内実をあたえたものは、いうまでもなく教祖金光大神の生き神思想であった。そして、その思想が一本の赤い糸のように、取次の様式を通して貫かれ、それと矛盾対立するものとの緊張が自覚されるとき、あるいは大正期のデモクラシー運動のごとき、あるいは昭和の教団民主化運動のごとき革新的な思想や運動を生みだす母体ともなったのである。このことは教派神道体制下の民衆宗教に対する「常識」が打ち破られるためにも、ぜひとも確認しておきたい点である。

しかし、そのうえでわれわれはまた、この自己本位に徹したしたたかな信仰が、同じ構造の故に負っていた限界をも直視しなければならない。すなわち、この構造の他方の極にある教団の国家本位のたてまえは、少なくとも日常的には、自己本位の立場が即自的な自己をつき抜けて国家を捉えることを妨げる重石として、あるいは安全弁として機能していたということである。たとえばその最も象徴的な例を、われわれは次の事態のうちにみることができるであろう。

一九三七年、金光教本部から出版された『国民の進むべき道――国民精神総動員の為に』と題するパンフレットのなかで、筆者は次のように述べている。「我が身も我が身ならず、我が事も我が事ならず、吾々の日夜営む一切がそのままお国の為めであって、お国の為めに我を捧げるといふことは、そのまま尊厳なる我が国体の中に我を生かし、天地と共に不滅不壊の生命を維持する所以であります」(31)。こうしたたぐいのパンフレットは、教団が独立して以来のものであり、後述する高橋正雄の筆になるもののように、いくつかの例外はあっても、そのほとんどは、このような国家本位の立場を基調としている。そうした意味では、別に驚くにはあたらないものだが、問題は、このような教義が、信徒たちの生活の場における信心の内容といかなる連関をもっていたか、ということである。結論からさきにいえば、まったくといっていいほど、両者の関心は断ち切れていたといってよい。たとえば、ここに金光教徒社が一九二二年から三六年にかけて出版した「おかげ話」の教話集が七冊ある。「おかげ話」とは要するに、信者がその信心によっていかに救済されたかという一々の事蹟を具体的に記述したもので、現場の布教師たちも生きた教義として、大いに活用したものと考えられる。その意味では、信徒大衆の信心のあり方を知るうえで、最も貴重な資料の一つであるといえよう。いまその内容の詳細を伝える余裕はないが、参考までに一九三四年版の『神の恵』と題するおかげ集の目次をそのまま紹介してみよう。「貧、病、不安の底に悟る御神徳」「大松樹たふれても御繰合せは広大」「お任せの信心に十年の持病全快」「都市交通地獄惨禍瞬間の救ひ」「網舟五十条全滅、大浪中の御めぐみ」「舟は岩礁に微塵、死の底に大みかげ」「十七年来の苦患逆睫(ママ)から救はる」「御教に導かれて楽に禁酒禁煙」「隣知らずの安産に御蔭の子女六人」「御神酒のみかげ、蓄脳症の全快」「尿道深部のゴム管容易に取出す」「身心、学業に広大なるみかげ」。以下、この種のおかげ話が延々とつづいている。ことほどさように「国体」の教義などは入りこむ隙間もない。すべてが、即自的な現世利益の強い関心で貫かれている。一方では教団本部の獅子吼する「国家本位」の教義と、他方では同じ教団本部の公認のもとに編纂された「自己本位」の教義が、鮮やかなコントラストをなして、みごとに共存しているのである。このような構造は、ファシズムを積極的に推進する「戦士」たちを生みださないかわりに、国家や社会に対してはなすすべを知らない、無数の分断された「個」の群れを生みだす。実はそのような仕方で、教団は国家と個人の関係を媒介し、そのような仕方でまさに体制を補完していたのである(そこに、私は、大本教やひとのみち、天理本道などの異端的民衆宗教の場合とは異なった、教派神道に内在する問題の核心があるように思う)。

その弱点をわれわれは、ほかならぬ教団「民主化」運動自体のなかにみることができる。この運動が教団の民主化という点でいかに徹底したものであったかということは、さきにもみてきた通りである。そして、それがはたしえたのは、もちろん、かれらが、程度の差はあれ、教団に内在する矛盾を的確に把握していたからにほかならない。しかし、そのような矛盾の背後にあって、それを根底から規定しているものが、国家権力そのものであることを、かれらはついに見抜くことができなかった。あるいは見抜いていても、高橋正雄のごとく、それを信仰の次元でのみ解決しようとし、またしうるものであると考えていたものもいる。いずれにせよ、そのことによってもたらされた結果は、単にこれが自己完結的な運動に終始したということだけではない。そこに成った教団の新体制が、そっくりそのまま、「さあ今度は国家への御奉公だ」という形で、すっぽりと国家の「新体制」に組みこまれていくのをみるとき、われわれは改めて、教団が「独立」の代価として背負った公的立場における「国家」の重みを感じないではいられないであろう。

結びにかえて

一九四〇年四月、金光教青年会連合本部から刊行された『拝む国日本』という小冊子のなかで、筆者高橋正雄は次のように述べている。「……そこで時局がいよいよ容易ならぬ事に押進んで来て居ると申されるのでありますが、もっと具体的に申しますならば、此の中にも或はおゐでかと存じまするが、今回の事変に戦死された方がある、其の御遺族の方がある、其の親類縁者の方、親類縁者知合となりますれば、恐らく誰方に致しましても一人残らずと言ってもよいかも知れませぬが、お知合の中に戦死なされた方がおありだと思ふ。他の事は少々辛いからと云って苦しいからと云って、又時が経ちますればらくになる。……何度か食べないで居ったと云った所で、着物も何年か拵へないと云った所で、それは又拵へる事が出来るやうになる時がありませう。けれども死んだ人はもう帰って来られないのであります。これはもう今更いふまでもございませぬけれども、この位取返しのつかない事はございませぬ」。(32)

タイトルからして、いかにも時局柄を意識して刊行されたもののようであるが、それにしては、いかにもそぐわない内容である。そぐわないどころか、「この位取返しのつかない事はない」というかれの言葉には、戦争反対という生の表現はとっていないものの、それ以上に人々の胸を打つ激しい感情のほとばしりをみることができる。そこに、生命と人格の尊厳を核とする教祖の信仰をかたくなに守り続けてきた人の確かな位置がみえてくる。その高橋が、一九三三年に刊行した『われを救える教祖』のなかに、次のような一節がある。「国家は一つの特殊な生命でありまして、われわれ国民はその一成員として、どうしても強い内面的関係を持っているのであります。しかし、それにもとらわれることは許されない。そこには生命の尊厳がある。国家に属しておりながら、国家を超えて生きて行かずにはおれぬところの願いがある[33]」。その一信仰者としての願いが、教監という壁を突き抜けてほとばしり出たとき、右の痛切な魂の叫びとなったのであろう。しかし、かれはそこでさらに次のように続ける。このくらい取り返しのつかないことはない、だからこそ、国家が靖国神社で祭る、天皇が拝んでくれるということでは済まされない、個々人の信心のありようの問題として、これを受けとめようではないかと。取り返しのつかない事態のなかで、それゆえに信心による救いを説くことが宗教家の最後の使命であるとしたら、かれは確かに一貫してそのような生き方を全うしたといえる[34]。しかし、宗教家の使命が何であれ、取り返しのつかないことを、あえて取り返そうとし、そのための叡知をめぐらすことが、人間としての真の救済=解放につながる道だとしたら、かれにはそうした問題へのかかわりが、一貫して欠落していたように思われる。そして、本来ならばまさにそのような役割を担うべき社会的な視野に恵まれた片島幸吉はまた、このときすでに、戦線からの脱落を余儀なくさせられていたのである。しかも、私にとってまどわしにみちたことには、その脱落が、高橋に比して信仰的な迫力に欠けていたことと関連があるように思われることである。

最後に私はいま一つ、次のようなエピソードをそえて、本章の結びにかえたい。それは太平洋戦争もいよいよ戦局の転換を迎えようとしている一九四二年秋のこと。宗教紙『中外日報』に次のような記事が載った。「某宗教団体の所謂先生なる人が、信者のお伺いに対して、わしの眼の黒いうちは○○(大阪—筆者)には敵機が絶対に来襲しないと取次いだといわれる。神のお告げなりと称して無智な信徒を迷わし、防空必勝の一億一心を妨げることは、戦時下まことに許すべからざる由々しき問題であり、当局の徹底的取締りが要望される」(大意)。某宗教団体とはいうまでもなく金光教のことであり、先生とは、現場の取次一筋に一生を捧げ、その篤い信仰と人柄によって多くの信徒たちからしたわれていた、当時大阪玉水教会長の湯川安太郎であった。したがって右の言葉も、信者を迷わす妄言というよりは、民衆の難儀を助けることに専心してきた現場の布教師の心からの願いが、思わずそのような形をとって噴出したものであったとみるべきであろう。このとき、これはうっかりすると教団自体の命取りになりかねないと考えた高橋正雄は、早速幹部の一人大淵千仭を派遣して、言行に配慮あらんことを求めた。しかし、すぐにも了解がえられるとの大淵の期待に反し、湯川は一晩熟考のときをあたえて欲しいと願った。そして、夜を徹して考えぬいたという湯川の返事というのは、「今日のような事態のもとでは、氏子がたすかるためには、国家がたすからなければだめだということがやっと解った」というものであった。[35] 解釈のしようによってはいかようにもとれる微妙な発言ではあるが、大淵をして自らの浅薄さと軽率さを痛感せしめ、湯川の信仰のほんとうの中味にふれる思いがしたといわしめたこの言葉は、おそらく「国家の難儀＝戦争をやめさせなければ、氏子の難儀は本当には救われない」という意味であったと私は確信する。もちろんそのとき、国家はもはや救いようのない破局に向ってつき進んでいた。しかし、われわれはこの湯川の言葉のなかに、金光教が担ってきた泥まみれの「近代」の証しをみることができるのではあるまいか。

（1）小沢浩「民衆宗教史研究の課題―安丸良夫『日本の近代化と民衆思想』を中心に」（『歴史学研究』四三四号、一九七六年七月）、および同「幕藩制国家と宗教」（佐々木潤之介他編『日本史を学ぶ3 近世』有斐閣、一九七六年）など。
（2）小沢浩「幕末期における民衆宗教運動の歴史的意義―生き神思想の成立をめぐって」（『歴史学研究』別冊特集〈歴史における民族と民主主義〉、青木書店、一九七三年）。本書の「日本の近代化と民衆宗教」前半「一 幕末民衆宗教における生き神思想の成立」は、右の拙稿をベースにしたものである。
（3）安丸良夫「出口王仁三郎の思想」（『出口王仁三郎著作集』第二巻解説、読売新聞社、一九七三年）、のちに『日本ナショナリズムの前夜』（朝日新聞社、一九七七年）に収録、同『出口なお』（朝日新聞社、一九七七年）など。
（4）ひろたまさき「文明開化と在来思想」（歴史学研究会・日本史研究会編『講座日本史5 明治維新』東京大学出版会、一九七〇年）。
（5）鹿野政直「世直しの思想と文明開化」（鹿野政直・高木俊輔編『維新変革における存在的潮流』三一書房、一九七二年）。
（6）鹿野政直『大正デモクラシーの底流』日本放送出版協会、一九七三年。
（7）鹿野政直「大正デモクラシーの思想と文化」（岩波講座『日本歴史』一八巻、岩波書店、一九七五年）三六八頁。

(8) 梅原正紀『民衆宗教の世界―叛科学の旗手たちとそのコミューン』現代書館、一九七四年、七―一七頁、参照。

(9) ひろたまさき、前掲注4論文、二八二頁。

(10) ただし、鹿野氏の場合には、なお、いま一つの「近代」への執着もみられる。とくに、前掲注7岩波講座『日本歴史』所収論文の第二節など。

(11) 梅原の前掲注8書もその一例だが、「新宗教の総合的シリーズ」と銘打って刊行された『新宗教の世界』全五巻(大蔵出版、一九七八年)でも、「代表的」なものとして取り上げている一九の教団のなかに、旧教派神道系の教団は含まれていない。

(12) 前掲注2に同じ。

(13) 教祖の死後、別派独立までの過程、およびそのなかで確定されていった教団の公的立場については、本書の「日本の近代化と民衆宗教」後半「二　民衆宗教と国家」を参照されたい。

(14) 佐藤範雄「信者たる吾」(『金光教徒』第一四六号、一九七一年一月二二日)。

(15) この金光教青年会は東京を中心としたものだが、大阪でも翌年大阪青年会、藤蔭青年会が発足し、それぞれ『青年布教』『藤蔭』と題する機関誌を発刊している。

(16) 『新光』第八三号、一九一三年一月、二一―五頁による。

(17) 『新光』第一二三号、一九一六年五月、四四頁による。

(18) 『新光』第一二三号、一九一六年五月、五〇―五一頁による。

(19) 事実、高橋と西田天香との間には信仰を媒介とする深い交流があった。この点を含めて、高橋の当時の信仰を明らかにしたものに『一筋のもの』高橋正雄著作集第三巻、同刊行会、一九六七年がある。

(20) 金原左門編『地方デモクラシーと戦争』地方文化の日本史九、文一総合出版、一九七八年所収。
(21) 片島幸吉「デモクラシーに就て」(『新生』第二六号、一九一九年一〇月)。
(22) 『金光教徒』一九一九年七月二二日号の記事による。
(23) 『金光教徒』一九一九年一一月一日号の記事による。
(24) 片島「阪神通信」(『金光教青年会雑誌』第八号、一九二二年三月)三六頁。
(25) この点については「労働争議について」(『金光教青年会雑誌』第二号、一九二一年九月)のなかで片島自身が述べている。
(26) 片島「労働問題に対する態度」(『金光教青年会雑誌』第五号、一九二一年一二月)による。
(27) 片島「阪神通信」(『金光教青年会雑誌』第一三号、一九二二年八月)五二—五五頁による。
(28) 以下この事件については、主として次の文献を参照した。高橋正雄『教団自覚運動の事実とその意味』金光教北九州教務所、一九六七年、金光教有志中央委員『井戸は清水になるまで』金光教有志中央事務所、一九三五年、中川藤三郎編『立教の神意に聴く』金光教青年会大阪地方連合会、一九三五年、『金光教年表』金光教本部教庁、一九八六年。
(29) 高橋正雄、前掲注28書、九九—一〇一頁。なお、その全文は「死んだと思うて欲をはなれて神を助けてくれ」と題して、中川藤三郎編の前掲注28書にも収録されている。
(30) 「昭和十五年管長との折衝記録」(金光教教学研究所蔵)参照。この手書きの記録のなかには、文部省当局との交渉の経過、双方の発言内容が詳細に記録されている。
(31) 金光教本部『国民の進むべき道—国民精神総動員の為に』金光教本部教庁、一九三七年、一二頁。
(32) 高橋正雄『拝む国日本』金光教青年会連合本部、一九四〇年、五—六頁。
(33) 高橋正雄『われを救える教祖』高橋正雄著作集第五巻、同刊行会、一九六八年、一〇四—一〇五頁。初版は一九三三年。

(34) 高橋は、太平洋戦争の渦中、一九四二年五月にも金光教徒社から時局向の小冊子『戦争と宗教』を刊行しているが、そこでもかれは個人が救われなければ、家族も、団体も国家も救われないという個人第一主義と、すべてを教祖の信心から説き起そうとする信心第一主義の立場を崩していない。その分だけ、国家に妥協的な言辞にもかかわらず、他の類書とは区別される特色を残している。

(35) 金光教本部教庁編『教団—その意義と働き』(金光教本部教庁、一九六八年)一五—一九頁。

II

齋藤重右衛門のこと

――ある民衆宗教布教者のプロフィール――

はじめに

齋藤重右衛門、またの名を又三郎という。幕末のころ、備中浅口郡大谷村の農民赤沢文治(のちの金光大神)によって創唱された金光教の笠岡教会を開いたひとである。私が重右衛門のことを知ったのは、金光教に関心をもちはじめて間もないころのことであった。教団本部の刊行になる教祖の伝記『金光大神』を読み進めているうちに、ふと目にとまった次のような記事が、なぜか私の心を強くとらえたのである。

重右衛門はまことに一本気な人であって、官憲の忌諱にふれること、前後二度にも及んだ。明治の初年、かの「金神社」造営の挙のあったとき、寄付札の境内にうたれてあるのをみて、金子大明神(当時の教祖の神号)の所為と臆断し、憤然として霊地をさり、後、ひさしく、その土をふむことがなかったのは、こころある人の、おしんでやまぬところである。(1)

むろん、これだけの記事では、教祖との間に具体的に何があったのか知るよしもない。しかし、この伝記が随所に断片的に伝える重右衛門の横顔は、それだけでもこの人物の際立った個性を偲ばせるには十分なものがあったし、教祖のかれに寄せる信頼もなみなみならぬものであったことがうかがわれる。そのかれが、なぜ忽然と教祖のもとを立ち去っていかなければならなかったのか。この疑問は、私の教祖金光大神への関心が深まりゆくにつれて影のようにつきまとい、ふくらんでいった。もちろん、胸に深いいたみを秘めて黙し続けてきた教団の「こころある人」たちの心情を思うとき、これは部外者が軽々にせんさくすべき事柄ではない。しかし、そこをつき抜けていかなければ、教祖自身の信仰の中味にも本当にふれることができないのではないか。この思いを金光教教学研究所のT氏に打ち明けたとき、かれは自分の意見をいうかわりに、同じ研究所の一人の青年を紹介してくれた。齋藤東洋男氏、重右衛門の曾孫にあたるひとである。笠岡はすぐ近くだから、ぜひ立ち寄って下さい、というかれの好意に甘えて、私ははからずも、重右衛門の生地を訪ねることになった。金光から笠岡へ向う山陽線の車中、かれは窓からさしこんでくる吉備路特有の真っ赤に燃える夕陽に頰を紅潮させながら、重右衛門の魅力について熱っぽく語ってくれた。その横顔に、ありし日の重右衛門の面影をまさぐりながら、私はいよいよこの未知の人物への想いが抑えがたくふくらんでいくのを覚えたのである。

笠岡での印象などについて語ることはここでの目的ではないからさし控えておくが、そのとき、私はかれから、金光教笠岡教会所発行の重右衛門に関する伝記『笠岡金光大神』をいただいた。これは、戦前から金光教の研究に情熱を傾けてこられた青木茂氏の筆になるもので、その史料の扱いの綿密さといい、文章の味わいといい、伝記としてはまさに決定版ともいうべきものである。この伝記によって、私は重右衛門についての詳細を知りえたばかりではなく、心にくすぶりつづけていたさきの疑問をときほぐしていく、少なくともその糸口をあたえられたのであった。

しかし、私はその後も重右衛門に言及したことは一度もなかった。それは、このような優れた伝記資料があり、それがすでに史家の目にもとまっていることを知ったからでもあるが、[2] それより、教祖とのいきちがいの経緯が、以前とはちがった意味で、私に多くの問題を投げかけ、それに十分こたえるだけの自信がなかったからである。そして、その事情は、いまも基本的には変っていない。にもかかわらず、いま、ここにこうして重右衛門の横顔を、未知の人々に伝えたいと思うようになったのは、近時、民衆宗教への関心もようやく高まり、それぞれの教祖に関する優れた伝記類が数多く生みだされている反面、重右衛門のごとき優れた個性が、サブリーダーのゆえに、あるいは平信徒のゆえに、人々の記憶からしだいに遠ざかり、歴史の闇に消えていくのを、いかにもいとおしく思われたからである(この点で青木氏の労作は、残念ながら教団内資料の非売品として、ごくかぎられたひとびとの目にしかふれられていないことを付記しておかねばならない)。

もちろん、そのようにしてつつましく歴史の彼方に消えていった人々が、そのことを無念に思っていたと考えるのは、死者への冒瀆というものである。あるいはまた、このようなこころみが、歴史の発展を支えているのは常に名もなき人民であるということをおのずから語ることになったとしても、それがここでの目的なのではない。私はただ、誰彼のためではなく、重右衛門をいとおしく思うその心を、懸命に生きて、つつましく消えていった人々への鎮魂歌として、書き残しておきたいと思っただけである。

以下、重右衛門について語ることの大半は、青木氏の『笠岡金光大神』に依拠している。ただ、このような小編にまとめようとするとき、重右衛門の数ある事績のなかで何を採り、何を捨てるかについては、むろん、私自身の選択意志がはたらいている。また、その評価についても、青木氏の見方と若干異なる部分があることは、いうまでもない。私の拙い筆致は、青木氏の名文に及ぶべくもないが、せめて重右衛門の「詩と真実」が、誤りなく伝えられることを願ってやまない。

一　生いたち

備中笠岡は、一七世紀の末、真言宗の名刹大仙院の開基とともに、その門前町として発達し、一八世紀の末に幕府の代官所が設置されてからは、天領の回米積込みの港として栄えた町である。齋藤重右衛門は一八二三(文政六)年、この町(当時の笠岡村)の字宮地で農業を営む齋藤又三郎の次男として生まれた。母の名は久という。このあたりではかなりの資産を誇る由緒ある家筋であったというが、記録類に乏しいため、その農家としての位置を確定することはできない。ただ、一八七二(明治五)年の壬申戸籍に、母久の実家がタンス職人であると付記されていることから、由緒ある家筋といってもせいぜい「高持百姓のていど」だったのではないか、と青木氏は推定している。

幼少時の重右衛門についてはほとんど書き残されたものがなく、わずかに次のような言い伝えをもって推しはかるほかはない。すなわち、かれは「友達と喧嘩をしても、いつも弱いものの方に加勢した。また、いたずらをしてはよく父親から叱られたが、そんなとき、ことによって父親が手など振り上げることがあると、逃げだすどころか、かえって父親の側へすりより、〝打つなら打ってみい。今は小さいから負けておるが、その代り覚えておれ。大きくなったら、仕返しをしてやるから〟というような、とてもきついところがあった」(伝記資料)。この種の言い伝えは、青年期以降になると、さらに豊富に見出され、その彩りも一層鮮やかなものとなる。たとえば、彼がしばしばひとに語ったという次の言葉などは、その剛胆な気性を語って余すところがない。「わしが朝起きて、向うの山をにらんでやると、山がじりじりとあとずだりをするがやぁ」(伝記資料)。しかし、かれにはまた、ひとたび自らの非に気がつくと、相手が誰であれ、涙を流して無条件に平伏するという赤子のような素直さがあった、ともいう。この剛気とこの素直さは、ともにかれの天性ともいうべき純粋な魂にのみ宿りえたものであったが、後年、かれが担うところとなった数々の栄光と悲惨もまた、すべてこの魂のゆえにもたらされたものであった。

このようにのびやかな幼年時代を過したとみられる重右衛門にも、やがて最初の試練のときが訪れる。どのような事情によるものか詳らかではないが、一三歳のとき、かれは播州高砂町の舟持ちの家に養子にやられることになったのである。舟持ちというからには当然、かれも舟に乗りこみ、荒くれ男たちにまじって激しい労働に従事したにちがいない。そのことには耐えられても、親元を遠く離れての生活は少年の身にはよほどこたえたのであろう。三年足らずして、かれはとうとう親のもとに帰ってきてしまった。

その後二、三年かれは家の百姓仕事を手伝っていたが、もちろん、中程度の農家にして次男坊に土地を分けてあたえるほどの余裕があろうはずもない。そこで適当な奉公先を探していたところ、同じ笠岡の町で酒や醬油、綿に肥料など手びろく扱っている住吉屋という店に小僧の口があり、早速この店に住みこむことになった。重右衛門一九歳のときである。

さきごろの離縁を自らの身勝手と思い、両親に相済まなく思う気持が重右衛門をかりたてたのであろう。かれはもうあとには一歩もひけぬという覚悟で懸命にはたらいた。その当時のはたらきぶりについて、重右衛門はのちに次のように述懐している。「一生懸命根かぎりはたらいて、店の儲けがあった日には、思う存分、両手両足をのばして眠ることができた。また反対にはたらきの足りぬ日には、これでは今日は主人の脛かじり、お給銀だけにもようせなんだ、済まんことであったと、ろくろく足をのばしてねる気にもならなかった。その当時の給銀が、食事つきで一年二百七十目、日割りにすれば一日七分何厘、その上に食事の入用がいくらいくら、と荒ら荒ら計算をして、御主人大事、お店に損をかけぬように、こまかいところまでも気をつけて、万事に心をくばり、身を粉にして奉公した」(伝記資料)。このようなはたらきぶりと、何よりもその実直さが主人の認めるところとなって、かれはほどなく番頭に、そしてついには大番頭にとりたてられることとなる。懸命にはたらけば必ずその報いがあるという確信が、かれに大きな自信と誇りをあたえたことであろう。

しかし、このような責任ある地位に立たされてみると、しだいに商売の裏がみえてくる。日ごろ敬愛していた主人も商売のこととなると、案外我欲の強いひとであることが分かってきた。ある日のこと、重右衛門は浜の倉庫へ肥料の検分に出かけた。ちょうど沖仲仕たちが肥料を俵に詰めているところであったが、よくみていると、かれらは肥料に土を混ぜて量をふやしているではないか。驚いたかれは早速かれらをとがめた。するとかれらは口々に重右衛門の了見のせまさを難じ、住吉屋の主人も、「うちの番頭はゆうづうがきかんで困る」とこぼしていることを明かした。日ごろ忠勤にはげんでいる主人から、そのようにみられていることを知った重右衛門の衝撃はいかばかりであったか。すでに、商売が自分の一生をかけた仕事としてふさわしいものであるかどうか思い悩んでいた重右衛門にとって、この事件は決定的であった。そして、あれほど不退転の決意でのぞんだ商人への道を、かれは六年あまりで断念し、深い傷心を抱いて再び実家の門をくぐったのである。

さて、家に帰れば、父母はともかく、女房子持ちの長兄にとってはお荷物とならないはずはない。しかし、それも承知で帰ってきた重右衛門にはもちろん、深く心に期するところがあった。自然を相手の百姓仕事はどんなにつらくてもひとを裏切ることはない。それに、自分のからだのなかには、やはり土に親しむ百姓の血が流れている。当分、本家の厄介になるのは心苦しいが、本家の仕事の合間に、日雇いもしよう、小作もしよう。そして、石にかじりついても、自分の力で一人前の百姓になろう。そのような決意が、すでにかれの心のなかで固まっていたのである。ここでまず注目しておきたいのは、かれのこのような転身が、自らの職業に対する厳しい倫理性の追求を、直接の動機としていたことである。このような厳しい職業倫理は不幸にして商業の道では生かしえないものとなったが、それはやがて、新しい民衆宗教の担い手としての重右衛門を育むものとなっていった。今日のいわゆる「新新宗教」が、現代人の不幸の因を、人間性そのものにではなく、死霊・悪霊の障り祟りといった超常現象に求め、マスコミ「文化人」らもそれを「世紀末だ、終末だ」ともてあそんでいるとき、重右衛門の内省的な自己確立の意味を深く味わってみたいものである。

こうして一文なし、寸尺の土地をも持たぬ水呑み百姓から身を起したかれは、粒々辛苦の末、ようやく小田郡富岡村小野彦四郎次女ツジを迎えて、ささやかながら本家の敷地内に一戸を構えるまでになった。このとき、重右衛門はすでに二九歳。しかし、嫁を迎え、一戸を構えることが、村人と対等のつき合いができる最低の条件であった当時にして、かれが自分でそこまではい上ることのできた喜びは、われわれの想像をはるかにこえたものであったにちがいない。この間のかれの苦労、その後の土地集積、経営拡大の過程などについて、重右衛門の甥にあたる齋藤茂一(のちの金光教大洲教会長)は、次のように伝えている。

途中百姓といわれたのでは、なさけない。ほんに寸刻を惜しむというか、骨身をさくというか、爪に火をともすような倹約をして、風呂にもゆかず、夏冬とおして水行水ですますような苦行をされた。そこでやっとこさで、八幡さんの上に七、八畝の畑を買いいれた。俗に、この畑を風呂銭畑というたが、決して笑い話なぞではない。それから後、夫婦共稼ぎがはじまったが、わずか二十年足らずの間に無高の小作百姓から、笠岡の町では有数の地主百姓となった。たとえば昔の製糸場の前の田は、真っ角な一反六畝の一枚田であったが、これも自分のものにした。この立派な一枚田は後に、笠岡ラムネから無理にたのまれて、六千五百円で売り渡した。こんどはその金で、小田の田、一町ばかりを手に入れた。尚また、郡役所下の一枚畑九反弱(ママ)、あるいは宮地峠にも、田畑山林山藪など、何町歩という田畑もちになり、押しも押されもせぬ立派な百姓になることができた。そんなわけで、ある八卦見は、これが商才をもったら鬼に金棒、渋沢(栄一)さんとついだ、と言うた。そのうち安政三年には精一師(重右衛門の長男で笠岡教会第二代教会長)が生れ、何不自由のない暮しができるようになった。(3)

断片的な記憶をたどったものだから、事実関係についてはもちろん、正確を期することはできないが、ここで注意をひくのは、文字通りの無一物からついに有数の高持百姓にまではい上った重右衛門の過程が、同じく二反百姓から身を起して苦労を重ね、のちに相当の家産をなすにいたった教祖金光大神のそれと酷似している、という点である。このような背景は、のちの二人の運命的な出会いや、成立期金光教の「農民的」性格を考えるとき、示唆するところが少なくないであろう。

二　道を求めて

さて、私はいよいよ重右衛門の信仰について語らねばならないところまできてしまった。話はやや本題からそれるが、かつて私が民衆宗教の問題に心ひかれて、それを研究の対象に引き据えようとしていたとき、敬虔なプロテスタントとして知られる恩師のＴ教授が、東大のさる高名な宗教学者のことについてふれながら、「宗教を信じないものが、宗教のことを本当に分かることはできない。それは宗教を学問の対象とする場合も同じだ」ともらしたことがある。それは宗教を否定はしないが、さりとて特定の信仰をもつことも潔しとしない私への「警句」とも「挑発」ともきこえた。この師の言葉のなかに、争いがたい真理が含まれていることを感じながら、いまもってそれに反発し抵抗し続けている私だが、そのような限界を認めながら、あえて信仰の領域に踏みこんでいくことを、重右衛門は許してくれるであろうか。

結婚後二年をへた一八五三(嘉永六)年の正月、重右衛門をいつくしみ育ててくれた父の又三郎が「鼻の口に粟粒位のできもの」ができて病床につき、一週間ほどであっけなくこの世を去った。寿命とはいえ、若いときから心配をかけ通してきた父親との別れは、重右衛門にとってことのほかつらくて切ないものであったにちがいない。だから、父が発病と聞くが早いか、かれはあちらの寺院、こちらの神社と駆けずりまわり、一心に回復を祈願した。厳寒の外気に身を晒して水ごりもとった。それまでさして信心深い方ではなかった重右衛門が、ここで初めて神仏の力を頼んだのである。そして一切のこころみが空しいものとなったとき、かれは深い悲しみのなかで、神仏の無力をのろわずにはいられなかったことであろう。しかし重右衛門は、そのことがかえって神の真実に近づく一歩となることを、このときはまだ知るよしもなかった。

父の死後間もなく、兄の相続を機会に、かれも分家・独立をはたした。少しずつではあるが、田畑もふえた。困っているひとにいくらか融通できるほどの小金も残るようになった。そして、万事がこともなく順調に運んでいくかにみえたころ、かれの前に再び厳しい試練のときが訪れる。はっきりと年代は確定しかねるが、このころ、前後三年余にわたって、かれはいく度となく重い眼病に見舞われるのである。病名は判然としないが、しまいには失明の危険にさえ及んだという。しかし、父の病死の際の無念さが、まだ心に深く刻みこまれていたからでもあろう、相変らず向う気の強い重右衛門は、あえて神仏にすがろうとはしなかった。

かれの神仏に対する不信を物語る言い伝えは少なくない。たとえば、夫人が夕餉の仕度で手が放せず、神棚に燈明をあげてくれるよう頼んだところ、かれは「忙しいのなら、お燈明などあげんでもよい。わしは煙草をのんで疲れをなおしておるのじゃ。明日の稼業が待っておる」(伝記資料)といった調子である。あるいは、本家の兄がかれの激しい気性を思い遣って、「もう少し気をやわらかにもつよう稲荷のお告げがあった」とさとすと、「その稲荷というのは、どこの稲荷じゃ。笠岡の港の西に、元、野狐がおったが、そいつじゃろう。最近京都へ行って、位をもろうて戻って、正一位六道稲荷というておる。兄貴は毎夜どこへ行くのかと思うておれば、あのくうくい狐へ諂っておるのか。とんでもないことじゃ。あの稲荷狐より、われわれ様の方が、どれだけ尊いものか。人は万物の長という。天照大神の御末である。人間さまが野狐に頭を下げるとは、もっての外じゃ」と悪口を並べたてる。かれが農作業の途中、急に気分が悪くなって、心配した叔父が近くの浅倉稲荷へ駆けつけ、それはかれの不信心に対する「お行儀」(罰)であるとのお告げを頂いて帰ると、「わしは百姓をしに来ておるのに、仕事をするものに祟り障りをするとは不都合千万。そのような無法の神なら、有って益なし。そのままにしておけん。早速にも行って打ち毀してやる」(初代断片資料)と、すごい見幕でくってかかる。万事がそのような次第であった。こうした事例のなかにわれわれは、かれの激しい気性と、単なる不信心をみてとるだけでは十分とはいえまい。ことに、周囲のひとたちが、かれの不幸をその不信心に求めてたしなめようとするとき、とりわけかれが激しく抵抗したということは注目に値する。苦しいときのみの神頼みが聞き届けられないものであることは、かれにとってすでに証明済みのことであった。とすれば、かれが争っていたのは、神そのものであるよりも、そのような御都合主義の身勝手な人間の精神、そのような人間の側の神のとらえ方そのものだったのではないだろうか。さらにいえば、そのような形で、かれはむしろ真実の神の姿をとらえようと、もがき苦しんでいたのだともいえる。そして事実、かれはほどなくもう一度、神と正面から向き合わなければならないときを迎える。

重右衛門が眼病を患って三年目のある日、一向に治る気配のない病状に、かかりつけの医師はついにサジを投げ出し、備後の中津原に評判の医師がいるから、あとはその医師にでもみてもらうほかはなかろう、と告げた。このころ、かれの目はすでに、医師の差し出す青々とした芋蔓の葉もそれと見分けることができないほどに悪化していたのである。いまはまだ頑是ない子供をかかえ、このまま盲目となってしまったらと、さすがの重右衛門も、今度ばかりはひどく落胆して、悶々の日を送るようになった。しかし、じっとしていても不安はつのるばかり。さりとて、中津原の医師にくらがえする気力もいまはなく、ただ苦しみに身をうちまかせているうちに、かれはやはり、大いなるものの御手にすがるより救いようのない自分であることを、しだいしだいに思い知らされていったのである。しかし、神だ仏だと名のつくものは五万とある。一体どの神に、どの仏にすがったらいいのか。ともかく神様にはどうも縁がない。されば、弘法大師様にでもすがり頼もうと心にきめた重右衛門は、ある日、床のなかでひそかに念じた。

弘法大師さま。あなたと見かけて難題かけて申しわけございませんが、私は、まことに不信心ものでございます。このたびの眼病では、とうとう医者には手をきられ、どこの神さまに頼ろうにも、ご縁がございません。というて子供は小さいし、死のうに死なれません。いまさら、按摩をするのも心外でございます。どうぞもう一度、晴眼にしてやって下さいませ。ところでおはずかしいことではございますが、私のような不信心ものでございますから、たとい晴眼にしてもらったからといいましても、いついつまでも、信心ということは、よう致しますまい。まことに身勝手な信心ではございますが、わたしは、うそを言うのは嫌いでございます。只今、もっともらしいことを申しましても、後日に至り、よう信心いたしませんでは、却って御無礼にあたります。うそをついて、神仏ににらまれましては、大変です。こちらはなまみの身体、お叱りをうけたのでは、立ちゆきません。今日から三七日の間、精進をいたし、光明真言を唱えますから、どうぞもう一度、晴眼にして下さりませい[4]。

いかにも重右衛門らしい願い方である。こうして来る日も来る日も一心に願いをくり返しているうちに、不思議にも、薄紙をはがすように、身体のおとろえが回復していって、しまいには目もいくらかみえるようになってきた。そのうち、同じ笠岡の町内で油商を営んでいる知人が見舞いにきて、あなたの眼病については私も心配で、ひそかに伊予の石槌さんに願かけをしていた、という。かつての重右衛門であれば、「よけいなことをする」と、たちまち腹を立てたことであろう。しかし、あれほどの難病から救われたのはお大師様への信心のおかげと感謝の日々に明け暮れていたかれは、知人の思い遣りを素直に喜び、「そのようなおかげも頂いていたとは知らなかった、すぐにもお礼参りにいかなければ」と、病後の身体を気遣う家族のものをなだめて、どうにか無事に石槌参りをはたした。また、その翌年には、かんじんのお大師様にもお礼を申し上げねばと、四国の札所巡りにも出かける重右衛門であった。しかし、私には、このときのかれにとって、それがお大師さんであり、石槌さんであるということは、さしあたり特別に意味のあることではなかったように思われる。ただ、重病の床にあって、信心の目を開かせてくれ、そのうえたっての願いを聞き届けてくれたものが確かに存在するというそのことが、かれにとっては何よりも重大なことであったとみるべきであろう。そのものが何であるかは、まだかれの目にはみえていなかったのである。しかし、間もなくかれは、そのものとの出会いに導かれる。

三　出会い

一八六一（文久元）年三月、再度の四国巡礼から帰ってみると、驚いたことに夫人のツジが産後の血の道で床についていた。早速、医師を頼み、いろいろ手をつくしてみたが一向に良くなる気配がない。それどころか、しまいには神経も過敏になり、隣近所の物音にも苛立って、じっと寝ていることもままならぬ状態になった。折から農繁期に向って病人の世話だけに明け暮れているわけにもいかない。そこで重右衛門は、朝早くから病人を背負って物音のしない静かな離れ家に連れていき、日中は妻の分まではたらいて、仕事の合間には薬を煎じて飲ませ、日がとっぷり暮れてからまた妻を背負って家に帰るという毎日がつづいた。それにしても、広くてがっしりした背中に妻をのせ、いく分恥ずかしそうにうつむきながら村の道を歩いていく重右衛門の姿が目に浮ぶようである。二人の心中はもちろん、せつないものであったろう。しかし、この姿のなかにおのずとに

齋藤重右衛門

じみ出てくる夫婦の温かい情愛は、ともに野良に出て働き、喜びも悲しみも同じように分かち合ってきたかれらにして初めて味わうことのできたものであった。

ところで、いま「広くてがっしりした背中」とみてきたようなことを書いたが、これは嘘ではない。幸い重右衛門については写真が残っていて、その風貌や体軀も今に偲ぶことができるのである。前掲の写真は晩年近くのものだが、いかにも骨太のがっちりした体軀は、まさに労働で鍛えられた農民のそれである。やや大ぶりの顔は肉づきはいいが、いかにも精悍である。太い眉の下にかすかに笑みを浮べている澄んだ目は、優しさのなかに不屈の意志をたたえている。私の好きなポートレートの一つである。

閑話休題。このような重右衛門の手厚い看護にもかかわらず、夫人の容態はいよいよ悪くなるばかりで、その年の八月、医師はついに最後の宣告を下した。そのとき、夫人は苦しい息づかいの下から、重右衛門に向っていうのには「これまでにしてもろうて、介抱に申し分はございません。いつ死にましょうとも、さらさら不足はございませんが、最後にたった一つ無理なお願いがございます。このごろ、大谷の金神様がごはっこうで、ごりやくが多いときいております。一度そこへ参詣して、お願いしてみて下さいませんか」というのである。

これをきいた重右衛門の心中を、青木氏は次のように書いている。「さて、困った。そこである。また神さんへ頼むのか。自分のことで、いい加減無理もいうたし、頭も下げた。もうこれ以上頭を下げるのは、閉口である。年びゃく年中頭の下げどおしで、頭のあがる時がない。もともと、ひとに頭を下げるのが大嫌いな性分、あまりの辛さに頭は下げたこともあるが、もうあれで、頭を下げるのは払い下げにしてもらいたかった。しかし、永年苦労をさした女房のこと。しかも、永い月日を介抱して喜ばしてきたのに、神さまへ頭を下げるのが嫌いじゃ、といいでもしようことなら、今までの自分の苦労が水の泡になる。それかというて、女房のいいなりのままにお詣りすれば、世間の人からは、女房に甘いと笑われる。お詣りせねば、女房に怨まれる。全く進退きわまった」[5]。これが本当に重右衛門の心中であったかどうかは分からない。ことに信心という点についていうなら、私はこのころの重右衛門はもう少し積極的であったように思われる。しかし、青木氏の筆致のなかにも捨てがたいリアリティーを感ずるので、そのまま紹介してみた。併せて青木氏の文章の香りを少しでも味わっていただけたらと思う。

かくして、翌朝、重右衛門はとるものもとりあえず、早々に家を立った。笠岡から大谷までは距離にして一二、三キロ。はじめは途中の鴨方あたりで時間をつぶして帰ってきて、いかにも参ってきた、お願いしてきた、といえば気も安まるだろう、と考えていたらしい。しかし、もう少し、もう少し、と歩いているうちに、とうとう大谷まできてしまった。きた以上はままよと、かれは勇を鼓して教祖の広前(神前奉仕の場)の戸口に立った。折から教祖は二人の信者に語りかけている最中であった。「……とかく信心は誠の心で、親に孝、人には実意丁寧、家業大切に、神仏を粗末にせぬように。たとえ小神たりとも、災いは下からということがあるから、何れの神仏も粗末にしてはならぬ……」(伝記資料)。

これは教祖の数ある御理解(信者の願いに対して神の意志を取次いだもの)のなかでもとくに際立ったものであるとは私には思えない。しかし重右衛門にとって、この言葉は一つ一つ腹の底にしみわたり、「さても、われという人間は、なんというあさましい人間であったろうか」と、恥ずかしさと済まなさが胸にこみあげて、ひとりでに涙が湧いて出たという。教祖の短い言葉の端々にも胸を打たれるほどに、実は、かれの真実を求める気持が心の奥底で高まっていたのだ、ともいえよう。ややあって、重右衛門は涙のあとをぬぐい、教祖の前にぬかずいて願いの筋を明かした。すると教祖のいうには、「三日の間にお蔭があれば、全快になろうが、それまでにおかげがなければむつかしい。いかに神が助けてやろうと思うても、この病人は、根と精がつきておる。根と精との切れたものは、神の力にも及ばぬ」ということであった。

いくらか気落ちした重右衛門であったが、家に帰って大谷での一部始終を話すと、夫人はたいそう喜んで、夫の親切を謝した。そしてあくる朝、病人がいうには、毎晩寝汗が出て困っていたのに、昨晩はどうしたことかちっとも寝汗が出なかったという。またあくる朝も出ないという。かれは、これこそ教祖のいうおかげのあらわれならんと、すぐさま大谷へ飛んでいってかくかくであると伝えた。すると教祖は「少しでも宜しいといえば、神のげんにちがいない。本気で願えばそれだけのげんがある。まかし切り、頼み切ったからには、なんにも言わんのが本筋。それに、ええぞ、悪いぞの文句をつけるのは、まことの信心ではない。この氏子は、生一本で直ぐいから、よもやお蔭をとりはずすようなことはあるまい。それを楽しみに思い、一心に信心をせい」と、重右衛門をはげますのであった。

その後、夫人の容態が日増しに好転していくので、この分なら毎日でもお参りをしておかげを頂こうと、足しげく大谷詣でをくり返していると、教祖はもう、毎日参ることはない、家業も忙しいであろう、病人も心細いであろう、この方の教えは表行(わぎょう)や苦行ではない、家業の行だ、とさとした。しかし、それではなかなか気が済まない。せめて雨の日ならば家業に差し支えることもあるまいと、今度は雨の日を待ちわびるようにして教祖のもとへ飛んでいく重右衛門であった。そのひたむきな態度に深く心を打たれた教祖は、ほどなく重右衛門に、「笠岡の氏子は、なにからなにまでよう行き届く。……これまで沢山のものが詣ってきたが、この氏子のようなものは、一人も詣ってこぬ。神も頼りにする。どうか神の片腕になってくれ」(伝記資料)と頼んだ。これを聞いた重右衛門は、「わしのような詰らぬものを頼りにするとは何たることか」といぶかったが、日ごろ敬愛してやまない教祖のたっての願いとあってみれば、むげに断ることはできなかった。こうして、いよいよ重右衛門は、教祖の取次の業をたすける新たな根拠地を、笠岡の地に築くことになったのである。かれが初めて教祖の門をたたいてから、わずか三カ月の後、一八六二(文久二)年の正月のことであった。

もちろん、この過程で重右衛門は、教祖の信仰の核心にどんどんひきこまれていったことであろう。いかに重右衛門の道を求める心が高揚していたにしても、それをひき出してくれたのはやはり教祖のたぐいまれなる人格であり、道を求めるものの琴線にふれるその教えであった。とすればここで、そもそも教祖が切り開いた新しい教えとは一体何であったのか、という点にいくらかでもふれておかなければならない。

教祖金光大神は、一八一四(文化一一)年、備中浅口郡占見村の貧しい農家の次男として生まれた。したがって重右衛門より九歳年上ということになる。一二歳のとき、隣の大谷村の、やはり貧しい百姓家に養子に入り、持前の勤勉さで家運の挽回に尽した。そして、ようやく安定した生計が立てられるようになったころ、愛児を次々に失い、自らも大病の床につくという不幸に見舞われて、しだいに信心の目を開いていく。当時この地方で最悪の祟り神として恐れられていた金神への信仰によって自らの苦難の意義を問いつめていったかれは、あらゆる呪術的強制が神の意にかなったものではないことを、まさに神の声として聞くという体験によって、まったく新たな信仰の境地に到達したのである。

氏子に災いをもたらすことが神の願いであろうはずがない。その神の真意をはかろうともせず、浅はかな呪術的強制によって災いをまぬかれようとする。そこに人間のはてしない不幸の原因がある。実は諸々の災難も、それによって人間を目覚めさせようとする神の深いはかりごとにちがいない。そのようにしてでも可愛い氏子を救いたいというのが神の本当の願いなのだ。このような信仰に導かれていった教祖は、まさに神の愛にすがり切ることによって、かえって俗信の呪縛から自らを解き放ち、状況を主体的に切り開いていく真に自由な人間として甦ることができたのである。このように神の愛によって生かされて生きる、神の愛を自らの生活のなかで証していく、そうした人間のありかたを、かれは「生き神」という言葉で表現している。表行よりは心行を、そして何より家業を大切にという教祖の教えも、この「生き神」観に照らしてみるときはじめてその奥深い内容を知ることができるであろう。その他、のちの「御理解」のなかにみられる諸々の近代的開明的な思想、俗信俗説への大胆な批判、天子も人間だと言い切る徹底した人間平等観、女性へのいたわりと尊敬の念にみられる深い人間愛、政治権力に対する宗教的価値の独自性の認識等々も、このような「生き神」の思想を媒介することなしには生まれえないものであったと思われる。

かくして一八五九(安政六)年の秋、「世間になんぼうも難儀な氏子あり、取次ぎ助けてやってくれ」という神の願いに従って、教祖はいよいよ民衆の救済者として立つことになったのだが、重右衛門が教祖の門をたたいたのは、それからわずか二年後のことであった。重右衛門と教祖との出会い、それはまた、あとで述べる教祖との不幸な別れによっても揺らぐことのない、真実の神との出会いだったのである。

四　苦　難

笠岡に神の出社が開かれてからほどなく、夫人のツジが教祖の広前にお礼参りに出かけた。それと前後して、重右衛門も何かのお礼の意をあらわしたいと教祖の広前を飾る幕をこしらえ、たくさんの信者をひき連れて参拝した。途中は伊勢参宮を思わせる賑いで、沿道の村人たちが見物にとび出してくるほどの豪勢なものであったという。ところが、折から教祖の広前の賑いを妬み、その俗信批判に脅威を感じていた近在の修験者のうち、小坂村の蓮行院なるものが、邪教の禁令を盾に大谷村庄屋小野四右衛門方に金神信仰差し止めを訴え、お広前の供物を残らず持ち去ってしまった。これを伝え聞いた重右衛門はすぐさま別の幕を新調し、またまた大名行列よろしく大谷へくり出したのである。万事に控え目であった教祖は、いたずらに修験の徒を刺激するような重右衛門の派手派手しい振舞に、さぞかし困惑させられたことであろう。しかし、そうした形ででも、ともかく自分の喜びを精一杯表現したい、教祖の広前をいやが上にも賑々しくしてあげたいと、一途に思いこんでいる重右衛門の邪気の無い姿も目にみえるようではないか。もちろん、教祖とて、そうした重右衛門の純情を、一方ではこよなく愛していたのであった。教祖ばかりではない、かれに取次を願ってやってきたものも、ひとたびかれの魂にふれると、たちまちその心を開いて、この道のひととならずにはいられないのであった。

こうしてかれは教祖をして、いまやその方は神の両腕、西三三国の道は笠岡がひらく、といわしむるほどに厚い信任をえて、ひたすら取次の業にはげんだ。そして明治維新の前後になると、笠岡の教線はとみに拡大し、その広前の賑いも、一時は大谷をしのぐほどであったという。現在、笠岡教会に残されている明治元年以降の「御祈念帳」によって青木氏が集計されたところによると、たとえば一八六八(明治元)年の参拝者総数は一万九〇四七人、一日平均五二人もの多きを数えている。もちろん、重右衛門は、そのような赫々たる「戦果」を自らの功として教祖を軽んずることなどは思いもよらないことであった。それどころか、少しでも自らの信心が進まぬと思えば、常に教祖の門をたたいて教えを請うた。教祖もまた、その篤信ぶりをたたえ、一八六八(明治元)年の秋、神命によってついに、かれ以外には類例をみない「金光大神」の神号を贈って、その労に報いたのである。

このようにみてくると、いかにも順風満帆、前途洋々の感をあたえるが、もちろん、かれの生きた時代は、民衆が創唱した新しい宗教に対して、それほど寛容ではなかった。天理教の中山みきをはじめ、大本教の出口なお、丸山教の伊藤六郎兵衛も、金光教の金光大神も、およそ民衆宗教の教祖にして、その布教が何らの抵抗もなしに行なわれたためしはない。そして、重右衛門もその例外ではなかった。その最初の受難は、一八六三(文久三)年に起っている。

このころかれは、取次による救済のほかに、物的な救済をも信仰上の使命として、ひそかに陰徳を積んでいた。その間の事情をかれ自身は次のように語っている。「神さまは、氏子の病気、苦痛、災難を助けてござる。わしにはその力がない。お取次ぎをさしてもらうものとして、もっと、もっと、本気で、人助けをしなければならぬと考えた。そこに、ちょうど自分の畑で作りこんだ裸麦四斗俵が三、四〇俵と、琉球薯が壱千貫ばかりあったので、それを町の極貧者に、一人あたり裸麦は壱斗、弐斗、或は人によっては壱俵。琉球薯は十貫、弐拾貫あたりを、無料で施すことにした。町の人たちは大喜び、わずか二、三日の間に、ばたばたとさばけてしまった」(伝記資料)。こうしたいわゆる「善根功徳」を、信仰的には二義的なものとみるものも少なくないが、はたしてそうであるか否かは、それこそ神の心のうちにあるというべきであろう。

ところで、二代精一氏の妻松代の語るところによると、それは派手派手しい施しでなく、あくまで「陰徳をつむための内面的な精進」であったというが、いつとはなしにその噂は村人たちの評判となって、ついに町役人の耳にも達するところとなった。それでなくとも重右衛門のお上をおそれぬ身に過ぎた所業の数々は、すでにかれらの神経をいたく刺激していたところである。待っていたとばかりに、かれらは代官所の役人にあてて、重右衛門逮捕の上申書を差し出した。それには「宮地重右衛門と申すもの、不思議の法を使い、笠岡市中百姓をあざむく大悪人に御座候間、此上は御上様の格別の御憐愍にて、御取調べ被成下候得ば、笠岡市中百姓立行き……云々」(伝記資料)と記されてあったという。それとは知らぬ重右衛門は、その年の一月のある日、第二回目のお礼参拝とて、嫁入り駕籠を仕立てて、再び大谷に向けて出立した。これを聞いた笠岡代官は、足軽二〇人ばかりを富岡村の道筋に待機させて、その帰途を襲った。不意をつかれて驚いた人足や信者たちは、たちまちくもの子を散らすように飛び散った。このとき重右衛門はすかさず「貴様らは何で逃げるのか。このこっぱ役人がこわいのか」と、大声で怒鳴りあげ、さすがの捕り方たちもしばしたじろいだという。いささか講談調の場面だが、あの重右衛門ならば、ありえないことではない。しかし、重右衛門はいさぎよく縛につき、胸を張って牢に引かれていった。

入牢中、かれがいかに凄惨きわまりない拷問を受けたか、青木氏の著書には詳しく述べられているが、私はここでそれを再現するにはしのびない。ただその拷問が、すすめられる「改心」を拒否し、あくまで神の栄光をまもり抜こうとするかれの闘志によったものであることは、改めて説明を要しないであろう。そして入牢七五日、ついにかれは許されて出獄する。「もう神さまは拝みません、といえば、帰してくれることはわかっている。しかし、それでは神さまにあいすまぬ。だいたい、人助けをすることが、何故いけないのか。神も喜び人も喜ぶことをするのが、何故いけないのか。たとえ殺されようともやめられませんと、きっぱりいい切るものであるから、役人の方でも困った。とうとう矢島代官(時の代官所の手代)の方から兜をぬいで、庄屋生永小十郎に、「もう二度と拝ますな、こんど拝んだら首がないぞ。もう拝みませんと言わせておけ」ということであった。そこで初代もいちおう折れて、「もう拝みません。改心いたします」ということになった」(齋藤松代談)。

重右衛門がこの屈辱的な結末をあえて選んだのには、相当の理由がある。それは入牢六〇日目のころ、しびれをきらした代官が、五人組帳の前書きを読みきかせ、かれがいつまでも抵抗をつづけていると、他にも累が及ぶことをほのめかして脅迫したのである。それはもう一個の人間がする抵抗の限度をはるかに超えたものであったというほかはない。「世に血の涙ということがあるが、あれだけ尊い神さまを、もう拝みません、といわねばならぬときのつらさ、それこそ、ほんとうに血の涙であった、と一生涯、なにかの折には話された。御理解説教のときなど、腕をもちあげて、その傷あとを見ながら、涙を出して泣きじゃくっておられた」(齋藤松太郎談)。

なお、以上はすべて伝聞に基づくものだが、この事件にかかわる唯一の史料として、次に、笠岡村宿老熊八郎の御用留に書きとめられているものを紹介しておく。ここでは、重右衛門の広前の神具などが檀那寺に預けられた際の請証文の控えにつづけて、次のように記されている。

右一件は酉三月頃より少々金神信心と号シ相祈候所、追々増長致し、戌十二月頃ニ至リ候而ハ、以之外之儀相成り、大勢群集致し、既ニ当町ニおゐても胡屋住藤抔大信心ニ候故、市中小前は申すに及ばず、隣村よりも追々参詣夥多数。宮地本人重右衛門ハ金子宮と唱、二畳台を講へ、参詣之者を眼下に見おろし、或ハ叱リ、或はおとし抔致し、大金ヲ住藤より取候而、貧窮之者へハ少々宛麦抔遣し候趣、当亥正月十日、右両掛の立派なる籠ニ而大谷と申処江参リ候趣御聴ニ達、翌十一日夕方帰路冨岡村坂本吉兵衛宅前ニ而御召捕ニ相成候。其節村役人一同参リ申候。揚安と申もの上下着用右重右衛門若党役相勤罷在候。是も其場ニ而御召捕ニ相成申候。早速小十郎(宿老庄屋兼帯)宅ニ而御吟味之有、重右衛門儀は縄手鎖、安平ハ村預ケニ相成ル。其夜四ツ時頃、重右衛門神具付立ニ熊八郎林右衛門光右衛門貞太郎罷越申候。翌十二日村役人一同又候同人宅へ罷越、付立神具残ラズ封印相付、檀寺地福寺へ相預申候。其後御引請矢島様御見分と相成、御上之御封印と相成申候。正月廿四日頃重右衛門同人兄栄十郎、安平御召出ニ相成、栄十郎重右衛門ハ入牢ニ相成、安平村預ケと相成申候。

これによれば兄栄十郎も入牢したことになっている。

その後、重右衛門は、一八六六(慶応二)年と七二(明治五)年の両度にわたって、入獄はまぬがれたものの、やはり厳しい弾圧に見舞われている。ことに七二年のそれは「文明開化」を名とする維新政府の、民間の布教者に対する一連の厳しい禁圧政策に対応するものであった。具体的にはどのような点が官憲の忌諱にふれたのかよくわからないが、何かよくよくの事情があったのであろう、いまに残されている一通の遺書と覚しきものによって、かれが死まで決意していたことが判明している。いずれにせよ私は、残念ながら重右衛門の受難が担っている宗教的な意義について語ることはできない。しかし、少なくともそれが、現人神の栄光で綴られる日本の「近代」の非人間性を、余すところなく照射し、告発しつづけるものであることを、信じて疑わない。

五　別れ

さて、重右衛門のその後についてはまだ書きたいこと、書かねばならないことがいろいろあるが、最後にかれの生涯にとって最大の悲劇ともいうべき教祖との別れについて記して、ひとまず小伝の結びとしたい。

まず最も客観的な事実としては、明治初年のある時期(それがいつのことかまだ判然としないが、一九七九年当時、金光教教学研究所の部長をされていた高橋行地郎氏によれば、明治も一〇年代に入ってからではないかと推測されている)から笠岡の大谷参りがふっつりとやみ、一八八三(明治一六)年に教祖が他界したときも葬儀に参列せず、以後も両教会の間でしばらくわだかまった関係が続いていた、ということがある。あれほど肝胆相照らし、苦楽をともにし、深い信仰のきずなで結ばれた二人の間に一体、何があったのだろうか。

はじめに紹介したように、この問題にはまず、金神社造営のことがある。教祖の信仰的自伝ともいうべき「金光大神御覚書」(『金光教教典』所収)によると、一八六四(元治元)年、教祖は天地金乃神のお知らせで、神社の造営に着手した。ところが引き受けた大工が仕事の面でも金銭的にもルーズなひとで、なかなか普請がはかどらない。そこで五年目の一八六八(明治元)年、教祖は、いったんその大工を解雇した。しかし翌年、重右衛門らが普請の再開をすすめるので、かれらに後事を託した。ところが、やはり作業は一向に進まない。七一(明治四)年には再び神のお知らせで、「棟梁はらわたくさり、普請成就せず」とあり、とうとう七二(明治五)年には普請中止のやむなきにいたった。しかしこの間、できることなら完成させたいというのが教祖の変らぬ真意であったにちがいない。また、その間いろいろ出費がかさんで氏子の浄財が無に帰することを心苦しく思ったことでもあろう。そこで、教祖としては、寄進勧化の打ち札を立てることに、心ならずも了解をあたえることになったのかも知れない(前述の高橋行地郎氏は、それに加えて、明治一〇年代から信心合法化のために金神社の社号を素戔嗚神社などに改めたり、金神社の存置が村次元で取り進められるような動きがあり、そのことも考慮しなければならないとされている)。笠岡の所伝によると、ここから問題が起った、というのである。次に重右衛門の甥齋藤茂一が書いた文書によって、その事情をみることにしよう。

「この道は寄進勧化を言わぬ道である。寄進勧化を言うて氏子を苦しめては、神は喜ばれぬ。然し氏子が心からお捧げするのは、神の比礼(ひれい)である。たといその時でも打ち札、貼り紙(金額や氏名を記すこと)をしてはならぬ。氏子は誠を神に奉るので、広告などは要らぬ。」と教祖は仰せになった。そこで初代の思われるのには、この道はまことに有難い道である、尊い道である。神や仏の教えも沢山聞いたが、斯る尊い教えをきいたことがない。さすが天下の名教じゃ、といたく感服、感激、骨髄に達した。然るにその後参拝すると、お広前の内側の周囲には、一金何両何の誰某殿と、ぐるうっと貼り紙がしてある。初代は不思議に思われ、教祖にお尋ねになると「神様は、打ち札貼り紙はしてはならぬと仰言るけれど、こうせねば普請ができぬから、是非こうしてくれと世話人が申すから、神様の仰せには背くのであるが、余儀なくこうした。」と仰言る。そこで初代は「金光様、普請ができる出来ぬより、神さまの仰せを反古にしては、すみますまい。なんぼう世話人が、何んと申しましょうとも、神様の仰せには、代えられませぬ。これは是非うい で(剝いで)下さい。」といわれると「然し、これをういでは、世話人が感じをそこねて、普請ができませぬ、これをうぐことは、世話人にたいしてもできませぬ。」と申される。しかし初代は重ねて「神様の仰せには代えられませぬ、是非ういで下さい。」と願われたが、御聞入れがなく、どうしてもうぐと仰言って下さらぬので、最早仕方なく、御無礼のことのようにも思われたが、詮方なく「金光大神、人情に流されなさったのう。金光大神、頭が腐んなさったのう、もう二度と足踏みはしませんぞよう。」と、その席を立たれた。そこで教祖は考えられて、その貼り紙をへがれた。

齋藤茂一は、このように経過を記したのち、さらに次のように自分の考えを付記している。

若しそのとき笠岡金光大神なかりせば、この教えは永久に葬られ、炎上した大教会所(本部大教会所は一九二五年に炎上している）が建築されたときなどには、恐らく金光駅より境内まで、一金何千円何の何某殿と、金比羅さんと同じように、寄付の立石が林立したことであろう。もし神の教えを反古にして葬り去り、人為的策動によって、よし教団が盛大になったとて、果してそれで多くの人が助かる道が開けたであろうか。当時に於ても勿論であるが、また将来に於ても、道の教えにたいしては、かかるまことの決死的な教師を必要とするのではなかろうか。上に向っては……ぺこぺこと頭を下げるが、下に向っては偉らそうに、あおのいて挨拶を受けるような、柔従（ママ）不断の徒が多いことは、唾棄したいところである。(6)

斎藤茂一は重右衛門から直接教えを受けたひとであるだけに、いささか感情的な表現もみられるが、少なくとも事実に関しては、重右衛門から聞き出したところをそのまま伝えているとみてよい。青木氏は、この問題についてさらに綿密な考証を加え、寄付札については確かにそのような事実があったこと、ただしそれは二枚で、しかも人名のみの記載であったことなどを、別の証言からひき出している。われわれはいずれの証言が真実に近いのかを判定する立場にはない。また、その手段もない。いずれにせよ、それが二枚であるか否か、金額が書きこまれていたかどうかは、もはや問題ではないであろう。むしろ、この事件に示されている教祖の態度を仮に事実であるとした場合、それをどう受けとめるかという点だが、それこそ、はじめに書いておいたように、長年私を悩ませてきた問題であって、いまだに自分自身を納得させるような理解をえていない。ただ、いつもこの問題を考えるとき、念頭に浮んでくるのは、やや唐突かもしれないが、内村鑑三のいわゆる「花巻非戦論事件」のことである。日露戦争の前夜、内村鑑三の説く非戦論にいたく共鳴した岩手県花巻の一青年斎藤宗次郎が、徴兵忌避の決意を固めてその旨を手紙にしたため、内村に送ったところ、内村がすぐさま花巻にとんできて、「道理と真理の応用とを混同してはならない」と、その決意を思いとどまらせたという、あの事件である。私は初め、内村の裏面をのぞいたような気がして、大いに失望したものであった。いまでも内村の礼讃者が、花巻事件こそ内村の偉大さを示したものだ、などと書いているのをみると、ひいきの引き倒しもいいかげんにしろ、といいたくなる。ただ、われわれにとって、自明のことのようにみえるもののなかに、どこか陥穽がありはしないか。真理は一つだが、われわれがとらえうるのはその一部であって全部ではない。としたら、内村の態度のなかにはどのような真理の断面がひそんでいるのだろうか。そこで、はたと立ち止まってしまう。そして、打ち札の一件に示された教祖と重右衛門の態度のなかにも、私は同じ性質の問題をみるのである。このとき「しかし」と重右衛門はささやきかける。「われわれがとらえたものが真理の一部であるということをわきまえつつ、そのために、その一部の真理を自ら証しすることに躊躇があってはならない」。

見苦しい独白はこのくらいにして、話を元に戻すことにしよう。笠岡と大谷の疎隔については、他の原因もいろいろあげられているが、煩雑になるので省略する。いずれにせよ、この思いがけない別れは、二人の心に癒しがたい傷あとを残したにちがいない。しかし、それ以上に確かなことは、その故に、二度とまみえることのない相手を一層慕わしく思いつづけていたであろう、ということである。私のみるかぎり、教祖の晩年は孤独であった。かれは、布教の公認を急ぐあまり、国家神道との接近をはかり、教会組織の改編をもくろむ弟子たちの考えには消極的であった。そしてそのような教祖の考えは、まさに重右衛門のものでもあったのである。かれはいまさらながらに、心のなかに空いたすき間の大きさを思ったことであろう。一八八三(明治一六)年一〇月一〇日、教祖は七〇歳の生涯をとじた。その報をきいて、重右衛門は身をよじって慟哭したにちがいない。重右衛門が他界したのは、それから一二年後の一八九五(明治二八)年四月三日のことであった。享年七三歳。かれの御霊はいま、笠岡教会所に隣接する奥城(おくつき)で静かに眠っている。

(1) 金光教本部教庁『金光大神』金光教本部教庁、一九六八年、一二六頁。
(2) 鹿野政直『資本主義形成期の秩序意識』筑摩書房、一九六八年、一五八―一五九頁参照。
(3) 青木茂『笠岡金光大神』金光教笠岡教会、一九五五年、一七頁。
(4) 同、前、三四―三五頁。
(5) 同、前、四一―四二頁。
(6) 同、前、一四四―一四六頁。

戦争と信仰
——『卡子』と大久保さん父子のこと——

一 『卡子』との出会い

一九八四年の秋口のことであったか、近世思想史の研究仲間である宮沢誠一氏から、遠藤誉(ほまれ)さんという女性物理学者の書いた『卡子(チャーズ)』(読売新聞社、一九八四年)という本を紹介された。曰く「これは日本人必読の書だと思うが、なかに出てくる筆者のお父さんが金光教の信者だから、その意味でも参考になるはずだ」というのである。とかく世事に疎い私は、そのとき、筆者の遠藤さんが「不条理のかなた」という作品で第四回の読売「女性ヒューマン・ドキュメンタリー」賞を受賞した話題のひとであるということも、『卡子』がその小品を長編化したものであるということも知らないまま、宮沢氏の語気に促された格好で、早速、近所の書店に足を運んだ。そしてこの本を読み終えたとき、私ははじめて宮沢氏のやや強引ともいえるはからいの意味を了解したのである。

すでにこの本を読まれた方には無用の講釈になるが、卡子の卡(チャー)というのは、中国語で「ひとが番をして狭い口をふさぐ」という意味である。一九四五年の敗戦当時、旧満洲の長春にあって製薬工場を営んでいた大久保宅次さん（誉さんはその三女）一家は、日本人の大半が引き揚げていったあとも、特殊技術者として国民党政府に強制留用され、そのまま長春に残されることになった。やがて始まった国共の内戦で長春は八路軍の包囲するところとなり、糧道を絶たれた町は、たちまち飢餓地獄に一変する。家族や周囲の関係者のなかからも餓死するものが続出するに及んで、たまりかねた宅次さんは市当局と掛け合い、二度と市内には戻らないという条件で、ようやく国民党軍の張りめぐらした鉄条網の柵、つまり卡子の外に脱出した。しかし、そこで宅次さんたちを待ちうけていたのは、案に相違して、さらに想像を絶するようなこの世の地獄であった。地を埋めつくした餓死体。胸をつく腐臭。ここは一定の距離を置いて解放軍の卡子に密封された緩衝地帯、双方の銃口がにらみ合う野ざらしの牢獄だったのである。やがて、一家はようやく九死に一生をえて卡子をあとにする。しかし、ここでの体験は、七歳の少女の精神にはてしもなく深い傷あとを残した。そして三十有余年、「固くガラス化した虚無の空間」に閉じ込めてきた光景を、見えざる者の抗しがたい力につき動かされて、遠藤さんはついに甦らせてくれた。それがこの『卡子』である。

二　研究室にて

同じ年の晩秋の一日、私は東京郊外にあるH大学の物理学研究室に、著者の遠藤さんを訪ねた。宮沢氏の思惑通り、金光教の信徒であったという大久保さんのひととなりとその信心に私が心を寄せていることを知って、同じ大学に勤務している宮沢氏の夫人が、遠藤さんに引き合わせてくれる手筈をとってくれたからである。

研究室のドアの前に立ったとき、私は『卡子』そのものの衝撃をどう受け止めていいのか整理もつかないまま、宅次さんのことだけを聞きにやってきた自分の身勝手に、改めて足のすくむ思いがした。しかし、やがて静かな足音とともに現れた遠藤さんは、全てを承知しているように、美しい笑みをたたえながら私たちを請じ入れてくれた。七歳の少女にしてこの世の地獄をみたあの遠藤さんが、いまここにこうして立っている。そう思っただけで、案の定、私はいうべき言葉を見失ってしまった。そして、ついに、『卡子』については最後まで、感想めいたことは何も語ることができなかった私の心境を、遠藤さんは了解してくれたであろうか。

遠藤さんが宅次さんについて語ってくれた事柄は、ほぼ『卡子』に書かれてある通りのことであったが、その言葉の端々に深い愛情をこめて描き出される宅次さんの人間像は、私にとって一層慕わしいものとなっていった。しかし、やがて『卡子』におけるクライマックスともいうべき一つの場面に話が及んだとき、私はやはり、卡子の問題をすり抜けては、遠藤さんを知ることはもちろん、宅次さんを知ることも不可なることを、いよいよ思い知らされたのである。その場面というのを、遠藤さん自身の筆で再現してみよう。

……静けさが震え始めた。さざ波が夜を震わせ、呻きが地上を這い回った。その音は、苦し気に四方から押し寄せてきて共鳴し、やがて大きなうねりとなって、ウワーン、ウワーンと卡子を震わせた。そのとき、父の体がびくっと動いた。「ぎゃっ!!」。私は父にきつくしがみついた。ふとんの下の死体が動いたのかと思ったのだ。血が逆流した。「よしよし……。救われぬ御霊(みたま)の声じゃ、みんなでお祈りをしよう。さ、いい子だから手を離しなさい。お父さんは、ちょっと行ってこなければならん所がある」。「いやっ！　いや……いや……」。声がひきつっていた。

私は父の腕にしがみついたまま、父にくっついていった。

……薄暗がりの向こうに青白い山が見える。地鳴りがしだいに大きくなってくる。言い知れぬ排斥力が、山と私の間の空間を満たした。そして遂に、山の前で爆発した。

それは――見上げるほどの、死体の山であった。解放区側の照明と月明かりで、死体の一つ一つが鮮やかに浮かびあがっている。薄く開かれたガラスのような目、垂れ下った細い髪、にょっきり突き出ている足、にゅっとのぞいている手首……。その手首が動いた……!。死んだ人の手首が動いた……!。青白い山肌のあちらこちらで、死んでいるはずの死体の手首が、わずかに、動いている……。

……細い糸のように引っぱられていた神経が、プツリと、切れた。恐怖と私をつないでいたものが崩壊し、恐怖心への回路が切断された。そのあとには、白い、大きな空白だけが残った。茫然と立ちつくす私の傍らで、父が御霊(みたま)を弔う、祈りの詞をあげている。

……

幽世(かくりよ)の、見えぬ界(さかい)にましませども

御慈しみの御心は、現世に変らせ給わず
幸御霊の、まさきく幸わい給い
奇し御霊の、奇しびに恵み給いて
終に現世の事を終えて、神の御府に参らむ時には、必ずしも迎えとり給え
……

振り絞るような父の叫びが、卡子の夜に響き渡った。生きているか死んでいるかわからないような父の体のどこから出てくるのかと思われるほどの、朗々たる声だった。天には月が冷たく冴え、地には御霊への祈りがおごそかに満ちた。その祈りが呻きのうねりを包み込み、地鳴りを包み込み、死体の山を包み込んだ。「どうか救われてくれ……どうか救われてくれい……」。力尽きた父は、死体の山の前にひざまずいて手をつき、肩を震わせて泣いた。肩まで垂れた父の白髪が月光に光っていた。現世の事を終え切れず、呻き声を出していた死体たちが動きをとめた。父の祈りが、その救われぬ魂に届いたのだろうか。

卡子は静けさを取り戻した。

そして、その静けさの中で、間もなく八歳になろうとしている一つの魂が、恐怖心をひきはがされて、虚ろに、滅んでいった。(『卡子』一六四―一六七頁。なお、紙幅の都合で、文章を多少つづめさせていただいた。)

三 「不条理」の意味

研究室を辞してから、落ち葉の舞い散る銀杏並木の道を駅に向って歩きながら、私は改めて、遠藤さんにとっての卡子の意味を考えてみた。私にとっての『卡子』の意味も、結局はそこを手掛りにしていくしかないと思われたからである。

卡子の惨劇、そこにはたしかにわれわれの想像をはるかに絶するものがある。だが、それならば、ナチスのユダヤ人虐殺はどうか、広島・長崎の原爆の惨禍は、南京の大虐殺は、と考えてみる。もし、そのむごたらしさだけをいうなら、それらを比較するも愚かなことというべきであろう。しかし、遠藤さんがそれを「不条理」というとき、そこにはいま少しくぐもった響きがある。それは何か。私は再び、遠藤さんの文章の一節に思いを馳せる。

……解放軍が歓迎したのは技術者だけであった(大久保さん一家が解放軍側の卡子からからくも脱出しえたのもそのためである——小沢)。東北は中国の重要な工業地帯の一つであったから、新中国建設のために、東北の解放区における早急な経済回復が必要とされていたのである。技術者以外の難民をすべて受け入れるには、解放区はあまりに貧乏であったことも確かであろう。しかし少なくとも、食料に関する限り、その困窮の程度は、長春市内のそれとの比ではないし、いわんや卡子内の状況とは比較の対象ですらない。互いに分かち合って、より多くの人が生きていけるようにすることが「解放の精神」であったはずだ。一部特権階級の下で喘ぐ極貧層を救う大命題があったからこそ、人心は毛沢東についたのである。それに人民の命は大切な武力の一つでもあったのではないのか。しかもこの時、技術者、知識人には日本人が多かったから、解放軍は同一民族の同胞を見殺しにしたことになる。それとも、国民党の支配区域に住んでいた長春市民は「人民」の範ちゅうには入らないというのだろうか。毛沢東の包囲作戦自体は、過酷ながらまだしも納得がゆく。だが、その作戦に付随したこの卡子の柵門の開閉ばかりは、あまりに非人道的であるばかりでなく、どの側面から考えてみても説得力を欠く。国民党軍にとってはもとより、解放軍自身にとっても、卡子内の犠牲はまったく無意味だったのではないか。解放軍側のこの行動を正当づけ得る、いかなる理由をも、私は見出すことができない。

少なくとも私の知っている限り、絶望都市長春における、この卡子内の惨状を記述した資料はなく、またその存在さえ世に知られていない。この史実を葬ろうとする意図がどこかにあろうとはもちろん思っていない。が、もし、このまま誰も叫ばなければ、この史実が間違いなく過去の暗闇の中に葬られていってしまうであろうことだけは確かである。もしこの凄惨な事実が歴史から抹殺されてゆくとすれば、ここで息絶えた数知れぬ人々の魂はどこで鎮められ、どこで救われるのであろうか。卡子の餓死者は、延べ十数万以上とも言われている。この史実を伝え得るのは、この卡子を潜った数少ない生存者だけである。（「不条理のかなた」『こぶしの花』読売新聞社、一九八三年、一一六―一一八頁）

遠藤さんが、長い沈黙を破って卞子の真実を吐き出そうと決意した根本の動機は、そうしなければ、いくら蓋をしても土を被せても「私の自由にならない悪夢の世界」でいつも自分を怯えさせてきたものから、ついに解放されることがないと観念したからにちがいない。しかし、そうと決意したときこみ上げてきたであろう積年の思いを遠藤さんは「怨念」の二字に託して吐き捨てるかわりに、かえって、このように、卞子の真実を構成している不条理の正体を冷徹に見据えることをもってしたのであった。

その正体が何であるかは、「解放軍側のこの行動を正当づけ得る、いかなる理由をも、私は見出すことができない」という彼女の言葉が、何よりも明白に物語っている。つまり、無辜の人民を大量に餓死にいたらしめたという事柄自体もさることながら、それがほかならぬ「解放軍」によってもたらされたという事実の方に、彼女はより執着すべき不条理をみているのである。こうした事実は、かつて魯迅、毛沢東、ジャック・ベルデン、エドガー・スノウ、アグネス・スメドレー、竹内好等々の著作に親しんで「革命中国」のイメージを育み、そこにアジアにおける民族解放運動の原点をみようとしたことのある私にとっても、十分に衝撃的なものであった。まして、中国に生まれ育ち、一度は毛沢東思想の洗礼を受け、その国土と民族に絶ちがたいきずなを結んだ遠藤さんにとって、この卞子の一点だけは、その故にこそ、何としても納得のいかないもの、問い詰めずにはいられないものであったにちがいない(もっとも、政治の世界に力とイデオロギー以外のいかなる理想も認めないある種のリアリストたちの目には、ナチスや日本の軍隊と中国の革命軍を区別して捉える発想自体が、ナンセンスの極みと映ることであろう。しかし、少なくともこの時期の毛沢東とその軍隊には、卡子を最大の汚点として問責されるだけの資格があった、という考えを、私は捨て去ることができない)。

だが、遠藤さんにとっては、それよりもさらにさし迫った問題があった。それは、あれだけの犠牲者を出しながら、「この卡子内の惨状を記述した資料」が皆無にひとしく、「その存在さえ世に知られていない」という恐るべき事実である。「このまま誰も叫ばなければ、この史実が間違いなく過去の暗闇の中に葬られていってしまう」。不条理といえばこれにまさる不条理はない。そこに、アウシュビッツや、広島・長崎や、南京や、その他の史実に残る数々の悲劇とは、まだ一つに語ることのできない卡子に固有の不条理の位相があった。遠藤さんは「この史実を葬ろうとする意図がどこかにあろうとはもちろん思っていない」という。だが、この言葉は彼女の願いであり、また意図して葬ろうとするものへのプロテストとして聞かれるべきであろう。しかも、直接の体験者にとって、卡子が思い起すだにいまわしく、ただ記憶のページからむしり取るほかにすべもないものであるとしたら、一体誰が、この事実を語り継ぐのか。遠藤さんは、まさにこの内なる声に揺り動かされて、渾身の力をこめて、「抹殺する歴史」の不条理に立ち向ったのだと思う。

ところで、そのようにして卡子の真実を吐き出し、不条理の正体に迫った遠藤さんが、その彼方に見出したものは何であったか。彼女は、『卡子』の最後の章「卡子、再び」のなかで、長春が何事もなかったように解放軍の手に落ちたいきさつにふれたあと、何千年に及ぶ中国の壮大な歴史のドラマに思いを馳せ、「命をはぐくみ、命をのみこむ、あの無気味な生き物のような大地には、とてつもない寛容さと、とてつもない厳しさとがあった。おおまかでルーズでいながら、巨大な残酷さを平気で演じてみせる。そこにこそ卡子があった。あれは不条理ではなく、それこそ大地の条理だったのではないだろうか」(二五九―二六〇頁)と述べている。しかし、そのすぐあとで、「この出口のない大地の中で、モザイクの組み合わせと散乱という無限循環をくり返しながら、私は果てていくのだろうか」(二六一頁)と彼女がいうとき、「大地の条理」なる言葉は、いまだ、彼女自身を納得させてはいないもののように思われた。それはたとえば、漱石の「則天去私」にも似て、はてしない旅路の途中で、ふと洩らしたため息のようなものではなかったか(もっとも、読者によっては、そこに宗教的悟達の境地をみる人もいるようであり、実のところは遠藤さん自身に尋ねてみるほかはない)。

――気がつけば、最寄りのK駅は目の前にあった。折しも、夕闇の迫る駅頭に、勤め帰りのひとたちの黒いかたまりが吐き出されてくるのがみえた。そのとき遠藤さんの言葉がまた脳裏を横切っていった。「私たちがこうして社会で生きているということ自体、ある意味ではチャーズの中に入っているのと同じようなものではないのだろうか」(『卡子』あとがき、二六四頁)。

家路に急ぐひとびとの群れを茫然と見送る私の耳元で、今度は別の声が聞こえてきた。「幽世(かくりよ)の、見えぬ界(さかい)にましませども、御慈(みいつく)しみの御心は、現世(うつしよ)に変らせ給(たま)わず……」。

四　もう一つのメッセージ

勤務地の富山に帰ってから、私は、遠藤さんから別れ際にいただいた『卡子』の書評やインタヴュー記事などのコピーに目を通した。それまで、全く自己流の読み方をしてきた私にとって、ひとがどのようにそれを受け止めているかは、興味ある問題であった。そして、大方の批評は、ほぼ私の予想した通りのものであったが、そこには一つだけ気になる点があった。それは、金光教関係のものを除くと、大久保宅次さんの信心またはその人格にふれたものがまったく見当らなかったことである。その点を重視するのは、私が金光教に特別の関心を寄せていることとは、この際、直接には関係しない。むしろ、それが理解の妨げになるのなら、金光教のことも信心のことさえも、差しあたっては無視されてよい。ただ、その人となり――それはまさにあの卡子の極限状況における「祈り」の姿に凝縮されている――には、遠藤さんとはまた別趣の深いメッセージがこめられており、それが遠藤さんのメッセージとどこでどのように折り合うのかは容易ならざる問題であるにしても、その点を見逃しては『卡子』の半面をみたことにしかならない、と私には思えたからである。

一方、金光教関係者の反応(といっても、数種類ある批評の筆者はみな同一人なので、当然これをもってその全体を推し量ることはできない)にも、私にはややひっかかるものがあった。これには相当、私の偏見があるやも知れぬので、一応参照の便宜に、その典拠を明らかにしておくが、筆者は金光教日本橋教会会長、同関東ペンクラブ委員長の畑愷さんで、題名と掲載の紙誌名は、「卡子を読んで」(『金光教徒新聞』一九八四年一〇月一日号)、「極限状況での信心」(『関東ペンクラブニュース』一九八四年一〇月一日号)、「卡子のこと」(『金光グラフ』一九八四年一〇月号、これは遠藤さんとの対談)、『卡子』と出会って」(これは表紙のコピーがないが、多分日本橋教会の会報のたぐいと推測される)などである。

畑さんの文章は、どれも内容的には重なり合っており、要は、『卡子』の概略を語り、著者の父親が「金光教の熱心なご信者」であったことを告げ、宅次さんが卡子の累々たる屍の前で満身の祈りをこめて「祖先賛詞」を奉唱する様子に「全く敬服」し、無信仰者を称える著者にも親の信心の徳がそそぎこまれていることを認めずにはいられない、といったものである。ある意味では極めて宗教者らしいまともなまとめ方で、ひっかかるところなどまるでない。そこにかえって私のひっかかりがあるのだが、それを一言でいうなら、宅次さんが「本教の信者」であったということを、そんなにすんなり得心してしまっていいのだろうか、ということであった。たとえば、同じ状況のなかに、その他多数の「本教の信者」の姿を置いてみる。もちろん、自分自身の姿もそのなかにあるものとして。あるいは、当時の教団の、国家や信徒たちに対する姿勢といったものも、そこに置いてみる。そのとき、自分が何をなしえ、教団が何をなしえたかを考えるなら、われわれは打ちのめされることなくしてかれの前に立つことができようか。そのかぎりで、「本教」であることは、教団にとっても信者にとっても、何らの保証をあたえるものではない。宅次さんをひとたび自らに対する否定の契機とすることなしに、かれのメッセージはついに、「本教の信者」にも届かないのではないか、というのが、その時点での私の偽らざる感想であった。

しかし、他人への批評というものは結局、それに名を借りた自己表白、自己確認の手段にほかならない。宅次さんのメッセージをどう受けとめるかという問題は、いよいよ私自身に重くのしかかってきた。ただ、その場合、遠藤さんにとっての卡子が、いわば以後の人生を決定づける原体験の場であったとすれば、宅次さんにとってのそれは、まさに、それまでの長い人生ですでに培ってきたもの(とりわけかれにとってはその信心)が、最も酷薄な形でためされた場であったといえる。その意味で私は、卡子にいたるまでの宅次さんについて、もっと多くのことを知りたいと思った。そして、少なくともその手掛りの一つとも思われるものを、私はほかならぬ畑さんの記述のなかに見出したのである。すなわち、かれによれば、一九五五年四月に金光教教学研究所で行なわれた「昭和九年十年事件」当時の信奉者の動向を聴取する会合に出席した信徒のなかに、大久保宅次さんの名があるという。この全教団を揺るがした大事件については前述の通りだが(本書「民衆宗教における〝近代〟の相剋」参照)、この会に宅次さんが招かれているということは、かれがその中心人物の一人であったことを意味する。しかも、そのときの記録が研究所に残されているかも知れぬのである。私は思わずこみ上げてくる興奮を抑えることができなかった。そして研究所いきの機会を待つこと一年、翌八五年の一一月中旬に、ようやくその念願が叶ったのである。

五　研究史の立場から

金光教教学研究所は岡山県金光町の教団本部の近くにあるが、折から京都で開かれた研究会への参加を兼ねて、岡山まで足をのばすことを思い立った私は、早速、研究所の佐藤光俊さんに電話を入れて、訪問の意図を告げた。佐藤さんは、大正期から戦後にかけて教団の優れた指導者として活躍した高橋正雄の研究に打ちこんでいる篤学の士で、数年前に教えを請うて以来の知己である。かれは、突然の申し出を快く了解し、心当りの資料を出しておくとのことであった。

ところで、これまでは卡子の問題を終始一個の人間としてどう受けとめるか、という角度からたどってきたが、ここで宅次さんの信心について掘り下げていこうとする以上、そして、それが私の研究分野にもかかわりをもつものであるかぎり、一個の研究者の立場でこれをどう受けとめているか、という点についてもふれておかなければならない。そこで、岡山いきのことに話題を移す前に、研究史のうえからみた私の問題意識の一端を、あらかじめ明らかにしておくことにする。

ここで研究史という場合は、いわゆる近代民衆宗教史のそれを指すことになるが、まず、その研究動向にみられる特徴の一つに、概して国家権力に対する自立性や異端性の強い宗教に多くの関心が寄せられてきた点が挙げられる。それは、この分野の開拓者たちが、日本の近代化過程で民衆がはたした独自の役割を明らかにするという特定の目的意識から対象に接近していった必然的な結果だが、そのような動機のなかにこそ、従来の宗教史一般とは区別されるこの新しい学問の特色と、魅力とがあったのだともいえる。しかし、こうした視野に立つ以上、ひとたびその宗教が持前の独自性を失うや、たちまち関心の外に置かれてしまうのもまた、当然のことであったといわなければならない。そして事実、天理教や金光教など、いわゆる教派神道に組みこまれていったものについては、もはや歴史的使命を終えたものとして、以後の問題をみようとせず、あとは大本、天理ほんみち、ひとのみちなど、国家による激しい宗教弾圧に見舞われた異端的教団の足跡のみを追うというのが、これまでの研究史の大筋の流れではなかったかと思われる。

金光教教祖の豊かな宗教性とその開明思想に心ひかれてこの分野に迷い込んだ私も、その当初は、教祖以後、とりわけ一九〇〇年の別派独立を境に、金光教は急速に「合理性・開明性の放棄、天皇崇拝と国家主義への屈服、呪術的＝現世利益的性格の強化」の方向に進み、その他の諸宗教も、明治以後は「ひとしく資本主義社会における宗教の反動的本質を、余すところなく露呈する結果となった」[1]というこの道の開拓者の評価を至当のものとして、以後の歩みに目を閉ざしていた時期があった。しかし、その後しだいに私は、このような評価に少なからぬ疑問を抱くようになった。というのは、そもそも信徒の存在なくして教団の存立はありえないはずだが、その場合、教団のインタレストと信徒のインタレストはいつも一致しているとはかぎらない。まして、教団の「国家主義への屈服」が、別派独立のための代価であったとすれば、少なくともそれをもってただちに信徒たちの動向までは推し量ることができないのではないか、と考えたからである。

そうした観点から、独立以後の教団史をひもといていくと、はたして、私は数々の意想外の事実にでくわした。いまはその一々について詳しく述べているいとまはないが、たとえば、大正デモクラシーを背景とする時代状況のなかで、主として教団の青年会に拠った若手の指導者層のなかから信仰復活(リバイバル)を内的契機とする教団革新運動が起り、それが、教団首脳の「国体護持」の運動とは鮮やかな対照をなす独自のデモクラシー運動に成長をとげていった事実がある。あるいは、昭和のファシズムの嵐が吹き荒れるなか、管長の専決体制に信仰の危機をみた多くの布教師や信徒たちが、教団の民主化を求めて立ち上り、ついに管長の退陣以外の要求をすべてかちとるという未曾有の大運動を展開した事実がある(これがいわゆる「昭和九年十年事件」または「教団自覚運動」と呼ばれているもので、大久保さんが信徒代表の一人として活躍したのも、まさにこのときであった)。また、宗教に対する国家統制がその極に達する日中戦争以後の状況下で、戦争協力を謳う教団幹部や布教師たちの発言のなかに、戦争批判と覚しき良心の声が紛れている事実も垣間みられる。

もちろん、こうした事例を列挙したところで、教団が公的たてまえとして取りつづけてきた国家神道の別働隊としての足跡が消えるわけではないし、これらの運動を誘発した教団内部の矛盾や、運動自体の限界のなかにも、公的たてまえの重圧が大きな影を落していることを、見逃すべきではない。しかし、そのゆえにこそ、別派独立による国家への「屈服」は、少なくとも教団のひとたちにとっては、単なる客観的事実としてではなく、拭い消すことのできない自己の汚点として、精神的痛みとして刻印されたはずである。

このことは、教団の戦後の歩みのなかからも容易に読みとることができる。たとえば、一九四九年、一教会長の参院選への出馬表明を機に、いちはやく教団としての政党政治への不干与の原則が確認され、翌年、この原則に違背した事実が明るみに出るや、教団の最高首脳部たる内局がその責めを負って総辞職するという事態が発生するが、こうした厳しい政教分離の姿勢は、そもそも教祖自身の態度に淵源するものであり、それを裏切りつづけてきた戦前の政教一致(というよりは政への教の従属)体制への深刻な反省なしには、このような姿勢は取りえないものであったといえよう。ちなみに、この一件を私に教えてくれたのは、教学研究所紀要『金光教学』第一三号所載の藤井記念雄の論文「戦後教団の動向と諸問題」だが、この論文自体はむしろ、国家原理を無批判に受容してきた戦前の教団の体質が、そのまま戦後に持ち越されている点に、痛切な批判を加えたものであり、その政教分離の方針にも、一歩を誤ると社会の現実に対する消極的姿勢に転じかねない陥穽のあることを鋭く指摘している。しかし、こうした厳しい内部批判そのものが、教団史の水面下に流れている「痛覚」の存在を、自ら証しするものであるともみられよう。そして、藤井の指摘を待つまでもなく、教団本部は一九六九年から、金光教の信心の立場からする政治・社会問題への独自のアプローチを求めて、「政治・社会問題等に関する研究会」を組織し、靖国神社問題、安保問題、公害問題等々に関する討論を重ね、とくにその第八回と第九回の研究会では「国家権力と本教」のテーマのもとに、戦前からの教団の歩みをめぐって活発な議論をたたかわせているが、こうしたこころみは、管見の及ぶかぎり、他に多くの類例をみない(なお、この記録は逐次刊行されて、公の議論に供されることになった)。

これを要するに、教祖以後の金光教の国家への「屈服」の歴史は、まさにそのゆえの「痛み」の歴史であり、その痛みを分かち、そこから学ぶ姿勢をともにすることなくして、「屈服」の事実のみをいい放つことは、研究者の傲岸というものではないか、というのがそのときの私の身に沁みて感じさせられたことだったのである。その後間もなく、私はこのような教派神道体制下の金光教の「苦悩」の実態とその意義を明らかにすべく、とりあえずそれを一編の論文にしたためて、一応の目的をはたした。(2)

しかし、そのうちに私は、こうしたこころみが依然として大きな問題を残していることに気付き始めた。つまり、教派神道以後に対する研究史の無視ないし軽視の傾向が、その動機の正当性のいかんによらず、主として社会的機能の点からのみ宗教を捉えること(それは異端的宗教や宗教の異端的性格への関心の集中とも因果をなす)の一面性に根ざしていたとすれば、宗教理解の本質にかかわるこの点を問い直すことこそが、何よりの課題だったはずなのである。その点で、私がみようとしてきたものは、「デモクラシー」といい「戦争批判」というも、結局は金光教の社会的機能の側面であることに変りはなく、たかだか視線を教団以下の布教師や信徒層のレベルに下げることによって、その評価をいくらか時間的に引き延ばしたにすぎない。むろん、その場合、視線を引き下げたこと自体が誤りだったのではなく、そこでせっかく信徒層に固有のインタレストという着想に導かれながら、そこを掘り下げていかなかった点に、私の錯誤があったというべきであろう。確かに、宗教といえども、一個の社会的存在であるかぎり、社会的機能の面から評価されることは拒みえない。しかし、宗教が、何よりも個々人の内面的救済の願望に成立の機縁をもち、それに応えていくことが宗教本来の機能であるとすれば、一宗教の真価は、まずもってその点でこそ問われるべきではないのか。たとえば、「国家主義に屈服」した教団の一信徒が、その宗教の信心によって真に魂の慰めが得られたとしても、それははたして取るに足らぬことなのか。こうした問いにどこか無理があることは、自分でも気付いてはいる。宗教における社会的機能と信仰的機能は、どこかで切り結ぶ点があるからこそ、それは「痛覚」を伴うものともなるのであろう。しかし、この無理な問いをあえて問うていくことによってしか、その地点はみえてこない。一編の論文を書き終えて、結局、私が得たものといえば、この山のように大きな問題でしかなかったのである。そして『卡子』を通しての大久保さんとの邂逅は、まさにこのような問題を掘り下げていくうえでも、またとない素材をあたえてくれたのであった。

六　待ちうけていたもの

吉備路といえば、明るい、しかし眩しいというほどではない暖かな陽光を想い出させる。それは、これまで訪れたときがいつもそうであったからでもあるが、教祖金光大神の、自己には厳しいがひとには限りなく優しい穏やかな人柄が、その風土の印象と一つに溶け合っているせいでもあろう。

しかし、その日の吉備路はいつになく鈍色の雲が低くたれこめ、金光駅に降り立ったときには、思わずコートの衿を立てるほどの寒風が、あたりの木の葉を舞い散らしていた。

研究所は、金光の町並みを見はるかす小高い山の中腹にある。いつもの坂をいつものように登りつめると、一九三〇年に建てられたという研究所の瀟洒なたたずまいが、いつものように私を迎えてくれた。ストーブの火があかあかと燃えさかる応接室では、所長の福嶋義次さん、佐藤光俊さん、上坂隆雄さんらが、私を待ち受けていた。福嶋さんとは、一八年前、修士論文執筆の際お世話になって以来の久々の対面だった。

机の上に山と積まれた資料をみたとき、大久保さんに関するものがこんなにあるのかと肝を潰したが、その大半は、戦時期の大陸布教に関するもので、いずれは布教史の大きな流れのなかにそれを位置づけてみようと思っていた私には、心憎いばかりの配慮であった。無論、かぎられた時間のなかで私が目にすることのできたのは、大陸布教に携わった人たちの証言類のごく一部にすぎない。しかし、布教の現場の模様を活写したそれらの証言は、断片的にせよ、教団の布教史をその内面から照射したものとして、示唆するところが少なくなかった。私の手元には、ほかにも、金光図書館館長(当時)の竹部教雄さんから送られてきた興味深い証言資料があるので、ここではまず、それらの資料のいくつかを紹介し、そのうえで、大久保さんの歩みの方に焦点を絞っていくことにしたい。

なお、これらの証言が、教団史のなかでもつ意味と意義を考えるために、あらかじめ十五年戦争下の教団の歩みを概観しておくと、先述の「昭和九年十年事件」は、「教団自覚運動」の別名が示すごとく、本質的には「難儀な氏子」の助け一条という教祖の信仰的原点への覚醒に教団の再生をかけたものであり、そのかぎりでは、必ずしも国家的原理に包摂されない独自の運動に発展していく契機を、そのうちに含んだものであったとみられる。しかし、第二次大本教事件をはじめ、国家の宗教団体に対する弾圧や統制が一段と強化されるなかで、教団首脳は、明治期から伝統化されてきた「信忠一本」のイデオロギーにこれを取り込み、その内容をしだいに「国家への御用」の方向に歪曲させていった。そして、日中戦争以後は、「国民精神総動員」など、次々と打ち出される国家の政策を忠実に実践し、その「報国会」の活動のごときは、他教の範として当局者の称賛を博するまでにいたる。こうした状況のもとで展開された大陸方面への積極的な慰問活動や「対支文化・施療事業」なども、客観的にはまさに、国家の帝国主義的侵略の「御用」の一端を担うものであったとみるほかはない。しかし、それならば、以下の証言から、われわれは何をくみとるべきなのであろうか。

七　信と忠のはざまで

〈証言1〉

九年十年事件をへて、教監責任制、財の公明が実現され、ようやく国家の大事に教団として対応できる体制になってきた。「支那事変」が始まると、本教は広島に慰恤部を起こし、出征兵士の見送りや、慰問活動などにあたった。昭和十四年、政府の対支文化工作の要請を受けて、教団は、占領地における民衆への「宣撫工作」(非常に僭越な言葉だが)にあたることになり、それで私ら青年布教師が派遣されることになった。あちらでは、「新民会」と称する民間団体に加わり、種々の文化事業に携わったが、その実体は、軍の特務機関と完全に一体化したものであった。

行くについては、高橋教監が「向うへ行ってよく研究して、おもむろになすべきことを求めていくがいい。仮になすべきことがないとしたら、道を歩きながら、御祈念をして歩きよってもいい。何もできなきゃ、それでもかまわん。御祈念をしとるということだけでもかまわん」といってくれた。(「第一回教団史懇談会」(記録)、昭和五一年六月一〇日—一一日、於金光教教学研究所。佐藤博敏の発言より。大意)

この証言のなかでとくに注目されるのは、教監高橋正雄の布教師らに対するはなむけの言葉である。高橋正雄といえば、金光教を代表する信仰のひととして、はやくから教団の内外にその名を知られ、「昭和九年十年事件」の難局にあたっては、ついに推されて教監の要職に就き、以後も教団の舵取りとしての重責を担ったひとである。したがって、先述の戦時下における教団の歩みにおいて、その盛んな言論執筆活動を通して、信忠一本の立場を強力に推進したのも、かれであった。そのひとの言としてこれをみたときに、布教師らの壮途を飾るにはあまりに地味な、そして、対支工作という観点からすれば一層消極的ともとれるこの贈る言葉は、一見不可解なものにみえてくる。

これに関連して、研究所の佐藤さんは、内容的にみて公開はできないのだが、と断りつつ、高橋から聴取したテープのなかに、かれが中国の伝統的な美術工芸にいかに深い理解と共感を抱いていたかを示す箇所があることを明かしてくれた。つまり、かれにとっての中国美術は、あたかも柳宗悦における朝鮮の民芸のごとく、それを通して民族の魂に結ばれていく重要なきずなだったのかもしれないのである。また、これはその後に目にふれたものだが、前掲の「政治・社会問題等に関する研究会」の記録(第六号『国家権力と本教・その1』)によると、かれは「宣撫班」の布教師を送り出した同じ年の一九三九年、中国への視察旅行に出かけているが、そのとき、現地の特務機関と「殺されても仕方がないくらい」の大げんかをしているという(同書、一二七頁参照)。その内容については詳らかではないが、たとえば、かれはそのときの印象を綴った「支那視察の旅より帰りて」という一文のなかで、「これは唯勝ちさえすればよい戦争ではない。大事なことはそのさきにある。これは支那四億の民をして本当の仕合わせをえさせるための戦争である。然らばそれが支那の人に分かるか。現在自分の国を舞台として、家を焼かれたり、土地を荒されたり、人を殺されたりしている。一方の手には剣を執り、一方の手では頭も撫でていかなければならない。これは容易のことではない」(大意)と述べている(『金光教青年』昭和一四年七月号、八―一〇頁)。「大げんか」の内容は、あるいは、こうしたかれの認識にかかわっていたのかもしれない。そして、さきにみたかれの消極姿勢は、このような中国理解ともからみ合っていたのかもしれない。

しかし、そうだとすれば、一方におけるかれの信忠一本の「御用」の精神は、どのように理解すればいいのであろうか。かれは、その誠実な人柄からして、面従腹背などという器用な芸当のできるひとではなかった。だから、かれの時局向きの発言は、無論、教団の責任者として慎重を期していた面はあるにしろ、自己の信念をほぼ忠実に吐露したものであることは疑えない。ただ、そこで特徴的なのは、かれが「聖戦」の遂行を唱え、「新秩序」の建設をいうとき、「拝む」ということ、「祈念する」ということを、その精神的態度として何より重視していたことである。その場合、拝む対象は、むろん「皇祖皇宗の神霊」であったり、「天壌無窮の国体」であったり、わが戦没兵士や傷病兵であったりもするのだが、たとえば対戦国の中国やその民衆もそこから排除されてはいない。これを要するに、対象は何であれ、「拝む」という行為そのものが、かれにとっての唯一の価値だったのである(『拝む国日本』金光教青年会連合本部、一九四〇年、『祈念の生活』金光教徒社、一九四二年、など参照)。したがってまた、かれにおける国体論も、まさに「拝む国」(それも一つの幻想にはちがいないのだが)にこそ、その精華が求められていたのであった。つまり、そのかぎりでかれは、少なくとも宗教者としての姿勢を、一歩も崩してはいなかったのだといえよう。そして、「拝むと云ふ事は自分の力でできる事ではないですよ。向ふ様の尊いもの、有難いものがこちらへ入り込んで来て自分の「我」を溶かし、生意気を砕いて頭を下げさして下さるのです」(『新秩序の建設とは』金光教青年会連合本部、一九三九年、四六頁)とかれがいうとき、一見消極的とみえたかれの贈る言葉が、布教者たちにとっては何よりも力強い励ましとなったことが理解されてくる。いずれにせよ私は、このような内容をもつかれの信忠一本の立場に、当時の教団の「可能性」と問題性のすべてをみる思いがするのだが、その点についてはあとでもう一度ふれたいと思う。

〈証言2〉

中国ではよく道端で散髪屋をしているひと(キンタオダ)がいる。それが大きな包丁のようなもので髭を剃ってくれる。皮のボロボロの服を着て、汚い靴のブラシみたいなので水をつけて……。私はここでこそ自分の信が問われているのだと思って、その前に座った。なにしろかれらにとっては敵国人だから、そのまま首筋をやられるかも知れない。私は「金光様、金光様」で一生懸命お願いをしながら、かれの包丁に身を任せた。そのうちに何となく心が落着いて、少しぐらい中国語が分かる時だったから、かれに話しかけてみた。すると、周りを取り囲んでいた中国人たちが、この男はいい男である(キンハワー)、心はいいやつだ、といって打ちとけてきてくれた。そうやって、かれらは少しずつ、私に心を開いてくれるようになったのである。その後、あるとき、中国人の爺さんがやってきて、「道端で日本兵に南京豆を売ったら、殴られた」と訴えた。行ってみると、その兵は、「済南より高い値で売りつけたから殴ったのだ」という。そこで私は、ここのひとたちがその済南からさらに豆を仕入れて商売をしなければならない零細なひとたちであることを説いて、「これだけは理解してもらわなくては困る」といったら、その兵は、謝って金を払ってくれた。しかし、そういう兵隊が、徐州、徐州へと向いつつ、どこでまた乱暴を働いていたやも知れぬ。(大意)

これも〈証言1〉と同じ佐藤博敏の回想の一部だが、ここには、高橋の言にあった「御祈念」をするだけでいいという無作為の姿勢が生み出した一つの結実がみられるであろう。

〈証言3〉

かつて戦地にあった時、私たち初年兵は、銃剣術の演習に、敵軍の捕虜を的にして試突のけいこを強いられた。目かくしされた捕虜は、虫のような声を出して、「早くつき殺してくれ」といった。次々に試突がなされた。しかし私は、とうとう最後まで銃剣をとる気がしなかった。最後までこれをこばみ通した。その報復がどのような恐ろしいものであっても、私にはそれはできなかった。そして兵にあるまじきその行ないの返しとして、半日、氷のクリークに身を漬けられて責められたが、クリークを上った時は、半身紫色にむくれ上り、生きた人間の姿でなかった。私は、この道に生かされることなかりせばと、今もこの時のことをふり返る。(松本清次郎「かわいいと思う心」『金光教報』一九六八年五月一日号、一七頁)

これは、先述の竹部教雄さんがみつけて送ってくれた資料で、こちらの方は、布教師の立場ではなく、一兵士の立場での体験にふれたものだが、同じく、戦時下における信心のありようを写し出した一コマとして、興味深いものがある。このほか、外地布教に携わったひとたちの姿として、朝鮮人差別に義憤を感じ、朝鮮に渡って朝鮮人児童のための学校を営み、戦後も北朝鮮(朝鮮民主主義人民共和国)にとどまって、侵略への贖罪と、日朝友好のために一生を捧げた、元金光教羅津教会長幸田タマの足跡などにも心ひかれるものがあるが(下村倫子『幸田タマの生涯・大き愛・朝鮮に骨を埋めた人』一九八四年参照)、ここでは以上の例示にとどめておく。

むろん、これだけの証言から、教団史の全体をみるのは、無謀というものである。とりわけ、第三の証言にみられるケースは、事実の問題としては、ほとんど希有に近いものというべきであろう。しかし、それだけに、どうしてこのような信心が可能になったのか、ということが、逆に問われてくる。そうした観点から、これらの証言を読み返してみるなら、高橋、佐藤、松本の三者は、それぞれの立場を異にし、はたらきを異にしながら、少なくとも、信心によって生き、生かされているという一点においては、一つの糸で結ばれていることがみえてくるはずである。そして、その糸をたぐり寄せていくと、必ずやわれわれは、「昭和九年十年事件」における「教団自覚運動」の試練をそこに見出すであろう。その意味で、戦時下の教団史は、少なくともその内実においては、必ずしも「教団自覚運動」のコースからの逸脱ではなく、まさにその延長線上に展開されたのだ、と私は思う。

しかし、そこで問題になるのは、やはり、その信の立場が、忠の立場と結びつけられていたことの意味であろう。思うに、信忠一本の道は、金光教のみならず、当時のあらゆる宗教が受容していたものであったとみられる。そして、信と忠とは、本来異質なものであるからこそ、あえて一本といわなければならない理由もあったのであろう。ただ、そのゆえに、そこには、忠を尽すことこそが信なのだという理解と、信を尽すことこそが忠なのだという理解の、二通りの道がありえたのではなかろうか。とすれば、高橋によって具現された戦時下の金光教が、後者の道を歩むものであったことはいうまでもない。そして、第三の証言における松本の信心が、客観的にはおのずから忠を裏切る結果に導かれているのをみるとき、私は、この二つの理解の間にある差異が、決して小さなものではなかったことを、認めずにはいられない。しかし、松本の証言がそれ自体として訴えているのは、やはり、信と忠とは一本たりえないという厳然たる事実にほかならない。金光教における信忠一本の道は、まさに一信徒の信の極みにおいて、その誤謬を自ら証したのであった。

最後に、前述の対支活動に関する内田守昌(元教学研究所所長・京都太秦教会長)の弁をもって、ここでのまとめにかえておきたい。

〈証言4〉

こうしたひたむきな信仰的な態度をもっての本教の諸活動が、その実際であったにもかかわらず、まことに遺憾なこと、慚愧にたえぬことは、その一行の名目、肩書が示すとおり「青年教師宣撫班」としての活動であったということである。「宣撫」とは、客観的に言って日本の中国侵略政策にもとづく占領地域中国人への宣撫工作を意味する、その活動以外のなにものでもなかった。当時の日本の宗教者一般が、ある意味で、それがいかにそれぞれの信仰にもとづく自主的発願によるとはいえ、中国において、酬いを求めざる善意にみちた、ひたすらな愛の営為がなされたにしろ、そのような客観的な枠づけ、意義づけを免れようも、また、その認識もなかったということである。……かつて、宣撫班主任として、また南京教会長として戦乱の中国の民族、風土をじかに体験によって認識した故出川武親師、師の戦後、再布教にあたっての、みずからの心にきざんだことばがあった。「こんどこそは、騙されまいぞ」この悲愴ともいえる一語は、いまに新しくわれわれの印象に残るきびしくも胸いたむことばである。（内田守昌「外地布教でのこした足跡」『大阪布教百年』金光教大阪教会、七三―七四頁）

八　大久保宅次――その人と信仰㈠

大久保さんの「卡子」にいたる道を理解する一助にもと思って、少し寄り道をするつもりが、かなりの道草になってしまった。急いで本題に戻らなければならない。

研究所には、前記畑さんの指摘する聴き取り資料（教団自覚史資料一二「昭和九年十年事件当時の信徒層の動きについて」）のほか、事件当時の大久保さんの足跡を示す数々の一次資料があり、また、研究所の御好意で、かれ自身の手記を載せた雑誌のコピーなどもいただくことができた。こちらの方も時間の制約から、目を通したのはその一部にすぎないが、「不条理のかなた」、『卡子』の記述や、遠藤さん自身からうかがった話なども併せて参照しながら、以下、大久保さんの歩んだ道を簡単にたどってみたい。

大久保宅次さんは、一八九〇（明治二三）年、福岡県嘉穂郡内野村で、農家の一二人兄弟の末子として生まれた。子だくさんの農家にしては珍しく、近くの嘉穂中学に行かせてもらっているが、卒業後は一時、大阪の菓子問屋で奉公していたという。その後、大分に出て米問屋を始め、米相場にも手を出して、二〇代ですでに巨万の財をなす一廉の事業家となった。遠藤さんの談によれば、大久保さんの母親が金光教の熱心な信者だった関係で、以前からいくらか信仰の道に導かれていたらしいが、それほど積極的というわけではなかったという。それが、どのような動機からか、明治の末年、二〇歳のころ、金光教大分教会の門をたたき、教会長の八坂雄八師から教えを受けて入信し、二八歳で教徒の列に加えられる。察するに、巨万の富を築いたとはいえ、折からの大戦で景気の変動の著しい業界に生きていく不安が、かれをその道に走らせたのかも知れない。

かれは、その手記のなかで「当時の私の信心は俗に言う玉串総代の域でありました」(「恩師八坂雄八親先生の御信心をしのんで」『やどりぎ』31・32号合併号、大分教会、一九七三年一二月、三一頁。なお、以下「昭和九年十年事件」ころまでの足跡については、この手記に負うところが多い)と述べているが、なまじ経済的に恵まれていただけ、いわゆる尽し運びによってしか信心の徳を表すことのできない自分に焦慮しているさまが、目に浮ぶようである。教祖の教えのなかには「お供え物とおかげは、つきものではないぞ」(「金光教祖御理解」33、「金光大神御理解集」第Ⅲ類、以下出典はいずれも一九八三年版『金光教教典』による)というのがあるが、八坂師も、その点を最も厳しくかれに教え諭したらしい。このころのかれの恩師に対する回想も、ほとんどが、この点にまつわるエピソードで満たされている。そして、その都度、真の信心の何たるかを身をもって示してくれた八坂師に、かれはあふれるばかりの感謝の念を捧げている。その意味で、かれの生涯は、まさにこの師との出会いから始まったのだ、ともいえよう。

こうして迎えた一九二五(大正一四)年、かれは三五歳にしてついに実業界からの引退を決意し、

「信心の出直し」をはかる。かれによれば、米価の下落や不景気のせいで経営に行き詰まりを来したからだというが、その間の事情を、遠藤さんは次のようにみている。「米穀売買取引はうまく読みさえすれば面白いほど大金が転がりこむ。が、それを少しも面白いとは思わない心が、いつしか頭をもたげ始めていた。その心は、米価の暴騰で生活苦に喘ぐ人たちを見たときに、ある決心に変わっていった。自分の懐に大金が転がり込んでくるその陰には、富を吸い取られて苦しむ人がいる。自分は彼等の血と肉を吸い取って肥えているというのであろうか。そのことに心を奪われているうちに、相場を読む目に狂いが出はじめた。これを潮時と見た父は米蔵の戸を開き、手中にある米を一粒残らず放り出してしまった。そして、すべての私財を捨てて、信仰の道に入ってしまったのである」(『卡子』二三頁)。彼女はあとにつづけて、それは「米騒動の直前であった」と述べているが、米騒動は一九一八年だから、この点は遠藤さんの思い違いであるかも知れない。しかし、その動機については、彼女の見方の方が真実を穿っているようである。

このあとかれは「商売で生かした根性を信心の上におきかえよ」という師の励ましの言葉を胸に、臼杵教会に赴き、そこで約五年間に及ぶ伝道活動に従事した。手記には、かれの精力的な布教によって、次々に教勢の拡大されていくさまが、神への感謝とともに詳しく記されているが、ここでは長くなるので割愛する。

臼杵での五年間の修行を終えて、大分の親教会に復帰したかれは、その後、発明家の才を生かして、新たに薬剤の研究に取り組み、やがて、松脂を原料とするモルヒネ中毒の特効薬を開発し、これを「ギフトール」と命名して、日米両国の製法特許をえた。ここで注目すべきは、五年間も伝道活動に従い、しかも相当の成果を収めた場合、普通であればそのまま布教師の道に進み、俗ないい方をすれば、その方面でも名をなす器量の持主であったはずのかれが、なぜかまたしても事業家の道に舞い戻っていることである。これにはもちろん、かれ自身の生来の事業好きも手伝っているのだろうが、そのような資質を自覚したうえで、五年間に積み上げた「人助け」の信心を、今度は事業のうえでもう一度生かしてみようというのが、その真意ではなかったかと思われる。いいかえれば、かれの事業はこのときから、もはや米で相場を張っていたときのそれではなく、そのものが価値であり徳であるところの「天職」として担われることとなったのである。かれの作り出した新薬が、当時、アジアの多くの民衆を苦しめていた麻薬中毒の治療薬であったことは、それを何よりも雄弁に物語っている。ちなみに、教祖には「行は無理によそへ行ってせんでも、わが家でできる」(「金光大神御理解集」第II類、青山金右衛門の伝え6)という徹底した在家主義があり、また「此方の行は水や火の行ではない。家業の業ぞ」(前掲「金光教祖御理解」39)という観点から、繰り返し家業の重要性を説いている。かれが在俗者として神の御用に仕える決心をしたとき、あるいはこうした教祖の教えが、それを督励していたのかも知れない。このギフトールは、やがてはしなくも、大久保さん一家の運命を大きく左右するものとなるのだが、無論、このときはまだかれの知る由もないことであった。

こうして、かれの製薬事業がようやく軌道に乗り始めたころ、教団本部では、かれら信徒たちにとっては思いもかけない事態が進行していた。二代管長金光家邦が、本部広前の取次に専念してきた従兄の金光摂胤に集まる信望を妬んで地方新聞に誹謗記事を書かせたことから、積年の教団内部の矛盾が一気にふき出して、まず、各地の教会長が有志盟約を結び、管長弾劾、教団浄化の運動に立ち上がろうとしていたのである。いわゆる「昭和九年十年事件」の幕開きである。この事件の概略については、さきに述べておいたので、ここでは大久保さんとのかかわりについてのみ、簡単にふれておくことにする。

手記によると、かれが二代教会長(八坂貫二師)からこの事態を聞き出したのは、有志盟約結成から二カ月足らずの、一九三五(昭和一〇)年三月五日のことであった。それまでは、事件の波及を懼れて、信徒層には真相が明かされていなかったのである。かれは一晩熟考ののち、「三代金光様(摂胤)は信奉者の信仰の生命である。その神業が管長によって踏みにじられるとあれば、有志教会長の運動にのみ委ねておくわけにはゆかない。今こそ百二十万信徒は、総決起して、教団の廓正に立ち上がるときである」との結論に達し、その趣を恩師にはかった。そのとき師は「主旨は神ながらと信ずる」と答えて、かれを励ましたという。この主旨は早速、有志盟約の中央委員会に伝えられ、その賛同をえて、かれはただちに九州地区の信徒団を結成し、推されてその委員長となり、全国的運動の組織化に乗り出した。そして、大阪、東京などの各地区に相次いで生まれた信徒団との連携をはかりつつ、四月二八日、ついに金光町における全国信徒大会の開催にこぎつける。大会本部編の「第一回金光教全国信徒大会記録抄」によると、このとき、大久保さんは一一名の大会総務を代表して、閉会の辞を述べている。もって、この運動におけるかれの客観的位置と、そのはたした役割の大きさをみることができよう。以後の具体的経過については煩瑣にわたるので省略するが、かれのこのようなリーダーシップが最後まで遺憾なく発揮されたことはいうまでもない。しかし、この運動の真の意義が、かちとった具体的要求の成果よりも、その試練を通して、全教団の教師や信徒の一人一人が、より広くより深い信心に目覚めさせられていった点にあるとすれば、大久保さん自身にとっての事件の意義も、その点に求められなければならない。

私がみることをえたわずかな資料からも、この運動のなかで、かれ自身が成長していく有様がはっきりと読み取れる。まず、かれが信徒の総決起を認めるように求めた中央委員会への提訴には、信徒に真相を明かせば運動の阻害になるという上層部の考えを厳しく批判している箇所があるが、そこには、当初のかれの在俗的信仰者としての相当の自負と気負いがみられる。しかし、やがてかれが全国的運動の組織者に推し上げられ、権力によって保障された管長制度という大きな壁を相手に苦しいたたかいを強いられるなかで、しだいに信徒としての固有の立場とその限界が自覚化されてくる。たとえば、同年五月、紀和地方の信徒有志団が、長びく事態にしびれを切らして、単独で管長に退陣を迫るという挙に出ようとしたとき、かれは「新任の高橋教監が善処を約束した以上、今は全幅の信頼を彼に託して、われわれはひたすら祈りに徹しよう」と、その自重を促しているが（昭和一〇年五月一三日付、粛正期成会本部小笠原委員長宛提案書）、そこにも、そうした信徒としての自覚の深化の跡がうかがわれる（無論、運動論としての評価は、自ずから別の問題として）。

その後、管長辞任の一件だけを残して、高橋はやむなく事態の終息をはかるが、管長の退陣を究極の目標としてきた信徒団にとって、それは無論、深い失望と怒りを誘うものとなった。まして、高橋への信を説いて自重を求めてきた大久保の心中は、いかばかりであったかと思われる。しかし、その年の秋の大祭が、念願通り「金光様」(摂胤)の奉仕で執行され、新体制への足がためができはじめたころ、かれは信徒総代あての書簡で、次のように述べている。

管長家邦氏が名のみとするも運動以前の形態にあられる事は、吾等の粛正運動は失敗のまま泣寝入りの姿で終ったとして気をくさらしてゐた事は、管長にたいする憎悪の感情にコダワリすぎておった感が致します。………我が教団に泥水あればその井戸替へは、神様に御任せ申上げ、吾等は、粛正運動にて体得せし大みかげを、教監御諭しのままに、御神勤奉仕を信心の中心として、実生活の上に一歩一歩と堅実に生かさして頂きたいものと思ひます。(昭和一〇年一二月九日付、信第二四号、傍点小沢)

「神様に御任せ」という言葉には、一見いかにも安易なひびきがある。しかし、それが少なくとも、我欲、我執にとらわれないという意味を含むものであるとすれば、いかにただならぬ大変な事柄であるかは、神を信じない私にも理解はできる。自分は神を信ずる人間としての真を尽し、あとのことは一切「神様に御任せ」するという姿勢は、その後もかれの人生を貫くものとなっていくが、そうした信心に目覚めさせてくれた点にこそ、かれにとってのこの事件の最大の意義があったのだといえよう。なお、この間のかれには、全国信徒大会の目前に、先妻の死を見取るという辛い試練のあったことも、つけ加えておかなければならない。

九　大久保宅次――その人と信仰(二)

日中戦争の始まった一九三七(昭和一二)年、大久保さん一家(このときかれは再婚しており、夫人と、先妻の男子と、夫人との間に生まれた女子との四人家族であった)は、満洲(現在の中国東北地区)に渡った。「中国大陸にはアヘンやモルヒネ中毒患者が大勢いる。中国に渡ってギフトールを製造すれば多くの人を苦しみから救うことができる」(『卡子』二四頁)と考えたからである。以後の大久保さんの歩みについては『卡子』に詳しく書かれているので、ここでは、そのひととなりを知るうえで重要と思われる箇所を二、三紹介する程度にとどめておく。なお、以下の引用は、すべて『卡子』からのものである。

かれは、渡満後間もなく「新京」(現在の長春)に製薬会社(のちの「新京製薬」)を設立し、ギフトールの生産を始めた。そして、二年後の一九三九(昭和一四)年、中華民国政府がその市販を公認するや、たちまち販路は東南アジアの各地に広がり、「スタート時に、最低限の生活が保障されればとつけた薬の値段を一度も上げたことはなかったが、それでも父の意に反して、いつしか巨万の財が蓄えられてしまった」(二七頁)。このため、麻薬の需要が減って、秘密組織から命を狙われることもあったらしいが、かれは「神様がちゃんと守って下さっておる」といって、とり合わなかったという。なお、家永三郎氏も指摘しているように、中国における麻薬の製造・販売には日本人が関与し、日本軍もこれを庇護していたというから(3)、かれを狙ったのは、案外、日本人の組織であったかもしれない。むろん、大久保さんには知る由もないことであったろうが。

ところで、その巨万の富が、さまざまな「人助け」に役立てられたであろうことは、想像に難くないが、その一部が、戦闘機の献納や、軍需工場の建設の「御用」にも「役立」てられていることを、私は、見逃すことはできない。かれの愚直なまでの「御用」の精神(まさに「信忠一本の道」の体現をそこにみる)に、唯一の瑕瑾があったとすれば、それがひとたび国家や権力に向ったとき、あまりに無批判でありすぎたことであろう。私は、かれが「人助け」にその生涯を捧げんとしたひとであるだけ、その「無意識の罪」を憎まずにはいられない。そのことを、かれに対する批判のためにではなく、現代に生きるわれわれのための重たい教訓として、あえて書き添えておきたい。

しかし、かれがいったん個々の人間を相手としたとき、その同じ精神がどのように機能したかを、次の例は余すところなく伝えている。

工員が起きてくるのは早くても七時、全員が揃うのは八時すぎである。でも父はそんなことは気にかけなかった。自分が三時起床を励行できる健康体であることを神に感謝し、ギフトールを一錠でも多く造り出すことによって、一人でも多くの人が、人生の破滅から脱れられることを感謝した。……工員には日本人もいたが、中国人も朝鮮人も大勢いた。父は全員を平等に扱った。いや、厳密に言うなら、中国人を一番上に置き、次に朝鮮人を、そして一番下に日本人を置いた。中国人を一番上に置いた理由は明らかである。ここが中国だからである。自分は中国を搾取しに来たのではなく、あくまでも、麻薬中毒患者を救うためにお役に立ちたいと思って中国に来たのだと言ってそれを実行した。朝鮮人を次に置いたのは、日本人がいつも朝鮮人を第三国の弱小民族として軽蔑し、小バカにするのを嫌ったからである。だから、「バカにされないように、若いうちに学問を身につけなさい」というのが、朝鮮人の工員に対する父の口癖であった。……父は朝鮮人の若い工員たちをみな夜学に通わせた。夕方の五時が近づくと母をせきたてて夕食を作らせ、彼等に食事をさせて朝鮮人学校の夜学へ急がせた。先妻の子である自分の息子と彼等との間にいさかいが起きたりすると、父は必ず息子をいさめ、朝鮮人をかばった。「工員や社員は拝んで使え。彼等がいるからこそ、自分は心にかなった生き方をさせていただける」そう言って、父は彼等に仕えた。（三一―三二頁）

かれのこのような誠実が、やがて、思いがけない見返りとなって、いく度となく一家の危急を救うことになるのだが、その思いがけない「偶然」に、私は、単なる偶然ではない一つの摂理をみる思いがする。『卡子』には、このほか、大久保さんのひととなりを物語る興味深いエピソードがいくつもちりばめられているが、ここでは、そのいずれもが、根本のところではみな「神のおかげによって生かされている」というその信念につながっていることを指摘するにとどめておく。

かくして、私は再び、私の心を釘付けにしてきた、卡子のあの場面に立ちかえらなければならない。が、その前に、遠藤さんの筆になる「卡子」の極限状況を、あえて再現しておこう。

――その瞬間、私は息をのんだ。目のすぐ下に女性がひとり倒れており、その女性の胸の中で乳呑み児が、なんと、顔を血だらけにしながら、その女性の胸から流れ出ている血を、小さな舌でペロペロなめているのである。さきほどの撃ち合いで撃たれたあの女性にちがいない。……そのとき、上へあげかけた私の視線を釘づけにしたものがあった。それは壁の囲いの隅で、黙々と骨をしゃぶっている、ひとりの男の姿であった。男は倒れた女性に目をグサリと落としたまま、ただひたすらカリカリと音をたてて骨をしゃぶっていた。……ようやく家族のいるふとんの上に戻ると、うしろの方から来る新入りの難民の影が見えた。すると、どうしたことだろう。あちらの地面も、こちらの地面も、もこもこっと黒く盛り上ってきた。今まで横になっていた人たちが立ち上がったのである。手に手に枯れ枝や棒切れなどを持っている。うおーっという獣のような太い声をあげながら、黒い大群はまたたく間に新入りの難民を取り囲んだ。……その一瞬ののち、黒い大群は潮が引くように、すーっともとの位置に戻って行った。まるで何事もなかったかのような静けさの中に、身ぐるみはぎ取られた新入りの難民たちが茫然と立ちつくしていた。……「あんたたち、奪われる話ばっかりしているけどね」、中年女性の向こうから、太い男の声がした。……「いずれあんたたちも、奪う側に回るんだよ。しかもただ奪うだけじゃない。今に、もっといいものが見られるよ」。男は気味悪く、ケッと吐き捨てるように笑い、背中を向けた。もっといいもの……なんという、うすら寒い言葉であろう。あの崩れた壁の囲いの中で骨をしゃぶっていた男の目が頭をよぎった。あの骨は、やはり……。（一五六

—一五九頁）

そしてあの場面。死体の山を前に、振り絞るようにして、御霊を弔う祈りの詞を捧げ、「どうか救われてくれ……」と肩を震わせて泣き伏す大久保さんの姿。

もし私だったら……もし私だったら、間違いなく、骨をかじり、略奪をする人たちの群れのなかにいただろう。救われなければならないのは誰なのか。その思いが、私をはてしなく暗い奈落の底にひきずりこんでいこうとする。そのとき、ようやく私には、大久保さんの「祈り」にこめられていたものが、かすかにみえてくる気がした。かれは、自分を助けるためには文字通りひとをも喰わずにはおれぬ、餓鬼道に陥った人間どものためにこそ、その祈りを捧げてくれていたのではなかったか。われわれが、万死に値する罪を背負いながら、なお、こうして生きることを許されているのは、自らの生死を忘れて、人知れず捧げられてきた、このような誰かの祈り、誰かの涙のおかげだったのではないのかと。

一〇　旅の終りに

研究所のひとびとに別れを告げ、私は再び車中のひととなった。外はすっかり夜の帷に包まれていた。車窓を次々に横切っていく街の灯をみるともなしにみやりながら、いつしか、私は大久保さんのその後の人生について、思いを馳せていた。もし大久保さんにその事がなかったなら、大久保さんの晩年は、いま少し心安らぐものであったにちがいない。その事とは……。

場面は再び卡子に戻るが、大久保さん一家は、かれが身につけていた一枚のギフトールの特許証のおかげで、そこから脱出しえたのである。しかし、そのとき、かれが願った日本人全員の脱出は、かなうべくもなかった。残された日本人のごうごうたる非難のなかで、かれは地に手をついて許しを乞うた。それだけでも、かれの心は張り裂けんばかりであったろう。ところが、ようやく柵門を出んとするとき、一行のなかのM未亡人とその子供たちが八路軍の兵士に呼びとめられ、遺族は技術者ではないと、解放区入りを拒否されたのである。このひとたちは家族同様なのだと、必死に懇願する大久保さんに、八路の容赦のない足蹴りが飛び、そのままでは一家の脱出もままならぬ気配となった。大久保さんは小刻みに肩をふるわせながら、未亡人の前に深く頭を垂れ、大久保夫人も、手をついて泣きながら許しを乞うた。やがて柵門から遠ざかる大久保さん一家の背に、M家の長女T子の叫びがつきささった。「裏切り者ーっ!!」。

その後、大久保さんはいつもT子の消息を気遣ってばかりいたという。そして、その痛恨の思いは、死ぬまでかれの念頭を去ることがなかった。遠藤さんはいう。「父はその命を終えるとき、母の手を取り、このように言った。「母さん、卡子はつらかったのう。M家のご遺族には申し訳ないことをした」。これを聞いて、M家のご遺族を卡子に残してきたことがどれほど父を苦しめ続けてきたかを私は知った。まるで復讐でもするかのように、なりふりかまわず私の筆を走らせるものの一つがそこにある。「……しかし、……この世は……不思議よのう……」。父は最期にそう言ってこの世を去った」(二二二―二二三頁)。

大久保さんの後半生は、さながら殉教者のそれであったように私には思われる。

ところで、私の旅行鞄のなかには、途中まで読みかけの、遠藤さんの『続卡子――失われた時を求めて』(読売新聞社、一九八五年)があった。卡子を出てから延吉で過した日々までのことを綴ったものである。私はかなり疲れていたが、読み残している部分に心ひかれて、再び頁をめくりはじめた。そして、その終章にいたったとき、私は思わず目を見張った。「不条理の彼方」から『卡子』、『続卡子』と読み進めてきた私は、それまで、誤解をおそれずにいえば、その筆をとる遠藤さんの内面に、実際の遠藤さんの穏やかで美しい面持ちからは想像もできない、ひとを容易に寄せつけぬ夜叉の形相をみつづけてきた。しかし、それがこの終章にいたって、いつの間にか、うっすらと影を残して、私の視界から消えかかっているのに気付いたからである。「失われた時を求めて」と題するこの終章で、彼女は、延吉時代の生き証人たちとの邂逅を通じて、それまではただ忌まわしい思い出にのみ覆われていた延吉時代が、実は、さまざまなひとたちの善意に支えられたものであったことを発見し、その驚きを次のように記している。

「何という事だ。あの忌み嫌った延吉が私の命であったとは。私はある意味では愕然とした。そしてその一方では逃れることができなかったはずの暗闇から解き放たれた。何とすばらしい敗北ではないか。……なぜいままで私にはこれが見えなかったのだろう。人は〝生きる〟のではなく、〝生かされている〟のかもしれない。……人は何かの力によって生かされているのに違いない」(『続卡子』二二五頁)。また、その「あとがき」にいう。「……私も、あんな中をくぐり抜けながら、いま生きている。〃生きのびる〃という事実には、人智では計り知れないほどの、いろいろの偶然が積み重なっている。私はこの事実に深いおそれの思いを抱かずにはいられません」(二三六頁)。これこそ、まさに、あの大久保さんが到達した境地そのものではないか。たとえ、神を信ずると否との立場のちがいはあるにしろ。しかも、遠藤さんは、卡子との格闘を通して、自分自身の道を踏みしめながら、そこにたどり着いたのである。私は、いい知れぬ深い感動が、胸いっぱいに広がっていくのを覚えた。

気がつけば、列車はすでに終着の東京に近づきつつあった。私は、身仕度をして立ち上った。この旅の終りが、新たな旅の始まりとなることを予感しつつ。

(1) 村上重良『近代民衆宗教史の研究』増訂版、法蔵館、一九五八年、一八八—一八九頁。
(2) 小沢浩「民衆宗教における〃近代〃の相剋」(『日本史研究』二〇二号、一九七九年六月)。なお、本書所収の同名の論文は、これに加筆訂正したものである。
(3) 家永三郎『太平洋戦争』第二版、岩波書店、一九八六年、二〇六—二〇七頁。

III

生き神の思想史

――神と人とのあいだ――

はじめに――「生き神」の歴史的性格

「生き神」とか「生き仏」とかいう言葉は、いまでも辞書にあるくらいだから、まだ死語になったわけではない。辞書によると、生き神とは、まず「徳の高い人を尊んでいう語」(『広辞苑』)ということで、これは単なる比喩的な用法だが、いまでは耳にすることが少なくなったようである。もう一つは、文字通り「生きている神、人の形であらわれている神」ということだが、この意味でひとびとが思い描くのは、いわゆる新興宗教の教祖のたぐいであろう。そして多少とも合理的な考えの持主は、それを前時代の遺物として無視ないしは敬遠する。しかし、一九八四年に刊行された『新宗教辞典』(東京堂出版)などをみても、現に教祖を生き神と称える教団は少なくないし、これを人間に「神性」や「仏性」をみようとする考え方まで広げていくと、案外身近なところでわれわれは、常日ごろそうした習俗とつき合っていることに気がつく。

たとえば、神前結婚で聞かされる祝詞のなかで、当事者たちはしばしば「××の命(みこと)」などと呼ばれて、いつの間にか神の眷属にされ、仏教の方でも、人間はみな「死なばほとけ」となる。欧米にもリビング・ゴッドなどという用法はあるようだが、堀一郎がチャールズ・エリオットの言葉としてしばしば引用しているように、死者をホトケサマと呼ぶような「大それた用法」には、仏典でいう「成仏」の俗流化というだけではない、日本人に固有のニュアンスが感じられる。そして、もっと端的な例をいうなら、自らを「朕」と称する一人の日本人が「現人神」として君臨していたのも、決して遠い昔のことではなかった。

このように「生き神」も「現人神」も、ひとびとの日常的な習俗のなかにひそんでいる一定の心性と深いところで結び合っているとしたら、少なくともそれらを前時代の遺物として扱うのは、まだ時期尚早なのだといえよう。したがって、いま「生き神」や「現人神」の問題を考えるということは、とりも直さず、われわれ自身の内部にも潜在しているであろう宗教意識の「古層」を剔抉することにほかならないのである。

ところで、人間を容易に神格化し、神を著しく人間化して捉える心性、それを仮にヒトガミ的な観念と呼ぶとすれば、そうした観念の発生自体は、太古の昔にさかのぼりうる。しかし、生きた人間をそのまま神と祀る風習は、いわゆる神話時代を除けば、ほとんど近世期以降のものとされている。それも、初めは高徳をもって知られる藩主や藩士、学者、知識人などの身分の高いものに集中しており[1]、今日のいわゆる生き神教祖たちが、名もなき庶民のなかから登場してくるのは、これから取り上げようとする幕末期から明治にかけての民衆宗教をもって嚆矢とする。いわんや、「現人神」が歴史の長い空白時代をへて甦るのは、いうまでもなく明治天皇以後のことになる。このことは少なくとも次の点を示唆するものといえよう。つまり、謂うところのヒトガミ的な観念が、日本人の宗教意識を深く規定してきた伝統的な観念であったことは疑いないが、それは時代により担い手によって、さまざまな形態をとることがあり、その社会的な機能も、決して一様ではなかった、ということである。

たとえば、これを生き神教祖という形態にかぎってみても、まだ身分による差別が制度としても意識としても厳然として生きていた幕末から明治初年の民衆宗教におけるそれと、大正期以降のいわゆる新興宗教におけるそれとの間にさえ、歴史的にみれば無視しえない性格的な差異があった。まして、近代の天皇＝現人神が、民衆宗教の教祖＝生き神とはきわめて異質な存在であったことはいうまでもない。現人神の浮上とともに、多くの生き神教祖たちが厳しい弾圧を受けなければならなかった、それが一番の理由である。

しかし、そのことを認めたうえで、われわれはまた、生き神も現人神も、生きた人を祀るという近世期以降の習俗を共通の母体とし、さらにはヒトガミ的な観念の奥深い伝統を前提として、はじめて発生しえたものであるという点に、いま一度思いをめぐらせてみる必要がある。なぜなら、生き神や現人神がそのように同じ観念形態としての特質を、部分的にせよ分け合ったものであるとしたら、生き神に対する権力の憎悪も、そしてそれをやがて包摂していくカラクリも、その同質性のなかにこそこめられていたのではないか、とも考えられるからである。いまここで、幕末から近代にかけての民衆宗教をヒトガミ的な観念の伝統のなかに位置づけようとするのは、そうした問題をも彼方に見据えながら、生き神教祖の誕生にこめられた深い歴史的な意味と意義を捉えかえしていくためにほかならない。

一　生き神思想の成立

1　教祖の自己解放と「生き神」

「生き神」というのは、最初にも述べたように、「生きている神、人の形であらわれている神」のことであり、民衆宗教の場合は、とくに教祖個人の尊称として用いられることが多い。しかし、このような通念的理解からは、無論、単なる形容詞以上の歴史的な意味までを引き出すことはできない。そこでまず、この「生き神」という言葉を、教祖およびかれらをとりまく具体的な現実にそくした歴史的概念として、あるいは方法的枠組として捉え直すところから始めなければならない。

まず、一口に生き神といっても、そこにはほぼ二様の解釈がありうる。つまり、一つは、自らが生きながらにして超越的な神格そのものであるとする場合であり、他は、超越的神格が別に存在し、自らはその権化（ごんげ）、分身、使い、子、その他表現はいろいろありうるが、要するに、その神性を何らかの意味で体現したものとする場合である。この両者の間には、性格上大きな差異があることはいうまでもないが、少なくとも民衆宗教の教祖たちにして、前者のいわば不遜な立場をとるものは皆無であった。しかし、そのかわり、それを「生き神」と称したかどうかはともかく、後者の性格はほとんどかれらのすべてに共通するものであったとみてよい。この場合、かれらはむろん、生まれながらにしてその意味での生き神であったわけではなく、大方は農民の子として生まれ、育ち、かなりの年配に達してから、いわゆる神がかりを契機として、そうした自覚に導かれている。この点もまた、民衆宗教の教祖らに共通する特徴といってよいであろう。

たとえば、近代民衆宗教の先駆をなす如来教の一尊如来きのは、一八〇二年、四七歳のとき神がかりとなって、以後、彼女の身体には金毘羅大権現が天降ったといわれる。黒住教の黒住宗忠(かれの場合のみは神職の出)は、一八一四年、三四歳のとき、天照大神が合一するという神秘的体験をへて、神人不二の妙理を悟る。天理教の中山みきは、一八三八年、四〇歳の折、息子の病気治しの寄(よせ)加持(かじ)で巫女の代役を勤めたときに神がかりとなり、「神の社」としてその召命にしたがう身となった。金光教の金光大神(こんこうだいじん)は、実弟の神がかりを契機に自らも神の「お知らせ」を感得するようになり、一八五九年、四五歳にして神の御用に専念するものとなる。かれの場合は、その晩年に神から文字通り「生神金光大神」の神号を許されている。そのほか、丸山教の伊藤六郎兵衛は、一八七〇年、四一歳の折、妻の病気を機に仙元大菩薩が神がかりし、また、大本教の開祖出口なおも、一八九〇年、五三歳のとき、相次ぐ娘の発狂に対する心痛のなかで艮(うしとら)の金神(こんじん)が憑依し、ともにそれを契機として民衆の救済者としての道を歩み始めている。

こうした神がかりの現象そのものは、当時としてはむろん、珍しいものではなかった。とくに近世の民間信仰においては、修験をはじめとするさまざまな行者や巫女の活動が隆盛を極めるが、その際の加持祈禱には神がかりが付き物であった。その意味では、教祖たちの神がかりについても、このようなシャマニズムの伝統に根ざした職業的宗教者たちの神がかり現象からの影響を無視することはできないであろう。しかし、教祖らの神がかりにはまた、プロの宗教者たちのそれにはみられない特色もあった。それは、かれらのほとんどが、専門の宗教者たちであれば当然身につけるべき独自の修法やイニシエーション(加入礼)を欠いたズブの素人であり、たいていは何の予告もなく突発的に帰神状態となっている点である。しかも、当時こうしたケースは一般に、狐狸野天狗などの憑依による狂気として扱われるのが常であったが、かれらはそのような危険を冒してまでも、自らが権威ある神の使いであることを主張してやまなかった。その背景にこそ、われわれは、教祖=生き神の誕生にこめられた新たな意義を見出さなければならない。

その意味で、一見突発的にみえるかれらの神がかりには、決して偶然とはいえない深い動機と、そこにいたるまでの長い精神の葛藤の歴史があった。まず、かれらの神がかりの直接の契機として例外なくみられるのは、自身あるいは家族の病気や死であるが、いわゆる老・病・死・悲・苦は、むろんいつの世にあっても信仰への誘いの門である。しかし、かれらの背後には、それだけではなく、その時代に生きたひとびと、とりわけ社会の底辺に生きるひとびとに特有の苦悩が渦巻いていた。たとえば、貧農の家に養子として迎えられ、粒々辛苦して経営の拡大をはたした金光大神には、解体期の激しい社会変動に抗してそれを維持していこうとする小生産者としてのいいしれぬ不安があった。また、若くして地主の家に嫁し、封建的な家庭の主婦としての辛酸をなめつくした中山みきや、資本主義成立期の矛盾が多くの人々を窮乏のどん底に追いこむなかで、寡婦となってボロ買いにまで身を落し、子育てに苦闘した出口なおらには、そのような時代に生をうけた女性なるがゆえの、想像を絶する苦悩があった。したがって、自身や家族の病気や死は、そうした苦難のはてに、いよいよ抜きさしならぬところへかれらを追いつめる、いわば起爆剤にほかならなかったのである。

このような時代的苦悩を一身に背負った教祖たちの精神的・肉体的痛苦の彼方に神がかりをみるとき、それが少なくともその精神的重圧からかれらを解き放つ役割を負わされたものであったことは、容易に察知されるであろう。しかし、かれらにおける「不幸」がいかに痛切なものであれ、それだけではむろん、それが神がかりという形態にいきつかなければならない必然性や、その有効性までを説き明かしたことにはならない。問題は、かれらがその「不幸」をどのように受けとめたかということであり、その点にこそ彼らの主体が介在している。その意味でとくに重視しなければならないのは、かれらの宗教的環境とのかかわりである。

今日、教祖らの伝記のたぐいをみると、かれらが神がかりとなる以前から、いかに信心深いひとたちであったかという点が、一様に強調されている。しかし、そこには必ずしも、教祖らを聖別するための粉飾とばかりはいえないものがあった。すなわち、当時の社会では、個々の人間に襲ってくる不幸をより不幸なものたらしめている封建的な支配の不当性をそれとして客観的に認識することはまだ及びもつかないことであり、ほとんどの場合は伝統的な社会通念、とりわけ民間信仰を通じて網の目のようにはりめぐらされた俗信俗説によってその不幸を意味づけ、それぞれに応じた呪術的信仰によってその打開をはかるというのが、世の人の常であった。とすれば、ひとり教祖らのみが、そうした観念から自由でありえたはずはない。むしろ、その不幸が痛切なものであればあるほど、そして解放への欲求がやみがたいものであればあるほど、信心による救いは、教祖らにとって、他に選択の余地のない最後の拠りどころなのであった。かれらがひと一倍懸命に、ひと一倍激しくそれぞれの信心に打ちこんだのも、そのためにほかならない。遺憾ながらいまは、個々の教祖の息づまるような信仰的葛藤の跡までも明らかにする余裕はないが、そうした過程をふまえることによって、かれらはしかし、かえって在来の信心との内的緊張を高め、ついには、苦難の底から自らを支えてきた偉大な神格との出会いへと導かれていったのである。

こうした新たな神との出会いを通して、その恩寵が一身に降り注がれていることに気づかされたとき、教祖らが均しく抱いたのは、自らが神の子であるという確信であった(もちろん先述のように、神の分霊、化身、出社(でやしろ)等々その表現は多様であり、それぞれのニュアンスも少しずつ異なるが、それらを総称するものとして、ここではとりあえず神の子の語を用いるものとする)。その場合、そうした確信が、神に対するかれらの敬虔から出たものであることを見誤ってはならない。が、こうした確信をえることによって、初めてかれらは、人生の禍福にまつわる社会的通念の呪縛から振りほどかれ、困難な時代に生きることへの積極的な意志と、それに立ち向うかぎりない勇気とがあたえられたのである。このような確信は、見方によってはそれ自体一つの幻想にはちがいない。しかし、古い観念論が新たな観念論によって打ち破られることが、とりも直さず、この時代の民衆にとっては、ありうべき「解放」なのであった。

このような観点から、いま一度、神がかりの問題に立返るなら、一見偶発的にみえる神がかりの奥底には、こうした神の子の確信がみなぎっていたのであり、その確信を「事実」として身自らに証することこそ、かれらが神がかりに託した真の意義ではなかったかと考えられるのである。いずれにせよ、われわれの歴史を捉える目が、かれらにおける現実の苦難と、その信心を結びつけている必然性の糸を探りあてたとき、初めてかれらの自己解放が神がかりという様式によらなければならなかった理由、あるいは同じことだが、かれらの神がかりが自己解放の様式たりえた理由をつきとめることができるのではなかろうか。

2 民衆救済思想としての「生き神」

教祖らにおける神の子観は、このように当初は自己自身に即して成立したものであったが、かれらの背負ってきた苦難の同時代的普遍性において、そのまなざしが同じ境涯に身を置く多くの「たにそこ」の人間(中山みき)、「難儀な氏子」(金光大神)、「世界の苦しむ人民」(出口なお)たちのうえに注がれ、自らが神の意を体する民衆の救済者として立ったとき、その神の子観もまた、おのずから民衆自身の救済=解放の原理として普遍化されていった(ただし神の仲介者=狭義の「生き神」としての教祖の排他的性格を表す側面は、むろんそれによって失われることはなかった)。神の子観がそのように民衆全体の、ひいては人類全体の救済原理として普遍化されたとき、初めてそれは「思想」[2]の名に値するものとなる。次に、教祖らの教説にそくして、その実例のいくつかをあげてみよう。

今度如来様が「可愛がつて遣て呉やう。皆彼奴等めは一人とても人の子はない。己が皆子でや程に、分隔をして呉るなやう……」と仰る。（一尊如来きの「お経様」）

天照らす神の御心人心　一つになれば生き通しなり。（黒住宗忠「黒住教教書歌集」）

黒住の場合は、むしろ心の哲学を媒介とした神人合一思想と呼ばれるべきものだが、広い意味では神の子観に通ずるものとみてよいであろう。

このよふのにんけんハみな神のこや　神のゆう事しかときゝわけ。（中山みき「おふでさき」三―九十七）

このよふを初た神の事ならば、せかい一れつみなわがこなり。（同四―六十二）

みきの「おふでさき」には、このような「わがこ」の用例が三八もあり[3]、彼女の教義のなかで、それがいかに重要な位置を占めていたかがうかがわれる。

日天四の下に住み、人間は神の氏子。（金光大神「お知らせ事覚帳」）

人に上下はないぞ。人間は、皆同じやうに神の氏子じやによつて、見下したり、きたながつたりしてはならぬぞ。（同「金光大神御理解集」）

人民はみな神の子であるから、みな和合いたして仲よく生活をいたして下さりたら、神も安心いたすなれど……。（出口なお「筆先」明治三二年三月…日）

世界の人民みな我が子なり。……世界はみな天地の神のものぞよ。（同、明治三三年三月二三日）

このほか、根本神を「元の父母」と称える伊藤六郎兵衛にも、人間は「みな元にかい（え）してみれば、ありがたき神の御末なり」（「おしらべ」）という言葉がみられるが、こうした「人間＝神の子」観は、ほとんどの教祖に共通してみられるばかりではなく、それぞれの救済の教義を根本から支える中心的な役割を担っていたのである。

〔以上、傍点筆者〕

すなわち、教祖らにおける救済論の大前提は、それぞれの神の性格が、苦難の底に喘ぐひとびとの救済を自らの悲願とする偉大な救済神であるということだが、「人間＝神の子」は、まず何よりも、そのような神の無辺の愛に対する確信を端的にいい表したものであった。しかし、神の悲願が成就されるのは、人間の生き方そのものにおいてであるとしたら、自己自身が神の心に適った生き方をしなければ、神の愛は真に全うされない。その意味では、人間自身が神からその救済の業にあずかる使命を信託されているのだ、というのが、教祖らの救済論を特色づけているいま一つの重要な認識であり、この「人間＝神の子」観のなかには、そうした主張も含意されていたものとみられる。

もちろん、教祖らに救いを求めてやってきたひとびとの当初の関心は、かつての教祖ら自身がそうであったように、その呪術的な霊能による即自的な現世利益への期待にあった。しかし、そうした信心に内心行き詰りを感じていた点でも、かれらの心境は教祖らのそれに近いものであったと思われる。とすれば、そこをつき抜けて到達した教祖らの独自の救済論、なかんずくその「人間＝神の子」観は、ひとびとの心に新たな希望の灯をともすものとなったにちがいない。

3　生き神思想の歴史的意義

問題は、こうしてしだいに人々の間に浸透していった「人間＝神の子」観の歴史的意義についてだが、まずは、それが身分制支配のなかで類化されてきた劣位の意識から、ひとびとを解き放つ役割をはたしたであろうことは、想像に難くない。しかし、それが神の心に適った生き方を迫ることで、ひとびとの内面に絶えざる緊張を生み出し、やがては民衆的近代を担うべき新たな人格の形成を促したとみられる点を、私はさらに重視したい。

これを「人民闘争史」以来の民衆運動史研究が取り上げてきた「変革主体」という問題にかかわらせていえば、その意味するところは「社会変革の担い手」ということのようだが、そこでの主要な関心は、それを形成する客観的諸条件の解明にあった。この民衆運動史研究の王道をいく問題関心の正当性はそれとして、謂うところの「変革主体」が成立するためにも、「主体」そのものの変革（自己変革）を伴わない主体形成などはありえないであろう、というのが私自身の基本的な認識であり、ここで人格形成の問題を重視するのも、それが言葉の本来の意味における主体形成の課題に直結している、と考えるからである。

このように、民衆自身の人格形成にこめられた努力を、それ自体一つの歴史形成力とみなす立場は、たぶんヴェーバー・大塚説のそれに近いのであろうが、浅学にしていまはそこまで議論を広げるつもりはない。むしろ、その点で私の方法的立場の前提にあるのは、ヴェーバー・大塚説の内在的批判を通して「日本の近代に特有の禁欲の形態」を見出そうとした安丸良夫氏の問題意識だが[4]、その謂うところの「通俗道徳」の実践による広範な民衆の生活態度の根本的変革を、宗教意識の深みから支えていたものこそ、私は、このような「人間＝神の子」観ではなかったか、と考える。

ところで、近代民衆宗教の歴史的意義を語る場合、むろんわれわれは、その社会意識の面における変革的要素についても見落すことはできない。たとえば、金光教については、その俗信俗説の打破や政教分離の志向にみられる合理的開明性が、また、天理教、丸山教、大本教などについては、その激しい権力批判を含む終末観的な世直しの思想が、そしてすべての民衆宗教に共通するものとしては、その人間平等観が、多くの論者によって指摘され、評価されてきた。いわゆる「近代化」の指標を何に求めるにせよ、われわれは社会の現実的な変化を抜きにして、それを語るわけにはいかない。その意味で、民衆宗教に寄せるこれまでの関心が、まず、その社会意識における開明的・変革的要素に赴いていったのは、当然のことであったといえよう。ただ、その場合、事実としての開明性・変革性をいうことは容易だが、問題は、どのような契機がそれを可能にしたのか、ということである。そして、結論からいえば、ここでも私は、「人間＝神の子」観の成立こそ、こうした変革思想を媒介する最も重要な思想的契機であった、と考えるものである。そう考えなければ、こうした思想が、民衆宗教に集中して現れてくる理由が、説明できないからである。

現世の禍福の問題が、基本的にはなお、神々の意志によるものと観念されていた段階では、その変革思想も、そうした観念のプリズムを通すことによってしか、それとして発現することは困難であった。逆にいえば、そのような観念に裏打ちされて初めて、かれらは伝統的価値観への反逆を、正当なものと確信することができたのだ、ともいえる。むろん、その神観念が、すでに体制内化されたものであるならば、神観念そのものの質的な転換が、そこでの前提とならなければならない(神観念転換の具体相については後述する)。近代民衆宗教における「人間=神の子」観は、その変革思想とのかかわりでいえば、まさにそうした意義を担って登場してきたのであった。

その因果的連関を明かす必要があるなら、たとえば、さきに掲げた教祖らの「人間=神の子」観の具体例を一瞥しただけで、そのいずれもが、人間の平等観を媒介する固有の論理として機能していることは、すぐにも了解されるであろう。また、その神の子観と分かちがたく結びついた親神観にそくしていえば、かれらが偉大な救済神としての親神の高みに自らの視線を定めたとき、初めて「大社高山」=権力者と「谷底」=人民の姿がそれとして目に映り(中山みき)、「利己主義(われよし)」の「暗がりの世」「獣類(けもの)の世」の実態がそれとして把握され(出口なお)、それによってはじめて、「世直し」やこの世の「立替え立直し」への展望が切り開かれたのではなかったか。私が、近代民衆宗教の歴史的意義を、何よりもその生き神思想(この語にはすでに一定のポピュラリティがあるので、便宜上はこれを併用するが、内容的にはあくまで「人間=神の子」観)の成立に求めようとするゆえんである。

なお、こうした生き神思想の歴史的形態としての普遍性を検証する意味から、かつて私は、いわゆる世直しの精神状況に着目し、世直し一揆や「ええじゃないか」、あるいは世直し一揆の指導者と目されたひとたちの思想、さらには白川神祇伯や吉田家への入門者の動向などのなかに、さまざまなレベルで捉えられる生き神的な宗教意識の高揚を認め、それを一つの時代思潮とみなしうることを指摘したことがあった。(5) この点は、小論の主旨からしても重要な論点となるはずだが、不十分ながら、右のごとくすでに公表したものがあるので、その詳細については旧稿に譲り、ここでは以下、もう一つの論点、すなわちヒトガミの伝統といういわば歴史のタテ軸の側からみた生き神思想の特質の問題に、主たる照明をあてていくことにしたい。

二　ヒトガミ観の変遷

1　ヒトガミにおける神性と人性のあいだ

カミという概念は、いうまでもなく歴史的に形成されたものであり、民族により時代によりさまざまな変遷をへて今日に及んでいる。したがって、その本質規定についても、まさに諸説紛々、わずかにR・オットーらの「聖なるもの」またはヌミノーゼの説が、一部のひとびとに有力視されているのみで、その歴史的変遷をトータルにあとづける企図は、ほぼ放棄されているのが、昨今の宗教学の現状であるという。(6) しかし、ヒトガミといい生き神といい、およそ神観念にかかわる問題に言及しようとするかぎり、ここでは行論上必要と思われる最低限の定義をあたえておかなければならない。そこで、起点は明らかにしえないが、少なくとも近代民衆宗教の生き神の観念までは包摂しうるカミのごく一般的な規定として、とりあえず「程度の差はあれ、およそ人間存在を超越した神秘的な力を発揮する(と観念された)もの」に対して、この語を用いる、ということにしておく(したがって、いわゆる神道系の神々はいうまでもなく、仏教系の諸仏や民間信仰の神々もむろんその対象となる)。

ところで、このような規定を前提としたうえでのことだが、日本人の伝統的な神観念の特質の一つとして、神の著しい人格化、人間の著しい神格化の傾向がみられることについては、ほぼ衆目の一致するところといえよう。

まず、神の人格化についていえば、記紀神話に登場してくる八百万(やおよろず)の擬人化された神々の姿に、その最も顕著な例をみることができる。むろん、ギリシア神話の神々をはじめ、他にも類例がないわけではないが、一つの民族宗教として、近代に至るまでその命脈を維持してきた点は、やはり刮目に値するものといわなければならない。

記紀神話にのみその範を求めることが片手落ちであるとするなら、いわゆる民間信仰のなかにも、そうした例は少なくない。たとえば、農耕儀礼の一つとして全国的に分布している田の神信仰の田の神は、しばしば山の神が里におりてきたものとされているが、奥能登地方の神事として有名なアエノコト(饗の祭)の田の神などは、まさに自然神の人格化の典型ともいうべきものである。(7) ゴテ

（その家の主人）が田を掘り起して神を家に導き、囲炉裏にあたらせたり、お風呂に入れたりして、最後は御馳走をふるまい、一家の直会（神事のあと、神酒・神饌を祭壇から下げていただく酒宴）となる。姿こそみえね、この神はほとんど人間そのものであり、超越的な性格は皆無にひとしい。にもかかわらず、かれらにとって、それはあくまで田の神なのである。また、アエノコトの語源であり、この神事の中心でもある相嘗、すなわち直会の伝統はさらに普遍的なものだが、これも、神の人格化を前提としてのみ理解しうるものといえよう。

一方、歴史上に現れた人間の神格化の最初にして最も典型的な例は、柳田国男が「人を神に祀る風習」で着目した、古代中期以降の「御霊信仰」に求められる。そして、狭義のヒトガミの概念は、これまでもっぱら、この御霊信仰の系譜をひくものに対して用いられてきた。しかし、人間の霊魂に特別のはたらきを認める心性に、そのそもそもの契機を求めるなら、そうした霊魂観自体の起源は、遠くシャマニズムや祖霊信仰ないしウジガミ信仰の発生にまでさかのぼることができる。このうち前者のシャマニズムの系譜に属するものをとくに「人神型」と呼び、後者の流れをくむものを「氏神型」と称えてそれぞれの特質を明らかにし、両者の複雑な組み合わせのなかに、今日の民間信仰の基底をみようとしたのは堀一郎であった[8]。このような堀の類型化は、両者の社会的機能の差異を考えるうえで、きわめて示唆に富むものであり、狭義の「人神」の概念を理論的に深めていくうえでも、寄与するところが少なくなかった。ただ、そこに一つの難点があったとすれば、両者の対照的性格を強調するあまり、もとはといえば、人神型も氏神型も、同じ日本人の霊魂観の異なった局面から派生してきたものである点が、みえにくくなってしまったことである。その意味で、人間の神格化ということをトータルに問題にしようとするなら、謂うところの「氏神型」に属する祖霊信仰やウジガミ信仰の伝統も、その視野から遠ざけるべきではあるまい。

このようにみてくるなら、われわれはまた、神の人格化と人間の神格化についても、それぞれまったく異なった観念の産物とみなすことはできない。むしろ、この両者は、個別具体的には異なった発現形態をとるにしろ、その心性においては互いに媒介し合ったものであるとみるのが自然であろう。そして、この両者にまたがる心性をあえて特徴づけるとすれば、それは神性と人性の感通あるいは融通といってもいいし、連続性ないしは互換性と呼んでもよい。ともかくも、そうした心性のなかにこそ、われわれの伝統的神観念を根底から支えてきたより普遍的な特質がみられるのではなかろうか。その意味で私は、神の人格化であれ、人間の神格化であれ、神性と人性を連続的に捉えようとする観念そのものを、ここではひとまず広義のヒトガミと呼ぶことにしておきたい(むろん、特定の人間の神格化を意味する狭義の「人神」の概念も、そのかぎりでは有効なものとして、以下適宜、弁別していくことにする)。

ところで、私がこのように神性と人性の連続をいうのは、その一体性を強調するためではない。むしろ、そのことでかえって、神性と人性のあいだがみえてくるからである。そのあいだがみえてくるということはまた、そのあいだの変化もみえてくるということにほかならない。そして、私の読みちがいでなければ、すでに柳田国男が『先祖の話』のなかで、この点についてふれている。曰く、「神とみたまとは、現在はすでに二つの異なるものと考えられるようになっているが、国の最初からこうであったと信ずることは出来ぬ。しかし、その霊がかつて人であったという理由を以て、之を神とたたえて拝むことが、今よりもむつかしい時代があった。それは、神道発達の一つの時期、即ち氏とも産土（うぶすな）とも関係のない、他処の大きな御社に参詣して、人が思い思いの祈願を籠めるようになった時と大よそ一致する。この一つの時代を境にして神はいよいよ高く尊く、いわゆる神人の間隔は著しく遠ざかってきたのである」[9]（大意―傍点筆者）。

こうした指摘には、まだ検討してみなければならない問題も多く残されているが、少なくとも、「神人の間隔」に注目することによって、神観念の歴史的変遷を説こうとする、その着想には学ぶべき点が多い。無論、柳田がここで神・人の間隔に注目するのは、単にその量的な変化をみるためではなく、それが個々の神観念の質を規定し、ひいてはそれぞれの人間観や社会観の特質にも深くかかわるものであることを見抜いていたからにちがいない。このような柳田の述べなかった意図を斟酌し、その神性と人性のダイナミズムを、一つの運動法則として捉えるなら、そのときどきの神観念の質的変化は、さしずめ、神性と人性のあいだに横たわる距離の変化に対応する、というふうに定式化しうるであろうか。いずれにせよ、ここでいう神性と人性の連続とは、かくして、単なる歴史上の事実に止まらず、それをもって個々の神観念の歴史的位相を明らかにする、一つの方法的視座なのである。以下、そうした観点にそって、近代民衆宗教の生き神思想にいたるヒトガミの観念を、その起点から簡単にあとづけてみることにしよう。その場合の大雑把な時期区分として、とりあえず私は、一向一揆やキリシタンの弾圧が行なわれた一六世紀末から一七世紀初頭のあたりに、ヒトガミの歴史を二分する大きな画期を想定しているが、その理由については、行論の過程でおのずから明らかにされるはずである。

2 御霊の世界

原初的ヒトガミは、その出自によって、自然神の擬人化と人間の霊魂の神格化の二つの系譜に大別されるが、伝統的ヒトガミ観の主流はほぼ後者の流れにそって形成されてきたものと考えられる。その場合、霊魂は、死後はいうまでもなく、生きてあるうちも、しばしば肉体を遊離して、さまざまな機能を発揮するものと考えられてきた。その遊離魂を鎮めるための呪法の必要が、いわゆるシャマニズムの発生と深く関係し合っていることは疑いない。しかし、当初は、おそらく、こうした遊離魂そのものは、まだカミとしては認定されず、死後一定の期間をへて、しだいにその個性的活力を弱め、定められた墓所に鎮まって、子々孫々のこの世での営みを見守ってくれるようになった霊魂のみが、御先祖様ともカミとも呼ばれて、祭の中心に据えられていったものと思われる。いずれにせよ、そうした条件を満たすかぎりにおいて、ヒトはみなカミとなりえたのであり、このような神性と人性を媒介する霊魂観のなかに、われわれは、まさにヒトガミの原型ともいうべきものを見出しうるのである。この祖霊信仰は、以後も、生産の自然性に規定された共同体の維持安定を願う心意と分かちがたく結びついて、日本人の神観念を、その深部から規定していくものとなった。

古代国家の初期における仏教の受容は、こうしたヒトガミのあり方に、超越（つまりは神性の人性からの離隔）の契機をもたらす最初の衝撃波となるはずであった。しかし、やがて登場する密教系の習合の論理＝本地垂迹説（本地たる仏陀が衆生を救済するため神となって形を現したとする説）は、仏教の土着化を促した反面で、シャーマン系の山岳信仰や氏神系の神社神道と仏教との結合を深め、総じて伝統的ヒトガミ観によって超越の契機が弱められ、自らの相対化を余儀なくされた。逆にいえば、ヒトガミの観念もまた、このときから、習合の論理に包摂されていくことを意味する。そして、仏教に内在する超越の契機が習合の論理を克服し、伝統的ヒトガミの観念にも本格的な楔を打ち込むのは、いうまでもなく、弥陀の本願に唯一の救いの契機を求める浄土系の信仰、とりわけ親鸞の浄土真宗の成立以後のことになる。

しかし、その間、伝統的ヒトガミ観の内部にも、折からの社会不安を契機とする新たな変化への萌しがないわけではなかった。すなわち、狭義の「人神」の起点とされている先述の「御霊信仰」の台頭がそれである。御霊は本来ミタマ、すなわち人の霊魂に対する一般的な尊称だが、いつしかゴリョウと訓じて、この世に残した遺恨のために、死してのちも強力な祟りを発揮する怨霊のことを意味するものとなった。この意味での御霊の文献上の初見は、『日本三代実録』貞観五（八六三）年五月二〇日の条の神泉苑における御霊会の記事にうかがわれる。そこには崇道天皇をはじめとする六人の御霊の名が列記され、「並びに事に坐して誅せられ、冤魂（えんこん）厲（たた）りを成す、近代以来疫病繁発、死亡甚だ衆（おお）し、天下以為（おも）えらく、此の災は御霊の生ずるところなりしと」[10]と、その動機が語られている。

このような御霊の起点に想定されるのは、いうまでもなく、個性的な活力を秘めた遊離魂の観念である。遊離魂にまつわる呪術的信仰は、はじめ、祖霊の祭を中核とする氏神型のヒトガミ信仰と対立するものではなく、むしろその一環としての鎮魂の儀礼とかかわりつつ、一つの祭祀体系のなかに包摂されていたものと思われる。しかし、階級社会の発展に伴う諸矛盾が、共同体の維持・発展を脅かすようになってくると、そのような得体の知れない外部からの巨大な力に対する畏れと、そうした現状を打破してくれる偉大な神威への期待がないまぜとなって、人々の関心は、遊離魂の機能、とりわけその最も活力に満ちた「荒御魂(あらみたま)」のはたらきにひきつけられていく。この荒御魂の観念が、共同体の内部に向って収斂する従来のヒトガミ観からしだいに剝離していき、やがて、広範なひとびとの不安や怨念をそこに投射した新たなヒトガミとなって浮上してくる。御霊信仰成立の内面過程は、およそそのようなものではなかったかと推察される。

こうした御霊のヒトガミとしての性格を、氏神型のそれと大きく隔てている特徴の一つは、カミとして祀られる対象が、固有名詞で語ることのできる特定の人格、とりわけ権力の中枢部に近い高貴の人の霊魂にかぎられていることであり、いま一つは、それもただの霊魂ではなく、いずれもこの世に遺執を留めた怨魂で、その強力な祟りの機能そのものが、かえって神格化の条件となっていることである。しかし、それが高貴の人にのみ排他的に現れ、しかも天変地異をもたらすほどの強力な祟りを発揮するということは、何よりも、このヒトガミが、並の人格からはかけ離れた超人的性格＝より高い神性を帯びたものであったことを示している。そして、このような神性の即自的人性からの離脱こそは、この新たなヒトガミのさらに著しい特色をなすものであった。その意味で、この御霊信仰成立の歴史的意義は、いわゆる「人神」の起点となったことよりも、むしろヒトガミの伝統の内部から、初めて超越の契機が生みだされたことの方にあったと私は考える。なぜなら、宗教的観念を社会の公理とする歴史時代にあって、この超越的神性こそは、たえず人性の無明(むみょう)を照覧し、ひとびとに内省の契機をあたえる一方、世俗的権力支配に対しても、唯一の批判者となる可能性を秘めていたからである。

むろん、そのものとしての御霊信仰は、そこまでの成長をみないまま、やがては国家の祭祀体系のなかに包摂されていく命運にあった。その場合、御霊の体制化を自らに招いたものは、それだけは断ち切ることのできないヒトガミの伝統として自身に刻印された呪術的鎮魂の思想であり、その影響は、はるか現代の靖国の問題にまで及んでいる[11]。

また、この過程で、御霊の怨霊的性格はしだいに和霊(にぎみたま)のそれに変質していくが、この転化を促した契機は、一方におけるひとびとの現世利益への関心の高まりと、他方における救済観念(とりわけ浄土系信仰のそれ)の発達に求められるであろう。しかし、和霊の招福機能も、怨霊の祟りの機能もその超越性を前提としてのみ生じえたものであるとすれば、そうした御霊本来の属性は、その後も中世的世界を彩るさまざまな観念や意識の内にとどまって、独自の機能をもちつづけたものと思われる。

たとえば、この時代の民衆の宗教意識のなかに、畏怖すべき他界として浸透していった「地獄」の観念は、むろん、仏教の応報思想に育まれたものであろうが、その底流には、御霊を怖れる心意と同質のものが流れこんでいたとはいえないだろうか。あるいは、同じく中世的世界を貫く一揆の思想を、宗教意識の基底から支えていた起請文の「神罰」「冥罰」の観念にも、御霊の祟りに対すると同じ心理が作用していたのではなかったか(もっとも、そこに応報思想が媒介されることによって、現世や後世の問題が個々の人間の行為や生き方と関係づけて捉えられるようになった点は、むしろ「地獄」や「罰」の観念と御霊信仰との差異を示すものであり、御霊信仰が「宗教化」するための条件を示唆するものであったともいえよう)。さらには、ヒトガミの系譜からは最も遠い位置にあるかに思われる浄土系の阿弥陀信仰においてさえ、それを受容しえた民衆の内面的成熟という観点からすれば、御霊の体験が一つの階梯としてそこにかかわっていたとみることも不可能ではあるまい。これを要するに、御霊信仰は、文字通り人が神になるという意味では、従来の祖霊信仰や氏神信仰における伝統的ヒトガミ観を継承し、またそのゆえの限界をもちつつも、その神性に萌した超越への契機によって、それ以前とも以後とも異なる独自の民衆的宗教世界を切り開いたのであった。

しかし、そのことを前提とした上で、われわれはやはり、一向宗やキリシタンの信仰が、こうしたヒトガミの観念にあたえたより決定的な影響力を無視するわけにはいかない。

仏教は、宇宙の創造神を認めないという点で、本来的に無神論なのだ、という説がある。浄土系の阿弥陀仏は、その意味では最も超越的な性格を具有したものといえるが、浄土三部経のいわゆる「無量寿」「無量光」などの規定に関するかぎり、そこからは確かに人格的救済神の姿はみえてこない(その点では、親鸞の『教行信証』も例外ではない)。しかし、これをひとたびスコラ的な議論の対象から解放し、信仰するものの境位でみれば、『歎異抄』(これこそまさに親鸞の信仰の核心を伝える書)にいうところの「罪悪深重、煩悩熾盛の衆生をたすけんがため」の「本願」こそは、この阿弥陀仏の本質をなすものであり、そこには明らかに超越的な人格的救済神の性格が現れている。

この阿弥陀仏への「絶対他力」の信仰、とりわけその「悪人正機」の説が、日本の宗教史や思想史のうえにもたらした画期的な意義については、いまさら喋々するまでもない。しかし、当面するヒトガミとの関連でいえば、このような普遍的絶対者への信仰が、伝統的ヒトガミ観を体制内にとりこむ媒体となった密教系の習合の論理をおのずから否定し、宗教的権威の世俗的権力に対する自立性を高めた点が、まず重視されなければならない。また、親鸞は、「正像末浄土和讃」のなかで、当時のひとびとが呪術的現世利益の幻想にとりつかれている姿を嘆き、「かなしきかなや道俗の、良時吉日えらばしめ、天神地祇をあがめつつ、卜占祭祀つとめとす」とうたっているが、その点で、阿弥陀仏の超越的神性による人性のかぎりない相対化が、そうした密教系の呪術信仰や、それによって増幅されたヒトガミの呪術的な霊魂観を克服し、ひとびとの内面に理性の灯を点じていったことも見逃せない。

一六世紀の半ばに渡来したキリシタンの信仰は、「なき所より天地をあらせ玉ふ御作者でうすは、御一体のみにて在ます也。是即我等が現世後世共に、計らひ玉ふ御主也」[12]というその神観と、「一切のぜんちよ(異教徒)、老若男女、又はきりしたんの父母より生るゝ子共たりと云共、おりじなる科(とが)(原罪)とて、親より受け続く科あり」[13]というその人間観と、また「御主ぜず-きりしと、さんた-くるす(聖十字架)の上にをひて、世界を扶(たすけ)玉ふ」[14](以上、括弧内筆者)というその救済観などに特徴づけられる。ここには、少なくとも神学的にみて真宗の教義とは異質のものが含まれていることは否めない。しかし、ヒトガミの観念をはじめとする伝統的宗教意識に照らしてみた場合、神観の点でも、人間観の点でも、その思想的役割の点でも、キリシタンの信仰は、大局的にはやはり、真宗の信仰が切り開いた地平をさらにおし拡げていくものであったといえよう。

むろんその場合、ヒトガミの観念が逆に「阿弥陀仏」や「でうす」「きりしと」の受容に際し、その本来の姿を変質させた可能性も否定はできない。まして、蓮如以下の歴代法主を「生き仏」として鑽仰した門徒層の意識や、キリシタンの「びるぜん-さんた-まりあ」に寄せる「信仰」は、ヒトガミ的な観念とまったく無縁のものであったとは思われない。しかし、原理的にはやはりこの両者は、伝統的ヒトガミ観とは相容れない性格のものであり、それが順調に発展すれば、やがてはヒトガミの観念を根底から揺るがしていくものとなるはずであった。その点で、統一国家の成立過程における一向一揆への苛烈な弾圧や、それにつづく幕藩制国家のキリシタンの殲滅、法度支配[15]による厳しい宗教統制が、そうした可能性を根絶してしまったことの意味は、あまりにも大きい。

3 ヒトガミの近世的展開

幕藩制国家の宗教に対する圧倒的な専制支配が、総じて自由な宗教活動と、その伸びやかな発展を著しく阻害してきた事実を否定するものはいない。ことに、教義史や政策史を中心とする宗教史家たちから、この時代が「不毛の時代」「暗黒の時代」とみなされてきたのもそのためであった。しかし、そのことはかならずしも研究自体の「不毛」を正当化するものではない。その点で、教義史や政策史が見逃してきた民衆の日常性の次元に視点を据え、そこにはそれなりに活発な宗教的営為のあったことをはやくから明らかにしてきた民俗学のはたした役割は大きい。そして最近では、歴史家のなかからも、こうした民俗学の豊かな成果に学びつつ、たとえば江戸時代の仏教信仰の定着を、寺檀制の側からだけではなく、祖霊信仰や現世利益的祈禱との結びつきという「民俗信仰的根拠」の側から捉え、そこから「幕藩権力の宗教支配は、きわめて徹底したきびしいものだった」が、「民衆の信仰内容の具体相は、支配の大枠に背かないかぎりでは、……民衆の多様な宗教的願望が、自由に展開されてゆく可能性が残されていた」[16](傍点筆者)という見方をするものも現れてきている。

たしかに、近世民衆の多様で活発な宗教活動を現象面からみれば、こうした指摘は間違ってはいない。しかし、そこで問題にせざるをえないのは、やはり、「支配の大枠」の中味であり、「宗教的願望」の質であり、「自由」の内実である。

支配の大枠というと、われわれはまず、寺請制のごとき制度的な強制を念頭に浮べる。そこにかえって、民衆の内面までは掌握できない支配の限界があったとみるところから、右のような見解も生じてくるのであろう。しかし、いうまでもなく、支配の厳然たる「大枠」は、すでにその内面的世界にも及んでいた。とりわけ、当面する神観念の問題にそくしていえば、キリシタンや不受不施派の禁圧などに示された宗教的権威の世俗的権力に対する超越性ないし優位性の否定(王法為本(おうぼういほん)の徹底)は、近世的な神観念のあり方を、ひいては民衆の宗教意識のあり方を、その根底から枠づけるものであった。すなわち、近世の神観念を上から下まで通貫する習合的多神観は、まさにこの「大枠」による神仏の相対化がもたらした必然的な帰結であって、そのかぎりでは、決して民衆が「自由」に選びとったものではなかった。しかも、真宗やキリシタンの信仰が、その超越の契機によって切り開いた思想的達成からみるなら、このような「大枠」を支える習合的多神観の反動的性格については、もはや多言を要しないであろう。そして、その点では、非習合的性格を維持した真宗も、権力への随順を説く「王法為本」「真俗二諦」説によって、その超越性が、現世への契機を欠いた消極的「彼岸主義」のなかに閉じ込められてしまったことは、周知の通りである。

こうした観点からみるなら、謂うところの制度的「大枠」としての寺請制や寺檀制も、寺院への緊縛の厳しさをいうだけでは十分ではない。たとえば、寺請制の動機をなすキリシタン宗門改めが、民衆の心に抜きがたい宗教的異端への恐怖を刻みこんだことや、寺檀制の改宗・離檀への制約が、宗教の自由な選択の余地を奪い去ってしまったことの深刻な意味を、われわれは改めて捉え直してみる必要があるであろう。

しかし、寺檀制の強制がもたらしたいま一つの重要な帰結は、檀那寺の機能が葬祭、つまりは菩提寺のそれに限定された結果、民衆のやみがたい現世利益の要求が、そこから締め出された多くの職業的宗教人、御師(おし)・山伏などの呪術的な民間信仰に吸収され、その著しい盛行をみたことであった。(17) そして、このように「支配の大枠」によって追いつめられたところにやむなく展開したものをしも「自由」の発露とみるのであれば、そこにはたしかにそのかぎりでの「自由」の余地が残されていたともいえなくはない。しかし、問題はやはり、そこに展開されたものの質であり、それが民衆自身に何をもたらしたのかという点である。

江戸時代に隆盛をみた民間信仰をその根底から支えていたのは、広範な民衆の「現世利益」の要求であった。しかし、現世利益はそれ自体、いわば人間の本性に根ざした普遍的な欲求であり、要はそれがいかなる神観念と結びつくかによって、そのあり方が規定されてくる。たとえば、親鸞の場合においても、一見その徹底した彼岸信仰とは矛盾するかにみえる一五首の「現世利益」を説いた和讃がある。それがいかにまどわしにみちたものであれ、少なくともこの事実は、かれが現世利益の単純な否定者ではなかったことを示唆している。しかし、先述のようにかれは、習合的多神観と結びついた密教系の呪術的信仰によってしては、その欲求がついに満たされるものではないことを喝破していた。そして、そのような煩悩から逃れる術のない人性の根源的罪障にこそ、弥陀の本願の正機をみ、そこにまた「還相廻向(げんそうえこう)」という高次の利益の正因をみていたのである。こうした罪障即功徳の論理は、ひとびとのあくなき現世利益の欲求を、人間的自覚を促す契機へと転換させずにはおかないものであった。のちの一向一揆をその内面から支えていたのも、まさに弥陀の超越性に由来するこのような罪障と功徳、現世と後世の両面価値的(アムビバレント)な緊張を孕んだ救済観ではなかったかと思われる。

その意味で、江戸時代の民間信仰と深く結びついていたのは、いうまでもなく呪術的・習合的多神観であったが、これをヒトガミの観点からみるならば、それを特色づけていたのは、まさに、神性と人性のかぎりない接近であり、ことに、明神や霊神などの流行神の信仰に見出されるおびただしい「人神」の輩出であった。この近世的な人神信仰の具体相については、夙(つと)に宮田登の優れた論著があるので、詳しくはそれらの先行研究に委ねるが[18]、さしあたり、中世的な人神との対比において、その性格上の特質をあげておくと、次の点を指摘することができよう。まず、右に述べた神性と人性の著しい接近は、その最も重要なものの一つだが、さらに霊魂観の点からこれをみれば、第一に、かつての御霊信仰の属性たる怨霊や悪霊の観念が相対的に減退し、そのぶん和霊や福神が目立って増えていること、第二に、かつては疫病や災厄など集団的で非日常的な社会変動と結びついていた霊威や霊障への関心が、概して個人的・日常的な現世利益的祈願と結びついた霊験や霊能のそれに振り替っていること、第三に、したがってその霊験は、必ずしも高貴で偉大な人格に由来する必要はなく、名もなき庶民でも容易にそのささやかな願望に見合った霊能を発揮しうるとみなされるようになったこと、などである。

これらの特徴のなかには、折からの生産力の一定の発展に見合った現世利益への関心の高まりという、民衆の内的必然性の側から捉えるべき面があることはいうまでもない。しかし、それが呪術的な霊魂観と結びつかなければならない必然性は、一義的にはやはり、民衆の側にではなく、そのような余地をしかあたえなかった幕藩制国家の「支配の大枠」の側にあった(その意味で、私は、国家支配などの歴史的要因よりも、民俗的通時性の面を強調する宮田登の流行神観には、ただちには賛成しがたいものがある)。そして、このように、無限の高みから人性の内奥を照覧し、新たな人格や社会秩序の形成を促すべき超越的神性を見失ったひとたちは、しょせんそれぞれの即自的現世利益の願望をそのまま投射したにすぎない無数の矮小な神々を創出しては、その儚い呪術的幻想のなかに、はてしなく自らを埋没させていくほかはなかったのである。

その点では、流行神を「幕藩制下の既成宗教から離脱した民衆たちの信仰拠点」とし、そこに「民衆の創造的エネルギーの根源となりうる力」をみようとする宮田登も、「神仏信仰の軽佻ぶり」については躊躇なくこれを認め、「雑踏の中での宗教的な場というものの賑々しさは流行神仏の種類を豊富にしたが、反面その背後に横たわる救済観のむなしさをよみとることができる」[19]と指摘している。この「救済観のむなしさ」という言葉は、流行神信仰の本質的な性格を見事にいいあてたものといえよう。

ところで、もし、このような「支配の大枠」のなかにも「自由」や「創造的エネルギー」と呼びうるものがあるとしたら、それは、何よりも、こうした流行神的・人神的な「救済観のむなしさ」を自ら克服しようとする努力のなかにこそ求められるべきものであろう。そして、そのような目でみれば、この困難な状況にもかかわらず、否、むしろそのゆえに、人神的観念の内側から、その即自的現世利益の呪縛を克服していこうとするこころみも、かすかに萌してはいたのである。たとえば、江戸時代の流行神的人神の信仰を代表する霊神信仰の系譜をひく、いわゆる義民信仰に、その一つの萌芽をみることができる。義民信仰とは、いうまでもなく、自らの一命を顧みず、百姓一揆の先頭に立って犠牲となった指導者の霊を祀るものだが、その動機にはさまざまな要素があるにしろ、義民の自己犠牲にみられる高い倫理性に、神格化の条件の一つがあったことは疑いない。その意味で義民信仰は、江戸時代の民衆が、その厳しい生活とのたたかいのなかで、ヒトガミの観念の内側から超越の契機を回復するこころみの一つであったといえよう。

また宮田登は、近世末期になると、流行神に託された個別的な祈願がしだいに「諸願」として統一されていく傾向に注目し、これがさらに収斂していくと、「真に民衆にとって期待すべき救世の観念」が生まれる可能性のあることを示唆している[20]。その意味で、宮田が「救世主型の霊神」と名づけている入定(にゅうじょう)行者の神格化は、まさに民衆の「諸願」成就の期待を一身に体現したものであり、その「国家万民ヲ救ハンカ為」の入定という崇高な宗教的行為には、やはり、義民信仰に通ずる超越への契機が認められる[21]。

さらに、こうした入定行者の一人で、その独自の救済の教義によって呪術的な現世利益信仰をのりこえ、近世的な人神観の転換にも大きな寄与をなしたと思われるものに、主として享保年間に活躍した富士講六世の行者である食行身禄(じきぎょうみろく)がいる。身禄の宗教思想については、すでに多くの紹介があり、その豊かな人間性と民衆的性格が高く評価されてきたが、とくにそれらを媒介する神観念にそくしていえば、そこにも超越的神性の発芽をみることができる。

富士講の根本神「仙元大菩薩」は、他の山岳信仰同様、本来は神仏習合思想の産物だが、近世初期に始祖長谷川角行（かくぎょう）が教義の体系化をはたしてからはしだいにその独自性を強め、身禄の代に至って一つの頂点を極めた。かれの神観念とその思想を、入定の際に弟子が記録した「三十一日の御巻（おんまき）」によってまとめてみると、次のように要約しうるであろう。「日月と仙元大菩薩とは一仏一体であり、人間の生命の根源である米は、この仙元大菩薩月日様の御慈悲によってあたえられたものである。したがって、その八十八（米）の菩薩を日々に体内に収めている人間と仙元大菩薩もまた、本来は一仏一体である。しかるに、多くのひとびとがその御恩も知らず、呪術的な祈禱に真の自己を見失い、邪悪に陥っていることは悲しまずにはいられない。しからば、この理をよく合点して、まずは我が心を改め、慈悲と情をもってひとをみたし、誠実に家業にいそしむことこそ、この信仰の要である」。

この「一仏一体」の教えには、一見、従来の人神観とみまごうものがある。しかし、ここでいう一仏一体とは、私利私欲にとらわれて、自己を見失っている人間の現実の姿を見据えたうえで、そうした人間でも、菩薩の慈悲を己が心とすることによって、かぎりなく菩薩に近づいていくことができることを説いたものであり、そのかぎりでは明らかに菩薩の側の超越性を前提としたものであった。また、そのような自己超越の可能性を、自然の豊かな恵みである米（菩薩の慈悲）を身体に収めているという事実に求めている点も注目に値する。ここには、日本人の伝統的な人間観を、身体観という視点から捉えていくうえでも興味深いものがあるが、さしあたり、ヒトガミの問題にかぎっていえば、こうした発想のなかに、それまで呪術的な宗教者に掌握されていたヒトガミ観を、直接生産者たる民衆自身にふさわしいものとして、自らの手に取りかえしていく契機が含まれていたことも、指摘しておかなければならない。

しかし、これら民衆自身の内部に萌した新たな神観念創出の契機も、その後の富士講に加えられた数々の禁圧が示すように、幕府やそのイデオローグたちの民間信仰に対する抜きがたい淫祀邪教観と、それにもとづく厳しい宗教統制によって、結局は、未発のうちに摘みとられてしまうほかはなかったのである。そして、このヒトガミの伝統における内部的革新という残された課題を、その一身に担って登場してくるのが、幕末維新の変革期における、わが生き神教祖たちにほかならない。そこで、最後に、いま一度、教祖らの生き神思想に立返り、このようなヒトガミの伝統からみた生き神思想の特質とその意義について、簡単にまとめておきたい。

三　生き神思想とヒトガミ——その連続と非連続

1　人間「罪の子」観の意義

最初にも指摘しておいたように、民衆宗教における生き神の内実は、その「神の子」観にある。そして、ヒトガミの観念の通時的性格が、何らかの意味における神性と人性との連続に求められるとすれば、このような「神の子」観も、そうした伝統的ヒトガミ観の媒介なしには成立しえないものであったといえよう。もちろんその場合、それに先行するものとの系譜的関係を具体的にあとづけるのは容易ではない。しかし、このような神と人との関係を親子のそれになぞらえる心性にかぎってみたとき、そこに最も深くかかわっていたのは、案外、さきに私がヒトガミの原型と呼んだ民俗的な(ということはつまり神儒仏などの歴史的に付加されたものの基底にある)祖霊観の伝統ではなかったかと思われる。また、同じ「神の子」でも、いわゆる神がかりを通して教祖にのみ排他的に現れるもの(狭義の生き神)については、さきにも述べたように、シャマニスティックな人神観とも接する部分があった。

しかし、ここで注意を要するのは、「人民はみな神の子であるから、親が子を思うのと同じことざ」(「筆先」明治三四年一月二二日)という出口なおの言葉に端的に現れているように、教祖らのいう「神の子」とは、あくまで親神の立場からみたそれであった、ということである。しかも、さらに重要なことは、教祖らには、こうした神の子観の対極に、いわば「罪の子」観ともいうべき厳しい人間把握があり、むしろその神の子観は、まさに、このような罪の子観を前提としてのみ生じえたものであった、とみられることである。むろん、罪の子といっても、教祖によってその理解にはかなりの幅があり、言葉としても表現の仕方はまちまちだが、要するにここでいうのは、何らかの意味における人間の有限性、被造物性、存在被拘束性の自覚にほかならない。そして、この点こそは、従来のいかなるヒトガミ観にもなかった、生き神思想のみに見出される著しい特徴であった。

たとえば、「我心は悪心、夫悪を持て出て参った其我々が身の上なれば」(「お経様」)と説く如来教の一尊如来きのの人間観には、キリスト教のそれにも似た、ある種の「原罪」観がみられる。その点で人間を天照大神の分心とし、心の持ち方一つでおかげがえられるとする黒住教の教えには、やや楽観的な趣があるが、それも、「地獄とは思ひなからも去りやらぬ、鬼の心ぞ憐れなり」(「伝 歌集」)という、人間の心の現実に対する深い洞察が切り開いたものであった。また、天理教の中山みきは、人間の罪悪を心に付着した「ほこり」(埃)にたとえ、とくに、をしい・ほしい・かはい・よく・こふまん・にくい・うらみ・はらだちの八つを、その最たるものとしている。こうした埃が「むねのそうち」(胸の掃除)によって取り除かれるとする点に、楽天的なツミ・ケガレ観の伝統をみることもできなくはないが、「よろつよの　せかい一れつ　みはらせど　むねのハかりた　ものハないから」(「おふでさき」一―一)という一句ではじまる彼女の「おふでさき」が、神の「りいふく」(立腹)や「さんねん」(残念)をくり返し強調し、いよいよその絶望観を深めていくのをみるとき、私は、彼女の人間観が、少なくとも楽観的な性善説のそれとはほど遠いものであったと考えざるをえない。

そのほか、金光教の金光大神や大本教の出口なおにも、人間における根源的な罪の意識がみられる。金光大神はしばしば「神への無礼」という言葉でそれを表し、その無礼さえも知ることのできない自分のことを、自ら「凡夫」と呼んだ。またかれは、その無礼の根深さを示すに、とくに「めぐり」(巡り)の語をもってしている。語源としてはおそらく、仏教の「輪廻転生」に根ざしたものであろうが、同じ事例は、出口なおにも少なからず散見する(ただし、そこでは出口王仁三郎によって

「罪穢」などの字が宛てられている)。この世の全体性を「獣類(けもの)の世」「暗がりの世」「利己主義(われよし)の世」として措定する出口なおの場合も、その前提には、人間の無限の欲望に対する根源的な罪悪感があり、自身についても、その身に課せられた想像を絶する苦労が、もともと「罪の深い霊魂」のゆえであるという認識があった。

ここでとくに興味深いのは、強烈な祟りをもって知られる土俗的な金神信仰に打ちこんだ金光大神が、まさに宮田のいう「救済観のむなしさ」の淵で、他の神に乗り換えることによってではなく、自己の盲目的な信心のあり方そのものに目を向けていくことによって、しだいに凡夫としての自覚に導かれている点である。私は、近世の民衆を呪縛してきた流行神などの呪術的な民間信仰を、自身の内側から克服していく可能性があったとすれば、金光大神がたどったこのような道(それは他の教祖らにも多かれ少なかれ見出される)こそ、その唯一のものではなかったかと考える。

もちろん、このような罪業観、つまりここでいう「罪の子」観は、それが深まれば深まるほど、内面的な救済への願望が、いよいよやみがたいものとなる。そして、それが極点に達したとき、ついに偉大な救済神がかれらの前にその姿を現し、罪の子を罪の子なるがゆえに神の子として甦らせてくれる契機があたえられたのであった。

これは、私の偏った見方かもしれないが、日本人のなかには、えてして宗教的な罪の観念に、人間の可能性を否定する、暗くて消極的な面のみをみようとするものが少なくないように思われる。もちろんそのためだけではないであろうが、民衆宗教の特質を語る際にも、これまではとくに、その「徹底した現世中心主義」や「人間の本性への楽天的な信頼」や「人間本位の明るい生活態度」の面のみが強調されてきた[22]。そして、これらの特徴は、たしかにここでいう人間「神の子」観には照応するものだが、すでに明らかなように、教祖らにおいては、その「罪の子」観を媒介することなしにはその「神の子」観も生じえなかったのであり、そうした「罪の子」観の背景を見逃した場合、右の指摘ははなはだ浅薄な理解にわれわれを導くことになるであろう。また、さきに述べた「神の子」観と人格形成、あるいはその変革思想とのかかわりについても、その前提にこのような「罪の子」観を置いてみたとき、初めてその因果的連関がより明確に把握されるはずである。その意味で私は、この生き神教祖たちが、自らの内なる伝統的信仰との葛藤を通して独自に切り開いていった人間「罪の子」観の意義は、いくら強調してもし過ぎることはないと考える。

2 親神の性格

生き神思想とヒトガミの連続と非連続という問題を考えるうえで、さらに重要なのは、やはり、信仰の対象となった神々の性格であろう。その場合、まず注目されるのは、すでにみてきたように、人間が神の子になぞらえられ、したがってその神(といってもここでは主神ないし根本神にかぎられる)が人間の親に擬されている点である。しかも、それが単なる比喩にとどまるものでないことは、おのおのの神が、固有名詞で語られる以外に、実際に「をや」(天理教)、「親神」(金光教ほか)、「天地の先祖」(大本教)、「元の父母(ちちはは)」(丸山教)などの呼称をもっていた点にもうかがえるが、「何にても如来は、「可愛〱〱」と思召す」(「お経様」)という一尊如来きのの言葉にみられるように、かれらは事実、人間的な親子の情愛に等しいものを、そこに感じとっていたのである。こうした教祖らの親神観は、何よりも、封建的な家族倫理になじまない、下層民衆の生活感情そのものに根ざしたものであったと思われるが、それが神の性格に昇華していく局面では、やはり、先述のように、祖霊にまつわる素朴な民俗信仰も、何らかの媒介をなしていたにちがいない。そして、その意味でなら、かれらの親神観は、たしかにヒトガミの観念が育んできたものと無縁のものではなかったといえる。

しかし、神の恵みに親の慈愛をみるということは、ただちにその神性を人性に引き下ろすことを意味しない。むしろ、罪の淵にしずむ難儀な氏子を、すべてその御手のうちに救いとろうとする親神の無辺の愛に、教祖らはかえって即自的な人性からはかぎりなく隔った無上の神性をこそ仰ぎみていたのである。とすれば、その点こそはまた、この生き神思想と、従来までのヒトガミ観との決定的な差異を示すものといわなければならない。

生き神思想における主神の性格を考えるとき、いま一つ注目されるのは、富士講の食行身禄にもすでにみられる「日月」「月日」あるいはそれに類する表現が、この民衆宗教の場合にも、「親神」と並んで、かなりの頻度で用いられている点である。中山みきの「おふでさき」では、親神＝天理王命を意味する「月日」の用例が、実に三七二件を数え、[23]金光大神の「御覚書」や「お知らせ事覚帳」においては、親神＝天地金乃神とは別に、「日天四(にってんし)」「月天四(がってんし)」などの神格が登場し、出口なおの「筆先」では、主神たる艮の金神をこの世に出した「元の活神」として「日の大神様、月の大神様」「月日様」などが現れる。このように表現や神格はまちまちだが、いずれも民俗的な日の神や月の神の信仰をその母体としたものであることは疑いない。そして、最近では、「月日」が主神と神格を分けて登場するケースもあるところから、民衆宗教の主神を一神教的最高神、普遍的絶対神に近いものとする従来の通説を見直す契機として、こうした民俗的神々の存在に着目するものも現れてきている。(24)

要は、「月日」の民俗的性格をどう捉えるかということだが、私は少なくとも、それが親神の超越性を損なうようなものであったとは考えない。すなわち、教祖らが出会った親神たちは、既存のいかなる神仏とも異なる独自のものであったが、その偉大さを弁証する神学的な手だてをもたないかれらにして、なおそれを語ろうとするとき、ひとびとの生命を支える天地(日月)の恵みこそは、神の愛の生きたはたらきを、百万言の説法に優る事実として証しするものであったにちがいない。そしてそのとき、教祖らの意識の底に眠っていた習俗としての日の神、月の神もまた、新たな信仰として甦り、やがては、親神への信仰のなかに統一されていくことになったのである。このような「月日」と民俗信仰との関係を、仮に「非連続的連続」と呼ぶならば、それはまた、生き神思想とヒトガミの関係をいい表すものでもあったといえよう。

これを要するに、幕末から近代にかけての民衆宗教が生みだした生き神思想は、その人間観においても、神観念の点でも、従来の人神思想にはみられない新たな境地を切り開いたものであったが、それはまさに、教祖らが最後の拠りどころとしてきた人神的な民間信仰を、自らの内面に取り込み、取り尽すことによってのみ手にしえたものであった。その意味で、この生き神思想は、ヒトガミの観念を宿命とするわが民族の精神史において、その可能性をギリギリの点まで極めたものであったといえる。

こうした生き神の思想は、しかし、やがて成立する国家神道体制という新たな「支配の大枠」によって、あるいはそのなかに取り込まれ、あるいはそこからはじき出されて、再び歴史の水面下に鬱屈していかなければならなかった。そしてそのあとにみられたものは、まさに流行神的人神の現代版ともいうべき、「新興宗教」の簇生だったのである。

おわりに

二年ほど前、現代の生き神状況をルポルタージュしたある新聞記者が、その体験をまとめた「生き神様たちのラッシュアワー」という文章の末尾で、次のように述べている。「私たち取材班がわずかな取材で垣間見た「小さな神々」の世界が、こんごどうなっていくのか、現段階では、皆目分からない。いまはただ、私たちが現に生活し、生の営みを行っているこの社会が、進むべき針路を見失っているのではないか、との思いが深まるばかりである。こうした現実が放置され続ける限り、「小さな神々」は、確実に増え続けるだろう、という予感がある。その神々と信者が、飛躍的に膨張し始めたとき、日本の社会は、おそろしいものに変わるかも知れない(25)」。

私は、この一人のジャーナリストの無気味な予言をみたとき、それを決して無稽のことだとは思えなかった。そして、この状況を歴史のなかに照らし返してみたとき、私には、近世の流行神や、大正から昭和初期にかけての新興宗教を生みだした状況が、この高度成長以後の「神々のラッシュアワー」のそれと、ほとんど重なり合ってみえたのであった。すなわち、神・人の間隔が極端に狭まったヒトガミの輩出は、これらに共通する最も著しい特徴だが、そのほかには、いずれも社会の相対的安定期にあって、しかも「支配の大枠」がありありと、あるいは目にみえない形でひとびとの自由を拘束していること、そのためにひとびとはさまざまな精神的不安や不満を抱えているが、それに応えるべき普遍的な宗教や思想が育ちにくく、代ってインスタントの現世利益を説くコマ切れの疑似「宗教」や通俗「思想」がもてはやされること、とくにそこでの宗教的観念を特徴づけているのは、呪術と習合的多神観と呪術的な霊魂観であり、そのいずれもが神・人の接近したヒトガミ観と媒介し合っていること(ただし大正期以降の場合、呪術はしばしば「科学」の粉飾をこらして現れ、多神観は万教帰一の姿をとることが多い)、などがあげられる。

むろん、こうした特徴をいくら列挙してみたところで、そこから先がすぐにみえてくるわけではない。しかし、この状況を正面から見据えることなく、安易な歴史へのもたれかかりによってその処方箋を書こうとしたり、傍観者的民族文化論によってそれを割り切ってしまおうとするなら、われわれの歴史自体がそのことを許してはくれないであろう。なぜなら、そこには、今よりは遥かに困難な状況下で自らそれを克服していこうとした民衆宗教の教祖らの苦闘の跡が、すでに深く刻みこまれているからである。

最後に、右の点をふまえて、今日の広い意味での学界状況をにらみながら、小論で意図した事柄についての若干の補足をしておきたい。

民衆宗教の問題を「生き神」という視角から捉えるにいたった動機については、「はじめに」でも述べたとおりだが、そこに「超越」という観点を持ち込んだ点についても、むろんそれなりの理由があった。私は、今日の人類史的な課題に照らして、われわれの精神状況に最も欠如しており、かつ最も必要とされているのは、柳田国男の言葉を借りれば、まさに「自己内部の省察」つまり内省ということである、と考えている。その場合の内省の契機となるものを一般化していえば「普遍的原理」ということになるが、宗教の領域でそこに最も深くかかわってくるものこそ、「超越」という観念にほかならない、というのが私の基本的な認識であり、それが小論で「超越」という観点を基軸に据えた一番の理由であった。

ところで、安丸良夫氏もある座談会のなかでこの問題にふれて、「日本の社会の精神的伝統のなかには、どうしても根本的反省が弱いということがあり、そうした精神の構造といわゆる最近の「社会史」や民俗学とは、一種の共生関係をもちうる面がある」という主旨の発言をしている[26]。もちろん「社会史」や民俗学といっても、ここでは、その全体ではなく、一部にみられる傾向をさしたものにちがいないが、そのかぎりでは、私も安丸氏の指摘に共感する点が少なくない。そして、小論の意図のなかに、そうした学問状況に対する私なりの「主張」がこめられていることも、すでに看取されているところであろう。

しかし、それよりも私が問題にしたかったのは、次の点である。すなわち、私のみるところ、これまでの宗教をめぐる学問状況においては、超越的観念といえば高度な宗教思想のレベルの問題で、狭義の「宗教史」が扱うもの、生き神やヒトガミといえば民間信仰レベルの問題で、宗教民俗学などが扱うもの、という奇妙な分業関係があり、それが、両者を交わりえないものとする考え方(その背後には「表層文化」と「基層文化」という機械的な二分法がある)、さらには後者を超歴史的なもの、あるいは「根生いのもの」とする見方を増幅させてきたように思われる。しかし、超越的観念は、そもそも人間性そのものに内在する普遍的な願望の所産であり、そのかぎりでは民衆的なものとも本来的に無縁のものではない。民族的伝統としてのヒトガミの問題は、そのことをふまえたうえでの、次の問題である。しかも、そうした観点から、民衆の宗教意識のただなかに「超越」という視座を据えてみたとき、ヒトガミの観念の歴史もまた、新たな相貌をみせてくれるのではないか。それが、小論に託した筆者のいま一つの願いであった。「ヒト」と「カミ」とのあいだという視点が、その問題を解く有効な鍵であるかどうかについては、大方の批判を仰ぐほかはない。いずれにせよ、宗教は、その多面的性格のゆえに、さまざまな観点からのアプローチを可能にする。しかし、そもそも「宗教とは一体何か」という、それ自体ポレミカルな問題についての不断の問いかけを抜きにしては、ついに、その本質に迫ることはできないであろう。

(1) 加藤玄智『本邦生祠の研究』中文館書店、一九三四年、参照。

（2）以下、本稿で引用する教典類の出典を一括して掲げておく。一尊如来きの、黒住教、天理教、富士講、丸山教に関するものは、村上重良・安丸良夫編『民衆宗教の思想』日本思想大系六七巻、岩波書店、一九七一年。金光教に関するものは、金光教本部教庁編『金光教教典』同教庁、一九八三年。大本教に関するものは、池田昭編『大本史料集成Ⅰ　思想編』三一書房、一九八二年、皇道大本大日本修斎会出版局編『大本神諭』天之巻、同修斎会、一九一九年。

（3）上田嘉成『天理教祖の世界観』天理教道友社、一九六八年、二六二―二六七頁。

（4）安丸良夫『日本の近代化と民衆思想』青木書店、一九七四年、参照。

（5）小沢浩「幕末期における民衆宗教運動の歴史的意義」（歴史学研究会編『歴史における民族と民主主義』青木書店、一九七三年）。なお、本書の「日本の近代化と民衆宗教」にも、その概略が記されている。4　世直しと生き神、二九―三二頁参照。

（6）小口偉一ほか監修『宗教学辞典』東京大学出版会、一九七三年、「神」の項参照。

（7）堀一郎「奥能登の農耕儀礼について」（堀一郎『日本宗教の社会的役割』未来社、一九六二年）参照。

（8）堀一郎「氏神型と人神型―民間信仰の二つの型」（同『民間信仰史の諸問題』未来社、一九七一年）参照。

（9）柳田国男『定本柳田国男集』第一〇巻、筑摩書房、一九六二年、九八―九九頁。

（10）黒板勝美編『日本三代実録』吉川弘文館、一九六六年、一一三頁。

（11）この点については、黒田俊雄「鎮魂の系譜―国家と宗教をめぐる点描」（『歴史学研究』五〇〇号、一九八二年）が示唆的である。

（12）「どちりいなｰきりしたん」（海老沢有道ほか編『キリシタン書・排耶書』日本思想大系二五巻、岩波書店、一九七〇年）一六頁。

（13）「病者を扶くる心得」（同前）八四頁。

(14) 「どちりいな－きりしたん」(同前)五六頁。

(15) なお、荒野泰典氏は、その論文「国際認識と他民族観―「海禁」「華夷秩序」論覚書」(歴史科学協議会編『現代を生きる歴史科学』二、大月書店、一九八七年)のなかで、この禁教問題にふれ、いわゆる「エスノセントリズム」の観点を導入しながら、民俗レベルにおける民衆のキリスト教への反発の存在に注意を促して、次のように述べている。「近世国家の「国民」峻別の論理、すなわち、異分子排除の論理の形成には、支配層のみでなく広く「庶民」も関与しており、そこに、幕府がきわめて苛酷なキリスト教弾圧を遂行しえ、キリスト教「邪教」観が浸透する社会的理由があった」(六四頁)。これは、従来とかく見落されてきた重要な指摘であり、小論の論旨と直接抵触するものではないが、今後は是非とも、組みこんで考えていきたい論点である。ただ、私としては、氏が民衆の一方における(まさに一方である点が重要なのだが)反キリシタン感情を強調されるあまり、他方における三〇万とも七〇万ともいわれたキリシタン民衆の、まさにキリシタンとなるべき内的必然性については十分に考慮されていない点を遺憾としたい。たとえばキリシタンの「神社仏閣」の破壊が、「起請行為」という重要な習俗の破壊となるがゆえに、それに反発する人々をぶ厚く生み出した、というのは卓見だが、その破壊行為の背景に、宣教師の「指導」をみるだけでは、せっかくの民俗レベルの確執という視点が生きてこない。つまり、そこでは、キリシタンの普及自体が、当時の民衆をめぐるどのような宗教的矛盾の表現なのか、ということが改めて問われてくる。この点をふまえて、はじめてわれわれは、習俗の破壊やそれへの反発の事実を、その歴史的意義とともに語りうるのではなかろうか。また、氏は、東南アジア諸国におけるキリスト教の伝来とその後の経緯、および今日の信徒の人口比などの検討から、そうした民衆の反作用が、他のアジアの大部分にも共通するものであったことを、やや性急に結論づけておられるが、それも右のごとき内的葛藤を見過してしまうと、相も変らぬ西欧対アジアという古い図式が強調されるだけの結果に終ってしまうことを、私はおそれる。その意味でわれわれは、そうした図式に対応するキリスト教、何々教で分ける仕方そのものを見直し、まさにわれわれの人間性への深い洞察をふまえた新たな宗教史の枠組を設定する必要に迫られているのだと思う。

(16) 安丸良夫『神々の明治維新』岩波新書、一九七九年、二七頁。
(17) 圭室文雄『江戸幕府の宗教統制』評論社、一九七一年、参照。
(18) 宮田登『生き神信仰』塙書房、一九七〇年、同『近世の流行神』評論社、一九七二年、など。
(19) 宮田登『近世の流行神』(同前注18)一三九―一四〇頁。
(20) 同前、一五一―一五二頁。
(21) 宮田登『生き神信仰』(前掲注18)三三―三八頁。
(22) 村上重良「幕末維新期の民衆宗教について」(村上・安丸、前掲注2書)五六八―五六九頁。
(23) 上田嘉成、前掲注3書、一三四頁。
(24) たとえば、岩本徳雄「日天四と金光大神」(『金光教学』第一八号、一九七八年)、桂島宣弘「民衆宗教における神信仰と信仰共同体」(『日ノ本学園短期大学研究紀要』一二号、一九八四年)。
(25) 阿部純和「生き神様たちのラッシュアワー」(季刊『いま、人間として』九号、一九八四年)八三頁。
(26) 座談会「現代社会と民俗学」(『日本民俗文化大系』月報12、小学館、一九八六年)参照。

ナショナリズムと民衆宗教

一　民衆宗教の「古傷」

近年、幕末から明治にかけてのいわゆる民衆宗教に関する研究が進み、その歴史的評価もようやく定着しつつあるかにみえるなかで、誰もがそのことに気づきながら、いまだ正面切って論じられていないものに、民衆宗教におけるナショナリズムの問題がある。

ひとびとがこの問題を避け、あるいは取り上げても及び腰にならざるをえなかったのは、それが成立期の民衆宗教における唯一の恥部であり、触れにくい古傷であるという思いにとらわれてきたからであろう。かくいう私にも、これまで、そのような思いがなかったとはいいきれない。しかし、そうして臭いものにふたをしておくことは、単に学問的な公正を欠くばかりではない。もしそれが、思想構造上、他の解放思想などとも不可欠の環をなすものであるとしたら(そしてその可能性は大いにあるとみられるのだが)、われわれの民衆宗教理解そのものを、誤った方向に導いていくことにもなりかねないのである。しかもそれが、当時のひとびとのやむにやまれぬ心情から出たものであるとしたら、恥部だ、古傷だという捉え方自体が、見直されなければならないであろう。

以下の小論は、そうした観点から、とりあえず、問題の所在のみを明らかにしようとしたものである。ナショナリズムの問題は、及び腰ではむろん近づけないが、さりとて、大なたを振るうだけでは、そこに含まれる大切な芽まで、切り落してしまうことになりかねない。この困難でしかも重要な課題に、小論がはたしてどこまで迫りえているか。それは読者の厳正な批判に待つほかはない。

なお、ここで近代の民衆宗教というとき、さしあたって筆者の念頭にあるのは天理教、金光教、大本教、丸山教などの場合である。それは、これらの諸教団が、単に民衆への影響力という点で際立っているだけでなく、教義の独自性(この場合はとくに国体の教義からの自立性)という点で最もよく民衆的性格を代表しえている、と考えるからである。むろんそのような独自性は、教祖たちの死後、さまざまな歪曲にまみれて、やがては無残にも国体の教義に押し潰されていかなければならなかった。しかしまた、民衆の自己解放=現世利益の要求に応えることが、教団の死命を制する一方の要件であるかぎり、教祖の教えが、現場の布教師や信徒大衆のふところ深く生きつづけ、国体論のぶ厚い緞帳の陰であえかな不協和音を奏でるということも、ありえないことではなかった。その意味で教祖における思想の吟味は、ここでの検討においても、さけることのできない出発点となる。

二 「外国は獣類の世」

ナショナリズムの一般的な規定についてはさておき、日本の近代についてそれを語ろうとするなら、誰しもその極端な排外主義、帝国主義、侵略主義に目をふさぐことはできないであろう。そうした観点からわが教祖たちに現れたナショナルな意識に一瞥を与えるとき、帝国主義や侵略主義の汚染からは免れているものの、排外主義の一点では一見目を疑わしむるばかりの偏狭なナショナリズムの表白に出会うことがある。何はともあれ、まずはかれら教祖たちの声をじかに聴いてみよう。

とふじん(唐人)がにほんのぢいゝ入こんで、まゝにするのが神のりいふく(立腹)(二—三十二)/このさきハにほんがから(唐)をまゝにする、みな一れつ(全人類)ハしよちしていよ(三—八十七)/このさきハなんぼからやとゆうたとて、にほんがまけるためしないそや(五—八十四)/いまゝでハからやとゆうてはびかりて、まゝにしていたこんどかやし(返報)を(十—十二)。(括弧内筆者、末尾の数字は上から号数番号の順)

これは天理教教祖中山みきの「おふでさき」からの抜粋である。ここでいう「とふじん」「から」はほとんど「外国人」「外国」と同義とみなしてよい。いずれも日本が不平等条約下にあった明治初年のものであることを考えるなら、健全な民族主義の発露とみることも不可能ではないが、素朴な攘夷意識から隔ることさほど遠いものではない。同じような傾向は大本教教祖出口なおにもみられる。

……外国は獣類の世、強いもの勝ちの、悪魔ばかりの国であるぞよ。日本も獣類の世になりて居るぞよ。外国人にばかされて、尻の毛まで抜かれて居りても、未だ眼が覚めん暗がりの世になりて居るぞよ。……外国人よ。今に艮の金神が、返報返しを致すぞよ。(『大本神諭』天之巻、明二五・旧正月)

列強の帝国主義支配に対する危機感から排外的な情念にいたるまで、なおの民族意識、対外認識の基調はみきのそれに酷似している。また、同じころに筆を執った丸山教教祖伊藤六郎兵衛の「御法御調」のなかにも、「今年の新政、内実はいかばかり。西洋文明国まで、日本国家へ条約改正」(明二三・三・一七)、「いまだ文明国のおしえ、耶蘇まねきもあり。教法のみちを知らずして、文明国のかたちをよろこぶは、これ坊主より落ちとる」(明二〇・旧三・二二)等々、「西欧文明国」への反感を吐露したものが少なからず散見される。これに対して、金光教教祖金光大神の場合のみはほとんど排外主義にとらわれた形跡がないが、これはむしろ例外に属するものといえよう(この点については後述する)。

三　排外主義への発条

右に引用した教祖たちの言葉は、たとえ片言隻句といえども、かれらのナショナルな意識の一端を忠実に映し出したものとみなければならず、それを排外主義と呼ぶことにもいささかの躊躇があってはならない。そのかぎりで、「とふじん」を「いまだ親神様の教を知らぬもの」(おふでさき注釈)と読み替えたり、極端な排外的言辞を削除(最新版の『大本神諭』)したりすることは、少なくとも歴史的な観点からは、好ましいこととはいえない。

ここでわれわれが留意しなければならないのはむしろ、そのような排外主義が必ずしもわが民衆宗教の教祖たちにのみ帰せられるべきものではなく、日本近代の大衆的ナショナリズムの運動そのものが、ほとんど例外なく背負っていた宿命的観念ともいうべきものであった、という点であろう。とすれば、わが教祖たちをもそこに駆り立てていかざるをえなかったみえざる必然性の糸をたぐり寄せ、それを教祖たちの全体的な思想構造のなかでどう位置づけていくかが、次の課題とならなければならない。

そうした観点からいま一度教祖の原典に立返るなら、さしあたって考慮されなければならないのは、教祖らによって最も激しく告発されているものが、日本を現実に支配しているもの、あるいは日本の現実そのものであって、「外国」が呪詛の対象となるのはあくまでその元凶とみなされるかぎりにおいてである、ということである。たとえば、さきにみた「とふじんがにほんのぢい〻入こんで……」というみきの言葉は、「いま〻でハ高い山やとはびかりて、なにかよろづをま〻にしたれど」(「おふでさき」六―七十二)、「このかやしたいしや高山とりはらい、みな一れつハしよちしていよ」(六―百十五)という大社高山(=日本の特権的支配層)への激しい憤りにこそ、その根拠をもつのである。あるいはなおが「外国は獣類の世」というとき、それは「外国の獣の真似を致して、牛馬の肉を喰たり、洋服を着て神の前を憚らず彷徨いたり、一も金銀、二も金銀と申して、金銀で無けら世が治らん、人民は生命が保てん様に、取違いたしたり、人の国で有ろうが、人の物で有ろうが、隙間さへありたら略取ことを考へたり、学さへ有りたら、世界は自由自在に成る様に思ふて、畜生の国の学に深はまり致したり、女とみれば何人でも手に懸け、妾や足懸を沢山に抱えて、開けた人民の行り方と考へたり」(天之巻、明三一・五・五)する、まさに「強いもの勝ち」「利己主義」の「暗がりの世」というほかはない日本の現実の姿から、逆に類推されたものにちがいなかった。

教祖らが筆を執って語り始めた明治初年から日清戦争前夜までの時期が、いわゆる「新政」や松方財政の強行によって、多くの人民を困窮の淵に追いやった時期であることをみるなら、このような現実に向けられたかれらの怒りを、誰が不当なものであったといえよう。そして、そのような現実に、帝国主義列強の直接間接のかかわりをみようとするかぎり、かれらの忿懣がやがて排外主義にいきつく道すじは、ほとんど避けがたいものであったといわなければならない。いい換えれば、だからこそ排外主義はかれら(のみならず同じ境涯にあった多くの人民)にとって、容易にぬきがたい観念として自らを呪縛していくことになったのである。

しかし、それならばはたして教祖らの世界観のなかに、排外主義を内在的に克服していく契機はまったくなかったのであろうか。これまでは、教祖らにおけるナショナルな心情を、主として社会意識の側面から捉えてきたわけだが、いやしくもそれが宗教と名のつくものであるかぎり、その核心的部分をしめる宗教意識の領域も、ここでは当然、考察の対象とされなければならない。

四 「三千世界」の神

幕末から近代にかけて登場してくる民衆宗教の思想的特質は、成立の条件などによって必ずしも一様ではないが、少なくとも前記の天理・金光・大本・丸山の諸教は、次の点でほぼ共通する性格を有していたと考えられる。すなわち、その一は神格の唯一普遍性、その二は教祖の生き神的性格、その三は現世利益の積極的肯定、その四は内面的倫理の確立による厳しい自己変革の要求、などである。これらのうちどの性格を重視するかは論者によって異なるが、いずれも封建的意識からの自己解放を促す土着的な原理として位置づけられ、評価されてきた。いまはその一々の内容にわたって検討する余裕はないが、当面するナショナリズムの問題にかかわるものとして、ここでとくに取り上げておきたいのは、第一の神の性格についてである。なぜなら、国体論の宗教的性格と民衆の宗教意識の動向が、同じ歴史段階における宗教の民族的特質を分け合ったものとみるならば、民衆宗教に現れた神々の性格が「現人神」にどう対置されるかは、ナショナルな意識の形成にとってもゆるがせにできない問題であったと考えられるからである。

教祖らがその神観念を育んだ幕末期は、「国家の神」もいまだ揺籃のなかにあって、ともに封建的宗教意識からの脱却をめざして苦闘していた。むろん、教祖らにとって、それは自己解放・民衆救済の願望を成就するためであったが、国家の神にとっては、内外の危機的状況に対処し支配の再編強化をはかるためにほかならなかった。その場合、かれらが直面していた封建的宗教意識の特質は、とくに封建的割拠体制に見合った習合的多神観と強い呪術的性格のうちに現れていた。とすれば、普遍的唯一神の創出と呪術の克服こそは、かれらにとってともに避けがたい歴史的課題であったといわなければならない。そして事実、教祖らがやがて見出すことになった新たな民衆の祖神の性格は、いずれもかぎりなく普遍的一神教のそれに近いものであったが、一方で確立しつつあった国家の神もまた、その神話的世界においてはともかく、一切の宗教的権威が天皇=現人神に収斂されていく現実そのものにおいて、極めて一神教に近い普遍性を帯びていたのである(そのかぎりで現人神は、その復古的粉飾を取り去ってみれば、まさに絶対主義にふさわしい神格として立ち現れていることに留意すべきであろう)。もちろんここでいう普遍とは、いうまでもなくナショナルなレベルでの「普遍」であり、ことに記紀神話の民族的性格に規定された国家の神においては、それが主張されればされるほど、世界的・人類的普遍には背馳した排他的性格のものとならざるをえなかった。このような国家神道の民族宗教的特質こそ、日本のナショナリズムを極端な排外主義に導く、少なくとも有力な因子の一つであったことは疑いない。

これに対して、民俗信仰的伝統を背後に負いつつ、その呪術的多神観を克服して登場してきた民衆宗教の神々も、当初はナショナルな性格を超えるものではなかった。しかし、自身の超越的契機を何よりも民衆の熱烈な救済願望にもつ民衆宗教の神々には、やがてその救済機能をあまねく全人類に及ぼし、全世界に広げていかなければならない神義論的な必然性が宿されていた。すなわち、みきの神はいう。

せかいぢうみな一れつハすみきりて、よふき(陽気)づくめにくらす事なら(「おふでさき」七―百九)／月日(親神)にハせかいぢう丶ハみなわが子、たすけたいとの心ばかりで(八―四)

またなおの神は言う。

一人なりと改心を為して、世界を助けたいと思ふて、天地の元の大神様へ艮の金神が昼夜に御詫びを致して居るぞよ。この神が天晴表面に成りたら、世界を水晶の世に致す……。(天之巻、明二六)

(外国に―筆者)取られた国の人民は、在るに在られん目に遇はされても、何も言ふ事は出来ず。同じ神の子で有りながら、余り非道い施政で、畜生よりもモ一つ惨いから、神が今度は出て、世界の苦しむ人民を助けて、世界中を桝掛曳きならすのであるぞよ。(明三一・五・五)

このような救済神の人類的普遍性は、いうまでもなく「世界の苦しむ人民」に対する教祖らの限りない共感と連帯感に裏打ちされたものであったが、かれらの厳しいリゴリズムは他方で「をしい・ほしい・かはい・よく・こふまん・にくい・うらみ・はらだち」などの心のほこり(みき)や「利己主義の行方」(なお)にこそ苦しみの根源があるとして、人民自らの「心の入替」「胸の掃除」「改心」を求めてやまなかった。教祖らの人間観は必ずしも謂うところの性悪説・原罪説に立つものではなかったが、こうした人間悪の「普遍性」の認識は、神の絶対的普遍性にいま一つの根拠をあたえるものとなったにちがいない。

このようにしてその絶対的普遍性を獲得した民衆宗教の神々が、「国家の神」をもはるかに超越するものであったことは、金光大神の次の言葉が如実に示している。

あの天照皇大神というは日本の神様であります。天子様のご祖先であります。この神(天地金乃神)様は日本ばかりの神様ではありません。三千世界を御つかさどりなされます神様でありま す。(『金光教教典』「金光大神御理解集」第I類、徳永健次の伝え3)

伊邪那岐、伊邪那美命も人間、天照大神も人間であり、その続きの天子様も人間であろう。……神とはいうけれども、みな、天地の神から人体を受けておられるのである。……そうしてみれば、やはりみな、天が父、地が母であって、天地金乃神は一段上の神、神たる中の神であろう。(前掲「金光大神御理解集」第II類、市村光五郎の伝え2)

かくして再びナショナリズムの問題に立ち返るなら、少なくともその神観念において、教祖らのまなざしは明らかに国家や民族を超えた「人類」「世界」を捉えており、社会意識の面に現れた「排外主義」は、やがて自らにおいて克服される契機をそのうちにはらんでいた、とみられる。しかし、実際には、この神観念のうちに広がる豊かな人類愛の思想、世界同胞主義と、社会の現実に規定された排外的民族主義の不幸な結合は、ついに止揚されることなく、教祖自身の死によってその可能性を閉ざされてしまうこととなったのである。みきや六郎兵衛が死を迎えた明治のなかごろまでは、世界を客観的に認識する条件に恵まれなかった点が考慮されるにしても、「世界」や「人類」の具体相がともかくも民衆の手の届く所まで達していたと思われる大正のなかごろまで生きたなおが、最後まで「外国」への怨念を捨て切れなかったのはなぜであろうか。それをしも「大社高山」(なおの言葉では「人民の中の鼻高」)への批判に求めるには、いま少しの論拠が示されなければならない。

五 「文明は人倒し」

ここで改めて問われねばならないのは、そもそも教祖らにあって、日本社会の現実と「外国」とを重ね合わせてみざるをえなかった論理的な結節点は何であったのか、という点であろう。そうした観点から再び教祖らの原典に立ち返ってみるなら、われわれの眼はおのずから、さきに引用したなおの痛切な現状批判に引き寄せられていく。そこでは、およそ外国と名のつくものを、宗教や学問はいうに及ばず、牛馬の肉を食うことから洋服の着用にいたるまで、全面的に拒否してやまないなおの鮮烈なショーヴィニズムが、われわれの胸をうつ。六郎兵衛にしても、「西洋水ぐすり」から「ランプ」のはてに及ぶ外国への嫌悪感は、ほとんど生理的なものに近い。この諸々の「舶来品」への拒否によって、かれらが究極的に否定せんとしたものは何か。それはいうまでもなく「西洋文明」であった。西洋文明そのものというより、この場合は日本に固有の形態をとって現れた「文明開化」と呼ぶ方が適切かもしれない。いずれにせよ、文明や開化がかくまで憎悪の対象となった理由は、いまや明白である。それは、「文明」を名とする維新政府の開化政策＝資本主義的近代への強行的転換が、人民への抑圧と収奪をほしいままにし、その生命を脅かしつづけたからにほかならない。まさに文明はかれらにとって「人倒し」(「御法御調」明二四・旧三・二三)以外のものではありえなかったのである。しかも、なおが大正期の半ばまで「反文明」を貫かねばならなかったのは、いまだ文明の「恩恵」にあずかることのできないひとたちが、なおの周囲には依然として数多く存在していたからにちがいない。

ところで、同じナショナリズムの観点から民衆宗教の教祖たちにおける「反文明」の意識に着目し、その意義についてはじめて言及したのは、安丸良夫・ひろたまさき両氏の論文「世直しの論理の系譜」[1]であった。この論文は主として丸山教を中心に民衆宗教における世直し思想の特質について論じたものだが、このなかで両氏は次のように述べている。「丸山教は、文明開化=資本主義化を主導する天皇制権力を呪咀するとともに、さらにその背後に欧米資本主義の進出を見ていた。だから、ナショナリズムの観点からいえば、丸山教は、民衆的次元での欧米資本主義に対する民族的自覚を表現していた。こうした自覚は、文明開化=資本主義化によって没落せんとしている民衆の立場に立つかぎりにおいて、天皇制イデオロギーとまったく異質なものだったといえよう」[2]。このように述べたあと、氏らは、にもかかわらずその後の丸山教(その他天理・大本なども念頭に置かれている)が超国家主義にいきつかざるをえなかった理由を、その「素朴な神道説の立場」に求めている。はたして、われわれがみてきたかぎりでの教祖らにおける「反文明開化」の思想的意義は、このような見解によって支えきれるものであろうか。いずれにせよ、ここで明らかなのは、この「反文明開化」こそ、教祖らにおけるナショナリズムの評価を左右する決定的なモメントだという点であろう。小論の最後はあげてこの問題の検討に向けられなければならない。

六　「反近代」の超克

私が、右に安丸氏らの見解を紹介したのは、むろん二〇年あまりも前の両氏の論文を個別的にあげつらうためではない。その後、教祖らの反文明開化思想を資本主義的近代に対立する際立った民衆思想として高く評価する傾向が、さまざまなニュアンスのちがいを含みつつ、一つの有力な流れを形成して今日に及んでいる、とみるからである。安丸氏にそくしていえば、最近の出口なおに関する評伝(3)で、右の見解をいよいよ鮮明にする一方、『日本ナショナリズムの前夜』『神々の明治維新』など(4)では、維新政府の文明摂取論が国体論と結びついて多くの人民を内的に呪縛していく過程を明らかにし、その鮮やかな対照を描き分けてみせた。安丸氏における日本ナショナリズム論の特色と意義は、文明摂取論と国体論を一セットのものとして捉え、とりわけ前者の専制的機能を重視することによって、国体論が内面化されていくからくりを見事に解き明かした点にある、と私は考える。だからこそ、氏の視点はまた教祖らの鮮烈な「反文明開化」の思想に惹きつけられていくわけだが、問題は、はたしてその反文明開化を「天皇制イデオロギーとまったく異質なもの」とみるだけで十分なのか、ということである。端的にいうなら、われわれがさきに反文明開化の彼方にみた教祖らの抜きがたい排外主義をどのように位置づけるか、という点である。

もちろん「文明」の名による抑圧＝「啓蒙的専制」の非人間性をその鋭い宗教的直観で喝破し、身をもってそれに抗議しつづけた教祖らの姿は、民衆的抵抗の原点としていつまでもその輝きを失うことはないであろう。しかし、われわれはそのゆえにかれらがおちこまざるをえなかった排外主義の陥穽にも、断じて目をつむるべきではない。なぜなら、民衆宗教の超国家主義への傾斜は、決して両氏のいうごとくその「神道説」のゆえではなく(教祖段階における神観念が国家神道説のそれとはきわめて異質なものであったことを想起されたい)、まさに排外主義の衝動こそが、そこに駆りたてていく内的な契機であった、と考えるからである。しかも、ほかならぬ反文明開化――それこそは教祖らにとってやむにやまれぬ抵抗の原点――がその強力な引き金になっているとしたら、われわれはただ宿命的な悲劇としてそれを観ているほかはないのであろうか。その点でわれわれは、反文明開化と排外主義の接合が、本来的には決して論理必然的なものではないこと、そのかぎりでの批判は教祖といえども拒みえないものであることを、あえて承認しなければならない。われわれの仮借のない批判が、排外主義への傾斜に導く非合理的な誘因をつきとめたとき、はじめて教祖らの「反文明開化」は、その正当性を自ら証すことになろう。教祖らの神観念のなかに育まれた未発の契機としての豊かな人類愛の思想が甦るのもまた、そのときでなければならない。

ちなみに、先述の金光大神がひとり排外主義から免れえた主たる理由は、早くから政治的価値に対する宗教的価値の独自性に目ざめ、終始個人の内面的救済に主力を注いだためと考えられるが、そのような早熟的「近代」性がそのゆえに背負わなければならなかった固有の問題については、さきに述べた通りである（本書「民衆宗教における〝近代〟の相剋」）。

最後に、ナショナリズム論の文脈からはいささか離れていくことになるが、教祖らにおける「反文明開化」「反近代」は、はたしてそのままわれわれが引き継ぐべき遺産なのかどうか、という点についてふれておきたい。結論的にいって、私の答は否である。なるほど資本主義的近代が不可避的にもたらした多くの精神的荒廃、とりわけ高度成長期以後の国民に広がるはてしない自己喪失の状況に、維新政府が強行した「文明開化」路線の疲れはてた末路をみるとき、教祖らの「反文明開化」がひときわ光彩を放つものとみえてくるのは、理由の無いことではない。しかし、「文明」の毒を食いたくても食えない状況の下で「文明」を告発しつづけた教祖らと、すでに「文明」の知恵の実を食いつくしてしまった現代人との間には、まさに千里の懸隔がある。われわれがそうした現実から目をそむけ、教祖らの「反文明開化」に単なる復古的郷愁を寄せるにとどまるとすれば、それは教祖らの精神に立ち返るゆえんのものではあるまい。

竹内好はかつて「文明一元観」の元祖ともいうべき福沢諭吉の文明観のなかに、エセ「文明」を絶えず「虚構化」する精神が宿されていたことを見抜き、一九四五年の敗戦ははたして福沢コースの延長線上にあるのか、それともその逸脱として捉えるのか、と問うたことがあった。[5] その福沢らが設定した文明国日本を「暗がりの世」として告発してやまなかったのは、むろんわが教祖たちであった。しかし、その告発を支えていたものこそ、まさに「文明」の虚構性を見抜く精神そのものではなかったか。

いまや「近代」の虚妄なるは、「反近代」の虚妄なるにひとしい。

(1) 安丸良夫・ひろたまさき「世直しの論理の系譜」(『日本史研究』八五・八六号、一九六六年。のちに安丸『日本の近代化と民衆運動』青木書店、一九七四年)。

(2) 安丸良夫、前掲注1書、一四五頁。

(3) 安丸良夫『出口なお』朝日新聞社、一九七七年。

(4) 安丸良夫『日本ナショナリズムの前夜』朝日新聞社、一九七七年、同『神々の明治維新』岩波新書、一九七九年。

(5) 竹内好「日本とアジア」(『近代日本思想史講座8　世界のなかの日本』筑摩書房、一九六一年)。

霊と近代

——民衆宗教における霊魂観の変遷——

はじめに

霊魂とか他界とかいった観念は、かつて、人間の死後ばかりではなく生きているうちも、その幸・不幸にかかわりをもつものとして、ひとびとの深い関心を集めていた。そして、それを解放とみるか否かはともかく、近代の科学的・合理的な思考の発達が、そうした観念に否定的ないしは懐疑的なひとびとの群れを大量に生みだしてきたことは疑いない。柳田国男や折口信夫といった日本民俗学の先駆者たちが、こうした観念の伝統を研究の対象にすえたそもそもの動機も、そうしなければわれわれの祖先のものの考え方や感じ方が、どんどんわれわれの記憶からかき消されていって、そのことが、新たな時代に立ち向うものたちの判断を不確かなものにしてしまうという危機感からであった。

ところが、それからさらに幾星霜をへた今日、少なくとも現象的には、数世紀前のそれと変らない諸々の悪霊や怨霊たちが、依然としてわれわれの周囲に飛び交っており、しかも年々その勢いを増しているかにみえる。はたしてこれらは、前世紀の遺物が一時的に迷い出てきた姿にすぎないのか、それとも新たな時代がもたらした未来への無気味な予兆なのか。いずれにせよ、われわれはいま核戦争や環境破壊をはじめとする現代に特有の恐怖と不安の真只中にあり、しかも、それにこたえるべき新たな精神文化の形成に失敗しつづけているということが、この事態の根底に横たわっていることだけは、否定できない。

ところで、学問というものはむろん、何らかの仕方で時代の要請に応えうるものでなくてはならないが、こうした問題に対するわれわれの学問の現状はどうであろうか。

まず、江戸時代からして「鬼神」の領域は、「敬して遠ざける」のが儒学者をはじめ大方の知識人の態度であったが、近代以降は、右にあげた民俗学や宗教学の一部など二、三の例外を除いて、いよいよこの傾向に拍車がかかり、霊魂や他界などの観念は、およそ科学的認識の対象たりえないものという通念が、広く精神文化にかかわる学問の基調をなして今日に及んでいる。これには、戦後にいたるまで近代化＝封建遺制の克服を旗印にしてこなければならなかった学問自体の性格、それと表裏をなすともいえる学者文化人の抜きがたい愚民観、マルキシズムをはじめとする唯物論的人間観・世界観の影響等々さまざまな要因が考えられるが、とりわけ、明治憲法によってまがりなりにも制度化された思想・信教の自由が、他者の内面への不干渉のみならず、無関心までも保障する結果となったことが大きい。そして、その点ではかくいう筆者自身、まがまがしいもの、おどろおどろしいものを嫌悪する性向が、本来そこを抜きにしてはどんな民衆史も語りえないこの領域への鍬入れを拒んできたことを告白しなければならない。

もちろん、信教の自由そのものは近代が切り開いた何ものにも代えがたい価値であり、たとえ学問といえども、個人の内面生活にみだりに踏みこんでいくことには、つとめて慎重であらねばならない。しかし、一方ではいわゆる「霊感商法」が大きな社会問題と化し、他方では官製の「英霊」が信教の自由さえも脅かしつつある今日、それにも指一本触れることができないとしたら、やはり学者の怠慢は責められて然るべきであろう。

そして、その点の批判に堪えうるものがあるとすれば、それは民俗学や一部の宗教学のひとたちを措いてほかにはない。むろん、その功績の大半は、祖師柳田や折口の先見の明と、いまも輝きを失わない数々の業績に帰せられねばならないが、それを絶えず新たな時代相のなかで育んできたのはかれらの後継者たちであった。しかし、その結果、霊魂や他界に関する研究が、いわばかれらの独壇場となったことで、いまやわれわれは、新たな問題に直面しているように、私には思われる。

もともと柳田らが民俗学をおこした意図のなかには、滅びいくものを伝え残そうとする動機のほかに、あわよくばそれをもって現状を説くよすがにもしたいという、一見矛盾した動機がひそんでおり、その「時間」と「超時間」の微妙なバランスと緊張がまた、かれらの学問を生気あるものにしていたのであった。ところが、高度成長にかげりのみえはじめた一九七〇年代の半ばころから宗教への回帰現象が顕著となり(第三次宗教ブーム)、それを担う「新新宗教」の簇生とともにさまざまな悪霊や怨霊が跋扈(ばっこ)しはじめたとき、かれらはまさにムラとともに崩壊すべき「民俗」の生きた姿に「邂逅」する。そして、それとともに「古史を以て直ちに現在の信仰を解説することの、通例甚だしく無理」[1]なることを力説してやまなかった祖師たちの「時間」もまたその歩みを止め、悪霊や怨霊、のみならず日本人の霊魂観や他界観そのものが、基層的=歴史通貫的なものとして描き出されるにいたったのである。

私の乏しい知識からしても、日本人の霊魂観はそれなりに多様で、そこにはおのずからなる変遷もあり、また伝統的とされるものでも、時代によってその意義や機能は一様ではない。むろんかれらとてそのことに無知ではないはずだが、勢いのおもむくところ、そうした側面は「表層的」なものとして、無視ないしは軽視されることとなってしまったのであろう。そのことの不都合はいろいろあるが、とりわけ私が危惧するのは、それによって伝統的な観念が一種の「宿命」として無批判に受容され、変化や変革への契機がおのずから見失われてしまうことである。

たとえば、今日の霊魂ブームや妖怪現象を、伝統的な観念の側から説こうとする民俗学者や宗教学者は少なくないが、そこに時代への「反逆」を夢想するひとはいても、それが自らに招いている深刻な悲劇に目をとめ、あえてその弱点に迫ろうとしているひとが、何人いるであろうか。あるいは、靖国の「英霊」の問題を、御霊信仰以来の怨霊的観念の伝統に結びつけて捉えることは、いまやかれらの「常識」となりつつあるが、[2]「英霊」に対するに「怨霊」をもってすることで、国家による祭祀の強制に抗議せんとするその意図はよしとするも、ほかならぬ御霊信仰が国家の「御霊会」に包摂されていく経過に思いをはせ、そこに批判の目を向けていこうとするひとが、何人いるであ

ろうか。(3)

むろん、いまのわれわれにそのことを批難する資格はない。しかし、私がそれらのことを考えていたとき、おのずから私の胸裏に浮んできたのは、自らそうした怨霊や悪霊の跳梁する時代と環境のなかに生をうけ、その意味を問いつづけていくことで、ついに新たな人間観や世界観を切り開いていった、幕末から近代にかけての民衆宗教の教祖たちの足跡であった。そして、それがまた時代の波にさらわれて歪められ、変質させられていく過程をも含めて、われわれの反省の糧としなければならないと考えた。それが、小論でこうした問題を取り上げるにいたった、そもそもの動機である。

そうした観点から、小論ではとくに、金光教の金光大神、大本教の出口なおと出口王仁三郎、生長の家の谷口雅春らの霊魂観について取り上げてみた。それは、かれらの活動した時期が幕末から昭和の初期にいたるまで継起的に連なっており、系譜的にも近い関係にある点が、一貫した流れのなかで捉えていくことを容易にすると考えたためである(ただし、生長の家の谷口については、近代というより、現代の起点と考えた方がよいと思われるので、簡単なアウトラインの紹介にとどめた)。

山折哲雄は、その代表作の一つ『日本人の霊魂観』の序章で、これまでの霊魂の問題に対する研究視角についてふれ、大要次のように述べている。「(これまでの研究視角は)いまだ、霊魂の問題を反、省、的、な人間学の地平、あるいは、人間の身体的基礎との関連において、全体的に把握しようとするものではなかった。反省的人間学の地平というのは、むろん全体の学としての哲学的・原理的水準のことであり、そうした意味での人間学を媒介することで、はじめて霊魂の研究は、霊魂の学としての位置を確保できる[4]」。

小論は必ずしも「霊魂の学」をめざすものではないが、少なくとも「反省的人間学の地平」をめざすものではありたいと願っている。

一 ヒトガミの系譜——御霊信仰から生き神まで

万物に霊が宿るという観念は、世界のあらゆる民族が精神史の黎明期に刻みこんだ共通の遺産である。なかでも人間の霊魂のはたらきに畏敬の念をもつことの盛んであったわが民族は、はやくからシャマニズムや祖霊信仰、氏神信仰などの人間霊にまつわる独自な民間信仰をはぐくんできた。その意味で日本の民衆の霊魂観は、これらの民間信仰の母体であるとともに、それらの信仰によってまた、自らの性格も特徴づけられてきたものとみられる。

さきに私は、これらの信仰をヒトガミという観点からとらえ、その変遷について述べたが（二〇九—二二八頁）、ここでいま一度その要点をまとめておきたい。

これらのうち、ムラやイエに密着した祖霊信仰における祖霊の観念が、その保守的性格から、変化の乏しい通奏低音のごとく、民衆の霊魂観をその基底から支えてきたとすれば、主として一個人格によりついた荒御魂に発生の起源をもつ人神（「人神」と「ヒトガミ」の使いわけについても二〇九—二二八頁を参照）の観念は、ひとびとの現状打破の願いと結びついて、時々の霊魂観に絶えず新たな息吹きをあたえる触媒の役割をはたしてきた[5]。そのような性格を帯びた人神の観念が、一つの信仰としてのまとまりをもって初めて歴史の表面に登場してくるのが、古代中期から中世にかけての御霊信仰である。御霊信仰の根底にあるのは、怨霊の祟りに対する鎮魂の思想だが、祀られる対象が主として時の支配秩序からはみ出した不遇の英雄のそれであり、その超人的霊力が疫病や災厄などの社会不安と結びつけて捉えられるところに、この信仰の民衆的とされる大きな特徴があった。この信仰はしかし、やがて成立する顕密体制（国家と癒着した宗教的イデオロギー体系と装置）に包含され、しだいに体制化されていく[6]。

戦国の動乱期に日本の民衆を深くとらえた一向宗やキリシタンの教えは、こうした霊魂観のうえにも大きな転回をもたらす契機をはらんでいたと考えられるが、それらの弾圧をもって始まる近世の社会では、再び人神や鎮魂の思想が息をふきかえし、新たな民間信仰の形成を促した。明神や霊神の信仰をはじめとする諸々の流行神の盛行がそれである。こうした流行神の隆盛は、明らかに生産力の一定の発展に支えられたものであり、それがヒトガミ信仰の歴史にも新たな地平を切り開くものであったことは疑いない。しかし、他方では、幕藩制国家の厳しい宗教統制がその伸びやかな発展を阻害し、ともすれば軽佻で猥雑な気風のなかに自らの可能性を閉じこめてしまう傾向がみられたことも事実であった。

『近世の流行神』の著者宮田登は、こうした流行神の隆盛が流行神仏の種類を豊富にした反面にを媒介した民間の「救済観のむなしさ」[7]ともいうべきものが横たわっていること、それは、流行神を媒介した民間の宗教者たちが幕藩体制支配の桎梏のなかで自らの内から「真に民衆の期待するメシア」を生みだしえなかったためでもあることを示唆し、最後に「流行神という信仰体系の持つ基本的性格」にふれて次のようにしめくくっている。「流行ることは、必然的にすたることを前提とする。(中略)はやりがすたる前に定着化するには、定着化を可能とする宗教的価値観が創成されねばならない。それは民間信仰の中から生まれてきた宗教者とその世界観によるものでなくてはならない[8]」。

これらの宮田の指摘は、流行神の限界を明らかにしつつ、それを克服する課題をもおのずからさし示すものとなっている。すなわち、流行神に託された諸個人の個別的な救済願望が真に満たされるためには、まず確固とした救済観念と宗教的価値観を担ったメシアの登場が不可欠であり、そのようなメシアないしメシア観を体現する新たな宗教者は必ず民間信仰の土壌から生まれてこなければならない、ということである。これに、霊の問題に直接する課題を私なりに加えるならば、個別的な現世利益＝欲望ナチュラリズムの即自的反映にすぎない霊験・霊能の魔術からひとびとを解放する新たな霊魂観と、それを支える新たな人間観の成立も必須の条件となるであろう。なぜなら、霊験のマギーは結局のところ社会の現実的な諸関係を神秘のベールで覆い、自身の生活と生産様式の変革を妨げるだけでなく、支配者が自らその頂点に立つことによって、絶えず階級支配に奉仕する「力」ともなりえたからである[9]。しかし、そのマギーからの解放が可能となるためにも、さきの課題が成就されねばならず、伝統的なヒトガミ信仰がその内部から革新されていく必要があった。

そして、このような課題に応えるべく登場してきたのが、まさに、幕末から近代にかけてのいわゆる生き神教祖たちの民衆創唱宗教の運動にほかならない。こうして、われわれはいま、幕末民衆宗教を代表する生き神教祖の一人、金光大神の霊魂観と、その宗教思想を視野のうちに収めうる位置にたどり着いた。

二　こころと霊のあいだ——金光大神の霊魂観

幕末民衆宗教の歴史的意義を考える際、マギーからの解放を視点の一つに据えるかどうかは、論者の立場によるが、少なくとも金光教教祖金光大神(一八一四—一八八三)について衆目の一致するところは、かれが日柄・方位の俗信をはじめ、諸々のマギーやタブーの大胆な否定者であった、という点である。このことは、その霊魂観についても例外ではなかった。

もっとも、かれの場合は霊魂観とはいいながら、その教説においては実のところ、霊の問題に特別の位置があたえられているわけではない。また、霊魂に関する記述そのものも極めて数が少ない。にもかかわらずあえて「霊魂観」としたのは、「霊魂」の語をその多義的解釈のままに包含する普遍的枠組として措定した場合、独自の霊魂観をもたない、あるいは強いてもとうとしないという立場も、際立った霊魂観の一つとみなしうるからである。そうした前提で、次に数少ない教祖の霊魂に関する記述のなかから、比較的まとまったものを一つだけ紹介しておこう。これは教祖が直信の問いに答えたもので、「真宗では、死んだら西方十万億土へ行くといい、太夫様は鈴を負って高天原へあがるという。ほかにも色々の教えがあるが、魂はそのように色々分かれるのだろうか」(大意)との問いに、

墓所に体をうずめていることからすれば、墓所と仏壇とで遊んでいるのである。

そういうことはありはしない。……天が下の氏子の死んだ者の魂は、天地の間にふうふうと、ぶゆが飛ぶように遊んでいるので、どこへ行くのでもない。わが家の内の仏壇にいるし、わが墓所に体をうずめていることからすれば、墓所と仏壇とで遊んでいるのである。[10]

と答えている。これをみるかぎり、教祖が少なくとも死後の霊魂の永続を認めていたことは明らかだが、それより興味深いのは、死者の魂が生前の地をそのまま住家として家族と共存し、それ以外に他界というものを別に思い描こうとしていない点である。こうした霊魂観・他界観は、むろん教祖に独自のものではなく、むしろ民俗的祖霊観のそれに近い。[11] このことは、教祖の信心の土着的背景を考えるうえで、確かに注目すべき事実の一つではある。しかし、その一方で、次のような教祖の死生観や弟子たちの理解に接すると、こうした霊魂観もことさらに重視すべきものではないことが、判然としてくる。

(1) 死ぬる用意をすな、生きる用意をせよ。死んだら土になるのみ。[12]
(2) 此方死なば、屍は苞にして川に流すなりと土に埋めるなりと、勝手にせよ。[13]
(3) 生きとる時に神になりおかずして、死んで神になれるか。[14]
(4) 神が人を造りもし殺しもし、あるいはまた病気も差し向け、快癒もさし、神が自由自在に

してござる。[15]

(5) 神様のおかげで生まれてきた人間じゃもの、死ぬるのも神様のおかげでのうて死ねるものか。……神様のお計らいでは、いつゆかねばなるまいもしれぬのに、その際のやれそりゃ信心では間に合わぬ。平生から、まさかの折にうろたえぬだけのご信心をしておかねばならぬ。[16]

死への不安にこたえることが、多くの宗教のセールスポイントの一つであり、霊魂の不滅や他界に関する種々の教説もそのためのものであるとしたら、(1)(2)にみられる教祖の死生観は、わずかな死後への幻想も打ち砕く体のものであり、ほとんど唯物的でさえある。しかし、そのゆえに、かれの関心は反転して、現世をいかに生きるか、という問題の一点に集中していく(3)。このような死生観をその奥底で支えているものこそ、かれの場合は、「神様のおかげ」「神様のお計らい」に対する深い信頼にほかならなかった(4)(5)。

このようにみてくると、さきの民俗的色彩の濃厚な霊魂観も、神様のお計らいに対する深い信頼がいわしめたものであり、全体の基調をなすマジカルな霊魂観の排除も、神への絶対的な帰依と、その徹底した現世主義に基づくものであったことが理解されよう。それならば、そのような神への信心はいかにして成立しえたのか。以下、宮田登の「救済観のむなしさ」という含蓄の深い言葉を導きの糸として教祖の宗教思想の特質をさぐり、そこに霊魂観との因果を尋ねてみることにしよう。

まず、教祖の霊魂観に直接かかわりのある人間観についてみると、その根底にあったのは、自己への厳しい省察から生まれた人間=凡夫観であった。教祖が生まれ育った備中の地方では、土地柄、近くの吉備津神社や石鎚神などがひとびとの信仰を集めていたが、とりわけかれらの心を深く捉えていたのは、日柄・方位にまつわる強力な祟り神＝金神の信仰であった。わずかの年月に七つの墓を築くという不幸に見舞われた教祖も、これらの神信心に唯一の活路を求めたことはいうまでもない。しかし、その甲斐もなく、やがて自らが難病の床に伏し、周囲の者が「金神の祟り」を囁き始める絶望の淵で、ついにかれが思い知らされたのは、神のはかりごとがいかに人知を超えたものであるか、ということであった。その時、まだみぬ神の姿をまさぐりながらかれの口をついて出た言葉が、この「凡夫」だったのである。凡夫とはかれによれば、「神様への御無礼」を知らず、そのゆえに難渋しているもののことであり、「御無礼」とは、自分の都合ばかりを神に押しつける身勝手な生き方のことである。この御無礼は、しばしば子々孫々にも及ぶものとみなされ、その根深さを表すに、教祖はまた「めぐり」の語をもってしている。その後間もなく実弟の神がかりを契機に、それまでの祟り神＝金神は、苦難の底から教祖を支えてきた救済神＝「金乃神」として、その真の姿を現し、かれを見舞った数々の不幸も、人間の無礼を知らしめんとする神の無辺の愛から出たものであることが告知された。

こうした凡夫の認識と苦難の理解に支えられたかれの人間観が、マジカルな霊魂観を排除しなければならない理由は、すでに明らかであろう。すなわち、教祖の凡夫観は、謂うところの人間の存在拘束性、被造物性、有限性の認識にほかならず、その苦難もかかる人間の本性に根ざしたものとみられるかぎり、人間の霊性にマジカルな力を期待したり、そこに禍福の因果を求める立場は、論理的にも心情的にも相容れない性質のものだからである。

しかし、このような凡夫観や苦難の理解は、むろんそれだけで完結すべきものではない。教祖にとって、その凡夫観が痛切であればあるほど、よりさし迫った問題は、めぐりを背負った人間がいかにして救われるか、ということであった。さきにみた教祖の霊魂観が究極的に保障されるか否かも、その救済論にかかっている。

教祖が晩年に自らの信心形成史として書き残した「金光大神御覚書」(以下「覚」と略す)によれば、それまで生活の万般にわたる数々の「お知らせ」を通して教祖を導いてきた神は、一八五九(安政六)年、その信境を見定めたかのように、農業をやめて「難儀な氏子」の救済に専念することを求める。今日「立教神伝」の名で知られるこのお知らせのなかには、かれの救済の教義の根本にふれる重要な指摘がいくつかみられる。

そこではまず、それまでもっぱら教祖個人の救いにかかわってきた神が、実は難儀な氏子全体の救いを本願とするものであることが明らかにされている。このような神性の開示は、それなくしては救済のことを語りえない、教義の根幹をなすものであることは論をまたない。しかしそのうえで、神は教祖の「取次」によってこそ救済の業も成就されることを示唆している。教祖が神の仲介者として立ち現れ、自ら救済の一翼を担うというケースは珍しいものではないが、一般に、神人懸隔の意識の顕著なものほど、仲介者の役割は重視される。その意味で、これも救済論には不可欠の部分である。ただしその場合、教祖に特徴的なのは、仲介者にありがちなカリスマ性が希薄なことであった。それは、自らを「神様のおかげの受けはじめ」とし、その信境に応じて、多くの弟子たちにも取次の業を委ねたことにも現れている。また信者との対話の形に様式化された取次の手続き自体にもマジカルな要素はほとんど含まれていなかった。[17] ここではそのほか、神業である氏子の救済に氏子自身もかかわっていることを示唆した「氏子あっての神、神あっての氏子」などの言葉もみられるが、これについては後述する。

以上みてきた救済論の特徴は、いずれも教祖の霊魂観と密接なかかわりをもつものと思われるが、なかでもとくに重要なのは、やはり、その神性ないし神格の特質であろう。先述のごとく、人間をなべて神の救いなしには立ち行かない凡夫とみるか、はたまたマジカルな霊能の保持者とみるかは、神性の高さとその権威の集中度にかかわる。いわゆる一神・多神などの神格論がのっぴきならない意味をもつのも、それがかかる救済論に直接しているからである。そこで、教祖の神の神性についてだが、さきにも述べたように、当初習合的多神観のなかにあった教祖の信心は、とくに強力な威力をもってかれの生活にかかわると観念された金神に集中し、やがてその金神は、難儀な氏子の立ち行きを本願とする普遍的神性を備えた「天地金乃神」として、自らの姿を顕現した。そのことから、今日ではこの神を一神教的な最高神、普遍的絶対神に近いものとする説が定着し、教団でも早くからこの神を唯一の「親神」として奉斎してきた。

しかし、教祖は実のところ、その後も伝統的な民間信仰とのかかわりをまったく捨てたわけではなかった。それどころか、明治にいたって再確認された神名のなかには、「金乃神」「金光大神」(この教祖自身を表す神号については後述)と併記して、「日天四」「月天四」「大しょうぐん不残金神」などの民俗的色彩の濃厚な神々も、なおその名をとどめている。これもまた「覚」が示す紛れもない事実である。こうした点から、最近では、天地金乃神の後景に押しやられていたこれらの神々を捉えかえすことによって、その神性を再検討しようとするこころみも現れてきている[18]。神性の問題は教義の根幹にふれるものであるだけに、天地金乃神の相対化につながるこうした議論は、容易ならざる問題性をはらむものといえよう。

この点に関する私自身の見解は、いずれ機会をみて明らかにしていくつもりだが、結論的にいって、私はやはり天地金乃神の至高性だけは疑いのないものであると思う。たしかに、これまでは筆者自身も含めて、天地金乃神の神性に唯一、絶対、普遍などの概念をやや安易に用いてきた嫌いがあり、民俗信仰とのかかわりについても、厳しいせんさくを避けてきたことは否めない(同様のことは他の民衆宗教の神性論にもみられる)。しかし、こうした神性の問題は、教祖の言説の外形からではなく、何よりもその信心の内実から理解される必要がある。その点で見逃すことができないのは、教祖が常に祈りの対象とし、それに対して「お知らせ」をもってじかに語りかけてくる神はどの神であったか、ということである。教祖の信心における「お知らせ」の意義の重大さを考えるなら、その唯一の主体たる天地金乃神の神性は、とうてい他の神々と同列に論ずべきものではない。いまはとりあえず、その点だけをとくに指摘しておきたい。

ところで、右のような神性論や取次論は無論救済論の要(かなめ)だが、教祖における救済論はそれだけでは完結しない。さきにも指摘しておいたように、教祖は、神業たる氏子の救済に氏子自身が深くかかわっていることを重視した。教祖は一八七三(明治六)年、神の命によって「天地書附」と呼ばれる次のような信心の心得をしたため、信者たちにあたえているが、ここにはさきの凡夫観と表裏をなす、いま一つの人間観がみられる。

生神金光大神
天地金乃神　一心に願(ねがえ)
おかげは和賀心(わがこころ)にあり
今月今日でたのめい(19)

ここでまず注目されるのは、冒頭の「生神」の一句である。教祖はその信境に応じて、神から大明神・大権現などの神号を授かったが、一八六八(明治元)年には「生神金光大神」の神号が許され、これが終生のものとなった(20)。俗にいう「生き神」や「生き仏」がそうであるように、この生神にも人間の神格化に結びつく要素が無いわけではない(21)。しかし教祖は別に、自分のことをひとが神、神というが、自分は何も知らぬ土を掘る百姓であり、もしそのようにいうのなら、あなた方も神であり神の子であろう、「生神ということは、ここに神が生まれるということ(22)」だと説いている。これを「信心をして神になる」「神になっても、神より上になること無用(23)」などの理解と併せ考えるなら、教祖のいう生神とは、信心によって永遠の生命にふれ、日々成長を遂げていく人間の理想像であり、信心を媒介とした普遍的な人間形成＝自己変革の原理であったともいえる。こうした生神の思想は、人間＝凡夫観のゆえに到達した高次の人間論であり、その救済論の土台をなすものであった。

次に重視されるのは「おかげは和賀心」の箇所である。「理解」にはこのほかにも「表行よりは心行をせよ」「心で憎んで口で愛すな」等々、心のあり方にふれた教えが随所にみられる。それらの教えからすれば「良きことも悪しきこともわが心から(24)」なのだが、右の一句はその究極の姿を述べたものであろう。このように心のはたらきのなかに真実のものを求め、そこに自己回復の唯一の契機を見出そうとする思惟の傾向は、すでに石田梅岩の心学などに萌している。(25)しかし、そうした心の普遍性は、心それ自体におのずから備わるのではなく、神への信心によってのみ獲得されるとみる点に、教祖の「心の哲学」の特色があった。「信心ということは、しんはわが心、じんは神なり。わが心が神に向かうをもって信心と言うなり(26)」という教祖にとって、心とはまさに「神信心の定規(27)」にほかならなかった。その意味で、教祖の唯心論はむしろ唯神論、あるいは唯信論ともいうべく、その「信心」こそは教祖にとって、あらゆる神学に先立つ生命的なものであったといえよう。

以上の点をふまえて、いま一度霊魂の問題に立ち返るなら、教祖がとくに「霊魂」について多くを語っていないのは、他の言葉で十分にそれを伝えているからであると思われる。いうまでもなく、「心」がそれである。霊魂を広義にとらえた場合、マジカルな機能を重視すればするほど、それは本来的な狭義の「霊魂」に近づくが、そのような機能を排除すればするほど、それはかぎりなく「心」や「精神」そのものに近づいていく。キリスト教や仏教など、いわゆる普遍宗教と呼ばれるもののなかには、後者の霊魂観に近いものが少なくないが、教祖の場合は、プロテスタンティズムや近代科学の合理主義が持ち込まれる以前に、土着的な民間信仰との格闘を通して形成された新たな宗教的価値観によって、かかる合理的霊魂観を切り開いたのであった。

その場合、教祖は、民間信仰の神(金神)、を否定するのではなく、それを自らの信心にとりこみ、とりつくすことによって、かえって民間信仰の個別性をつき抜けた普遍的な宗教的価値観に導かれている。この一見、非弁証法的でしかも自己否定＝自己超越の契機を十分にはらんだ回心のプロセスは、まさに教祖の宗教の独自性と、鍛え抜かれた大衆性を示すものであった。しかし、このような民間信仰との連続と非連続の両義性は、ヒトガミの伝統における神性と人性の両義性ともあいまって、その内面化による緊張を失うや、融通無碍の状況主義に転落する可能性を常にひそめていたともいえる。そのかぎりで、教祖金光大神における合理的霊魂観も、ひとたび強固な信心に支えられた教祖の人格性を離れるとき、新たな歴史の試練に晒されなければならなかったはずである。これを教祖以後の金光教についてみれば、その霊魂観に関する限り教祖からの甚だしい逸脱はなかったとみてよい。しかし、同じ金神信仰を源流の一つとし、金光教からも一定の刺激を受けつつ独自の流れを形成していった大本教の場合は、霊魂観の点でも異なった軌跡を描いていくことになる。

三 「身魂」の思想——出口なおの場合

大本教開祖出口なお(一八三六—一九一八)と金光教とのかかわりについては、微妙なものがある。

まず、その肯定的な面を物語る事実としては、三女ひさの神がかりを契機とする金光教との出会い、なお自身に帰神した「艮の金神」の神名や「筆先」に散見する「御蔭は我心」「神ありての人民、人民ありての神」「取次」「広前」「めぐり」等々の語と金光教教義におけるそれとの類似性、初期の布教における金光教広前(布教所)との一時的合作などの事実があげられる。また、その否定的な面としては、やはり「筆先」のなかにみられる「金光殿と取次」に対する直接間接の批判と、それを内的動機とする金光教との訣別の事実がある。要はこの一時的接触による影響のいかんだが、少なくともなおの主観においては、金光教の影響はその内面にまで及ぶものではなかった、と思われる。

しかし、ここで重要なのは、その直接的影響を無視していいほどの金光大神の霊魂観と、なおのそれにはある種の親近性がみられ、その点ではなおの継承者たる出口王仁三郎(一八七一―一九四八)との間に、かえって明らかな断絶があるということである。そして問題は、まさにそのなおと王仁三郎との切れ目にあるわけだが、その点を見極めるためにも、ここではまずなおの位置から確定しておかなければならない(28)。

なおの霊魂観に焦点をしぼってその「筆先」をひもといていくと、われわれはまず夥しい数の「みたま」の語に圧倒される。「霊魂」の語が何を意味するにしろ、この事実はとりあえず、なおの霊魂についての関心の大きさを示すものといっていい。次にその典型的な用例のいくつかを列挙してみよう。

(1) 此事判(このことわ)ける身魂(みたま)は、東から出て来るぞよ。此御方が御出になりたら……(29)。

(2) 変性男子と変性女子との身魂が、揃ふて守護が有り出したから……。(30)
(3) 因縁の在る身魂でないと、御用には使はんぞよ。(31)
(4) 神から頂いた結構な身魂を、外国の悪の霊魂に汚されて了ふて……。(32)
(5) 霊魂に曇りが在りては善い道へ乗り替へたとて、辛うて御用が出来んから、発根の改心、腹の底からの改心でないと……。(33)

「みたま」のほかに「れい」「れいこん」「たましい」の語もあるが数は少ない。右は王仁三郎が編纂した『大本神諭』の「天之巻」からの引用で、漢字は王仁三郎の宛字だが、「みたま」の語に関するかぎり、宛字によってかえってその意味がうまく使い分けられている面がある。まず、(1)(2)(3)の「みたま」にはいずれも身魂の字が宛てられている。その意味するところは、(1)の「みたま」が「此御方」、(2)が変性男子(なお)と変性女子(王仁三郎)、(3)が「御用」に使うなどの語に対応しているところからすれば、ほぼ人間そのもの、あるいはその人格をさしたものとみてよいであろう。しかし、それをあえて「みたま」というところに、魂あっての人間、人間あっての魂という、なおに独自の人間観、霊魂観がにじみ出ている。その意味で、このような用例に、身魂の語を宛てた王仁三郎の感覚は、さすがといわなければならない。一方、「みたま」の語をそのまま狭義の霊魂の意味で用いている場合も少なくない。(4)の後者と(5)のケースがそれである。問題はその場合の「みたま」の意味だが、(5)の用例では明らかにそれは「改心」の語に対応しており、ほかでも「自己の身魂から改心いたさす」(34)などの用法がみられる。また「人民の霊魂も曇りたものであるぞよ、障子一枚まならぬ所まで精神を汚して置いて……[35]」のごとく、精神の語を対置させている場合もある。つまり、なおにとっての「みたま」はそのかぎりで、ほとんど「心」または「精神」と同義か、それに近いものとして用いられているのである。むろんそのうえでなお、彼女が「みたま」の語に固執しなければならなかった理由はそれとしてあるにちがいない。しかし、振れ幅の大きな霊魂観の流れのなかになおのそれを置いてみたとき、前述の金光大神の理解と隔ること、決して遠いものではなかったとはいいえよう。

ところで、なおの宗教と金光大神の宗教は、ともに近代民衆宗教としての共通基盤のうえにあり、神学的にも相通ずる部分が少なくないが、いわゆる世直しの願望において、それを強く打ち出す前者と、その要素が希薄な後者との間には、大きな差違のあることが指摘されてきた。これを両者の宗教思想にそくしていえば、この世の全体性にかかわる問題と個々の人間の内奥の問題とをひとまず区別し、人間個々人の魂の「たすけ」一条を旨とする、そのかぎりでは宗教の政治的領域からの独立を示唆する金光大神の立場と、三千世界の立替え立直しを旨とし、神の「しぐみ」(経綸)による神政の実現を希求する、そのかぎりでは祭政一致を理想としたなおの立場との差違である。この両者を教祖と仰ぐ二つの宗教が、歴史的現実のなかで描き出していく軌跡の鮮やかな対照と、それぞれの負った問題の深さを思うとき、われわれはこの差違から目をそらすことはできない。しかし、当面する霊魂観の問題に視野を限定したとき、両者の宗教思想には意外に共通する部分も少なくないのである。

まず、その死生観や他界観についてだが、「筆先」にみるかぎり、なおは死や死後の世界をそのものとしてはほとんど語っていない。おそらくそれは、個々人が個々に迎える孤独な死という地平を超えたところに彼女の視線がそそがれていたためであり、必ずしも死の問題が関心の外にあったからではあるまい。たとえば、「筆先」のなかでたまさか目にふれる「御出直し」の語は、そのような死の意義をよく伝えている。「信心無きものは気の毒ながら御出直しして御座る[36]」となおがいうとき、それは明らかに「立替え立直し」の終末観に連なり、「世界の人民三分になる」というイメージとも重なり合う。なおはこのように、人民の滅びと再生というパースペクティヴのなかで、死ののっぴきならない意義をみていたのである。その意味で他者が絶対に代ることのできない問題として、死や苦難の意義を自己の内面に深く問い詰めていく金光大神の信心の回路は、なおのそれとは逆の方向を向いている。しかし、究極的な確信としてかれらがともに見据えているのは、裁きとしてであれ恵みとしてであれ「死は神の計らいによる」という一事であり、そこから翻って救いを現世のただなかに求め、「今をいかに生きるか」という課題に集中していく点でも、両者の理解は指呼の間にあったといえよう。

では、その人間観についてはどうか。金光大神が見極めた人間の姿は、自力ではもはや救いようのない凡夫愚夫のそれであったが、なおの場合も、この世を「獣類の世」「暗がりの世」「利己主義(われよし)の世」と捉える根底には、「今の人民は余りに近欲(ちかよく)なから[37]」という認識があり、自身についても、「何遍も生替り死に替り苦労」したのは「昔の神世から罪の深い霊魂(みたま)であるから[38]」だという把握があった。また、金光大神が人間の根源的罪業をさして用いた「めぐり」の語についても、なおはほぼ同様の意味で用いている場合が少なくない。もっともなおには同時に、人間を「世界の苦しむ人民」と「人民の中の鼻高」＝権力者とに分けて捉える視点があり、後者に対しては激しい怒りを燃やしつづけている。しかし、神の位置からみるかぎり、人間は均しく罪の子であり、神の赦しなしには救われない存在であるという点で、両者の理解に大きな隔りはなかったとみてよい。

ところで、金光大神は前述のように、他方では人間を「神の子」とも称えて、その生神思想を基礎づけているが、なおにも、「人民というものは万物の霊長と申して、神にも成れる性来の、結構な霊魂を戴いて居りながら……」(39)「人民は皆神の子であるから、親が子を思ふのと同一事じゃ」(40)といった思想がみられる。こうした「人間＝神の子」観は、一見、右の「人間＝罪の子」観とは矛盾しているように思われるが、教祖らのいう神の子は、あくまで「子を思ふ」親神の立場から述べられたものであり、そのかぎりではむしろ、人間の罪の自覚なしには成立しえないものであったといえよう。いいかえれば、それは凡夫観、罪業観(41)によってひとたび否定された自己の、信心による再生の可能性を示唆する唯一の福音だったのである。しかし、そのことを前提としたうえで、この両義的な人間観が、ひとたび否定の契機を失い、神の子観の方にのみ片寄せされていくと、再びヒトガミの伝統における神性と人性の互換性がよびさまされ、天皇を親神とする家族国家観や、神ながらの選民思想、軍神・英霊の靖国信仰などに包摂される可能性を宿していたことも、見逃してはならない。そのゆえにこそ、われわれは、ヒトガミ思想の転回に苦闘した教祖らの信心の原点に、絶えず立ち返ってみなければならないのである。

次に、なおの救済論についてだが、「筆先」に述べられている要点をまとめると、「この世はわれよしの暗がりの世に陥っているが、これまで陰におしこめられてきた艮の金神が表に現れて、三千世界の立替え立直しを行う。なおはその御用をつとめる神の代理である。世界の人民も、この神の経綸に参加すべく、ただちに改心せよ」ということにつきる。

そこでまず、この救済論の主軸となる神の性格からみていくと、一八九二(明治二五)年の最初の神がかりからその死にいたるまで、一貫してなおとその神学を支えてきたのは、いうまでもなく艮の金神であった。この神名は前述のごとく、明らかに金光教からの影響によるものと思われるが、本来強力な祟り神とされる金神を、この世の根本的な救済神として捉えかえしている点も、金光教からのインパクトと考えてよいであろう。ただし、祟り神的な性格をいく分強く残している点に、なおの神の個性があり、「この世界の全体性をほとんど絶対的な悪として措定し、終末観的な立替えを告知する」[42]点で、金光大神の神とは大きな隔りもあった。[43] しかし、ここで注目したいのは、この地方にも土着的な金神信仰が根強く息づいていた、とみられる点である。[44] そのことは少なくとも、なおが、金光大神における金神信仰の転回を納得的に追体験しうるだけの土壌があったことを示唆している。その意味で、あえて金光大神の神となおの神の共通性を求めるなら、それは名辞より何より、かかる民間信仰の神を内面化するプロセスそのものにあったとみるべきであろう。このようななおの神の出自は、後年その国学系の神道説によって、神格の読み替えや粉飾をはかった王仁三郎の神観との差違を考えるうえでも、無視しえない点であると思われる。

ところで、霊魂観にかかわりをもつ神格の高さやその権威の集中性に関連して、ここでも問題になるのは、この艮の金神とそれ以外の神々との関係である。なおの「筆先」にも金光大神の場合と同様「日の大神様、月の大神様」「月日様」が登場し、そのほかにも、零落して「世に落されて居りた」とされる土俗的な神々や、王仁三郎の影響による国学神道系のさまざまな神が登場してくる。まず月日様は、金光大神における日天四・月天四同様、民俗的な日の神・月の神の信仰を背景としたものだが、なおの神学によると、それは艮の金神をこの世に出した「天地の元の大神様」「元の活(いき)神(がみ)」とされている。いわば艮の金神の上位に立つ最高神・根本神だが、「筆先」では艮の金神を権威づける以外に独自の役割を負わされてはいない。その意味では、同じ民俗信仰を母体にするとはいえ、本来、祟り神としての強烈なリアリティをもつ金神に比して、抽象性の高い没個性的な神であったといえよう。

これに対して、なおの初期の神学を飾る雨の神、風の神、岩の神、荒の神、地震の神、竜宮の乙姫様、日の出の神、金勝要の神などの土俗的な神々は、少なくとも「世に落されて居りた」という特殊な意味づけをあたえられているかぎりで、きわめて個性的な神々であった[45]。これらの神々の「苦難」の意義について、安丸良夫氏は、そこに「苦難こそかがやかしい使命への証し」だとする「いわば苦難の神義論とでもいうべき発想が基調にある」といい、「貧しさ、愚かさ、醜悪さ、劣等感覚などとして存在していたはずの苦難を、こうしてあざやかに転換させ、かがやかしい意味をあたえたところに、なおの創造性がある」として、これらの「零落れた神たち」の役割を重くみている。[46] 安丸のこの洞察は、民衆宗教における神観念の研究に新たな地平を切り開くものであり、筆者も教わるところが少なくない。しかし、ここでの氏の「零落れた神たち」への関心は、あくまで苦難の神義論の文脈におけるそれであり、必ずしも、艮の金神の神格論に抵触するものと考える必要はない。その意味では、氏の議論も、なおにとっての艮の金神の比類のない偉大さを承認したうえでのものといえよう。

艮の金神をめぐる神々のいま一つのグループは、「筆先」の「艮金神国常立尊出口の守と現れて」などの起筆形式に現れる艮の金神の同格神(化神)たちである。これは、一八九九(明治三二)年、なおと王仁三郎の提携が成って金明霊学会が設立されたころ、王仁三郎が審神者としてなおに憑依した神を「国武彦命」と見分けたのがはじまりで、以後その神名は順次稚姫君命、国常立命、大国常立命などと改まっていった。これについても、王仁三郎との確執に目を据えた安丸氏の鋭い分析があるが、[47] ここでは、こうした王仁三郎のアナロジーがなおに受け容れられるのは、艮の金神の権威性を弁証すると思われるかぎりであったという点を指摘しておけば十分であろう。

次に、神の仲介者としてのなおの役割とその性格についてだが、[48]「筆先」に「神は其儘では何も出来んから、因縁ある身魂を引きよせて憑りて此世の守護をいたす」とあるように、なおは「艮の金神が表に現れ」たことを身をもって証する神の代行者であり、その最も重要な役割は、神の憑依による筆先を通して、人々に神の経綸＝世の立替えを告知することであった。その際、神の仲介者たる根拠が、自らの霊能にではなく、「今度の御用をさす為に、昔から生代り死代り、苦労ばかりが為して在りた」[49]という「因縁」に求められている点に、なおの場合の特色がうかがわれる。しかし、その様態にはなおにおけるいま一つの特色は、その神がかりに激しいトランスが伴うことであり、その様態にはまさに女性シャーマンのそれを思わせるものがあった。同様のことは、天理教教祖の中山みきにも認められる。

教祖におけるシャーマン的な性格は、多かれ少なかれ民衆宗教に共通したものだが、それは、シャーマンの権威によることが、自己解放における価値の転換をひとびとに承服させるほとんど唯一の方式と観念されたためであろう。ことに、その精神的・肉体的重圧に女性(ないし母性)特有のものを背負っていたなおたちにとって、このような神がかりは、日常性からの脱出をはたす最後の切り札であったにちがいない。まして、彼女らの豊かな宗教性が、それを起点として初めて開花したものとすれば、そのシャーマン的資質のはたした役割は大きい。しかし、われわれはまた、シャマニズムの伝統を負った精神風土には、常にカリスマ的支配への衝動が蠢いていることも忘れるわけにはいかない。その意味で、彼女らの神がかりにみられるシャーマン的性格は、むろん、人為的に生みだされた職業的なシャーマンのそれとは別趣のものだが、それもいずれは克服されるべきものであったと私は考えている。昨今の日本文化論の一部にみられる土俗回帰論(シャマニズムへの手放しの礼讃はその一つの特徴)の反動的性格に鑑みて、あえてその点を指摘しておきたい。

金光大神が「和賀心」のありように、おかげの契機をみたように、なおの救済論においても、とくに重視されているのは人民の「発根(ほっこん)の改心」である。なおによれば、「改心と申すのは何事に由らず、人間心を捨(すて)て了ふて、知恵や学を便りに致さず、神の申す事を一つも疑はずに生れ児の様になりて、神の教を守る事」[50]だという。ここには心を信心のはかりとする金光大神と同じ心の哲学がある。しかし、なおがその最晩年に至るまで改心を叫びつづけてやまなかったのは、それが人間にとっていかに困難なことであるかを、眼前の世界にみつづけなければならなかったためであろう。

四 「霊魂」の転成——出口王仁三郎と霊体二元論

大本教では今日、「〃開祖出口なお、聖師出口王仁三郎を二大教祖と仰ぐ〃(「大本教法」第三章)[51]のであって二人の教祖をもつことは、他にみられぬ大本の大特色の一つである」としている。両者をともに教祖と仰ぐかどうかは教団の問題だが、その一体不可分を強調しなければならない理由は、かえってかれらの宗教家としての資質や神学の差違のうちにあるともいえよう。栗原彬は、〈プロプリウム〉(その人の人生に特有のもの)という観点から、この両者の対立の構造を明らかにしつつ、次のように述べている。「私が出発点に置くのは、大本の存立にとってナオと王仁三郎のいずれをも欠かすことができないという動かし難い事実である。王仁三郎は、さしあたりナオとの対立と結合において、両者の双側性と相補性の関係の中でとらえられる。次いで王仁三郎は、ナオを含めて複数のコスモロジーを呑み込み、独自のコスモロジーを吐き出す。その世界像の生産機構、動いていく過程が、とりかえのきかない王仁三郎、生成しつつある王仁三郎にほかならない」[52]。微妙な言い回しのなかで、なおと王仁三郎の関係をたくみに表現したものといえるが、当面する霊魂観やそれにかかわる宗教思想に視点を据えるとき、「とりかえのきかない王仁三郎」は、いよいよ鮮明にその姿を現す。

王仁三郎の霊魂観を特徴づけ、かつ、それをなおの霊魂観から隔てているものは、第一に、その人霊＝神霊観であり、第二には、その霊体二元論である。

まず、王仁三郎の霊魂観は、一九〇五（明治三八）年八月、産土の小幡神社に参籠してえたという、次の三カ条の神教に基礎づけられている。

一、天地の真象を観察して真神の体を思考すべし。
二、万有の運化の毫差なきを見て真神の力を思考すべし。
三、活物の心性を覚悟して真神の霊魂を思考すべし。[53]

かれによれば、宇宙は、この霊力体の「三大元質」によってみたされているが、その本源は真神の造化の徳にあるという。したがって、これを霊にそくしていえば、「万物の精神なるものも、又、神の賦与し給う処のものであって、乃ち分霊である。……万物の精神は神の分霊たる以上は、人魂も亦神の断片である。否断片のみならず、人魂其のものは即ち神である」[54]ということになる。

このような人魂即神の主張は、一見なおの「人間＝神の子」観に似ている。しかし、なおの場合は、その根底に深刻な人間の罪業（めぐり）観があり、神の子観は、それを前提とした神義論の立場から説かれたものであった。その点で、人間の神性を神霊の自己流出とみる王仁三郎の汎神論的霊魂観は、なおのそれとは似て非なるものであり、性格的にはむしろ、伝統的ヒトガミ観に近いものであったといえよう。問題は、こうした霊魂観がはたした思想的役割だが、さしあたって考えたいのは、そのヒューマニズムやコスモポリタニズム、および惟神（かんながら）の国体論とのかかわりである。私は、これらの両義的な思想を地下茎として結んでいたものこそ、この汎神論的エトスではなかったかと考えている。また、その伝統的ヒトガミ観への回帰が、現人神「信仰」や英霊「信仰」の展開と、性格的には軌を一にするものであった点も、無視されてはならないであろう。

王仁三郎の霊魂観におけるいま一つの重要な特色は、その霊体二元論のうちにみられる。かれは、一九一九(大正八)年頃に成ったと思われる「大本略義」[55]のなかで、さきの霊力体の説を次のように敷衍している。

力とは宇宙に活動を起す根源だが、そこには常に進退、動静、引弛などの「正反対の二方面」がある。「大本霊学では、此宇宙内部の相対的二元を捕えて、陰陽ともいい水火とも又霊体ともいうて居る」。この霊体の二元は宇宙の「大元霊」[56]からみれば、甲乙軽重の差はない。「併し乍ら宇宙の内面に於て意義ある活動を起そうとするには、是非とも其一方面を主とし、他方を従とせねばならぬ」。「大本霊学は此根本原則を普通〝霊主体従〟という言葉で言い現わしている」。

このように、かれの霊体二元論の特徴は、価値序列を含んだ霊主体従説に導かれていく点にあるが、そこでの眼目は、次のような人間論を引き出すことであった。すなわち、人間の「霊能は、吾々に向上、純潔、高雅、正義、博愛、犠牲等を迫る。これが最高の倫理的感情又は審美的性情の源泉である。之に反して体能は、吾々に食い度い、飲みたい、着たい、犯したい等、少くとも非道徳的念慮を起さしめ、甚だしきは堕落、放縦、排他、利己等の行為をも迫る」。だから、霊体はともに具有しているのが人間だが、とくに善である霊能を主とし、悪である体能を従としなければならない、というわけである。(57)

王仁三郎は、なおの「筆先」の「ぜん」「ひのもと」などの語に「霊主体従」、「あく」「われよし」「がいこく」などの語に「体主霊従」の字を宛てているが、もともと霊体二元論も霊主体従説も、なおには無縁のものであった。強いていうなら、身と魂とを区別して捉える発想はあったかもしれない。しかし、それはあくまでも一個の人格のなかで一体化されているべきものであり、まして、身体を価値的に霊(=精神)より劣るものとみる思想は、彼女にはなかった。その点では「神様よりきれいな体をくだされた」(58)と教える金光大神の場合も同様であったと考えられる。

霊魂(または精神、心)と身体についてのなおのこのような見方は、ほぼ伝統的な民衆思想にそったものといえよう。むろん、民俗の世界では、霊魂はしばしば肉体を離れて浮遊することがあるが、それは魂と肉体の安定したあり方=常態とはみられていない。また、江戸時代を代表する民衆的宗教家や思想家に例をとっても、心身の一体性、身体の尊重を説くものが少なくない。たとえば、「米の御恩徳」に仙元大菩薩の加護をみ、「菩薩にて体納るなれば、是一仏一体の利」(59)と説く、富士講の食行身禄(じきぎょうみろく)の場合がそうである。あるいは、「自然真営道ノ近キヲ言フ則ハ、唯、人ノ身神。具足ヲ以テ之ヲ知ルベシ(60)」といい、「身ノ性ハ心、心ノ性ハ身ナリ。故ニ心身ハ二別ニ非ズ、雑一ニ非ズ(61)」とする安藤昌益の場合もそうであろう。

こうした観点からみるとき、王仁三郎の霊体二元論・霊主体従説は、民衆的伝統思想とは明らかに別趣のものであった。さりとて、それが固有の神道思想に基づくものなのか、はたまた、儒教的リゴリズムや仏教の禁欲主義に由来するものなのかどうかも、にわかには断定しがたい。ただ、かれがキリスト教に関心をもち、しきりにバイブルの教えに似せてものを書いていた明治の末年、キリスト教界では、「霊乎肉乎」といった教説書のたぐいが広く流布しており、そうしたテーマが当時の青年たちに新鮮な共感を呼んでいたと思われることは、考慮されていい点かもしれない(62)。

そうしたせんさくはひとまず措くとして、ここでも考えておきたいのは、こうした霊主体従説の思想的意義についてである。その点で、少なくとも私は、その著しい倫理的性格が、客観的には、ひとびとの霊魂への関心を国家の教化思想に内面からつなげていく可能性を宿していたことを、まず重視したい。また、霊魂や霊界の実在を強調する面では、それが、後述する鎮魂帰神法ともあいまって、その終末観的ラジカリズムの幻想性を強め、皇道派的ファシズムへの傾斜に拍車をかけたとみられる点も、指摘しておかなければならない。

次に、このような霊魂観に対置されるかれの神観念の特質を、これも「大本略義」にそくしてみてみよう。

宇宙根本の「力」を体現するものは、既に述ぶる如く、宇宙を機関として、無限、絶対、無始、無終の活動を続け給う所の全一大祖神天之御中主神、一名大国常立尊である。此意義に於て、宇宙は一神であるが、宇宙の内部に発揮さるる力は、各々分担が異なり、……是等の千種万様の力は、各々担当の体現者を以て代表されて居る。此意義に於ては、宇宙は多神に依りて経営され、所謂八百万神の御活動である。……一神にして同時に多神、多神にして同時に一神、之を捲けば一神に集まり、之を放てば万神に分るのである。[63]（傍点筆者）

ここでまず注目されるのは、なおの信心の中心的神格であった艮の金神が後景に退き、『古事記』の開巻劈頭に現れる天之御中主神が、主神としてその座に据えられたことである。このような主神の読み替えの必然性は、何よりも、王仁三郎の宗教思想のベースにある国学神道説の側にあったといえるが、そこにはさらに、なおの神の土俗性を排して、その立替え立直しの思想を前面に打ち出していくための配慮もあったにちがいない。また、後述するように、王仁三郎の神学の中心にあるのは主神の神格を分けたとされる素戔嗚尊であり、天之御中主神は、その異端的性格を融和する論理をひき出すための方途の一つであったともみられよう。しかし、その意図が何であれ、それによって、艮の金神の名称自体に示されているなおの神の独自性が、著しく歪曲されていったことは否めない。それが、大本の国家に対する向き合い方に大きな屈折をもたらしたことは、その重大な結果の一つだが、ここでは、そのような神格の変質が、信心のあり方に及ぼしたであろう変化にも注目したい。すなわち、民俗信仰の内ふところから目を覚まして、三千世界の立替え立直しの告知をもって現れたなおの神は、何よりもその人格性と意志性と強力な救済機能において、信心をそこに帰一せしめる神としてのリアリティと至高の権威をそなえていた。一方、宇宙の大元霊としての自然性と存在性と造化の機能に特徴づけられる天之御中主神は、もともと「信仰的基盤を欠き、観念的に造作されたもの(64)」にすぎず、その神学的説明に破綻はなくとも、ひとびとの信心を揺さぶる迫力においては、なおの神にはるかに及ばないものがあった。もっとも、王仁三郎の教義では、素戔嗚尊が救世主の役割を負うことになっており、そこに異端的神道説としての思想的意義を見出すのも少なくない。しかし、私自身はこのような主神の性格の差が、その救済論にも及ばざるをえなかった点を重視したい。この点についてはあとで鎮魂帰神の問題を論ずる際に、改めてふれるつもりである。

王仁三郎の神観のいま一つの、そして霊魂観とのかかわりではさらに重視すべき特徴は、一神即多神の思想にみられる。かれによれば、主神はその神格を分けて、なおには至厳の父性＝厳の御魂が国常立尊・日の大神(イザナギ)・天照大神としてあらわれ、王仁三郎には至愛の母性＝瑞の御魂が豊雲野尊・月の大神(イザナミ)・素戔嗚尊としてあらわれて、後者がもっぱら救世主・贖い主の役割を担うものとされる(65)。そのかぎりでは主神の用を統べる素戔嗚尊に信仰上の中心が据えられているともいえるが、神学的構造においては、やはり「之を捲けば一神、之を放てば万神」という一神即多神観にその特質をみなければならない。このような王仁三郎の多神観に、伝統的な神道思想のそれが深く影を落していることはいうまでもないが、他面では、このころ、「実在の根本的方式は一なると共に多、多なると共に一」と説く西田幾多郎の『善の研究』が流布し、宗教界ではユニテリアンや帰一協会などの運動が活性化するなど、大正期に特有のオプティミスティックな、多元的統一を志向する精神状況があったことも見逃せない。この一神即多神観は、一方では「主の神(=素戔嗚尊)は、……その御魂を分け、あるいは釈迦と現われ、あるいはキリストと化り、マホメットと化」るという万教同根説となって現れるが、ここにも大正期的なユニバーサリズムの反映をみることができよう。しかし、このような普遍主義が、神道的多神観をも原理的支柱として包含しえたところに、かえって大正期的精神状況の問題性をみなければならないのかも知れない。いずれにせよ私は、かれの世界像や国家観の両義性にあって、その矛盾的自己同一を神学思想の深みから支えていたものこそ、かかる一神即多神観ではなかったかと考えるが、当面する霊魂観の問題としては、それが前述の汎神論的人霊観と明らかに対応している点に、さらに注意を喚起しておきたい。
最後に、かれの霊魂観をその救済論に反映させたとみられる鎮魂帰神についてもふれておかなければならない。

なおの救済論は、さきにみてきたように、艮の金神の救済機能(立替え立直しは救済と別のものではない)と、その神がかりによるなおの仲介と、人民自らの改心とに特徴づけられる。これに対して王仁三郎の神学では、霊力体の原初的カオスである天之御中主神がムスビの神の造化機能によってその神格を分け、究極的には王仁三郎に体現される瑞の御魂=素戔嗚尊が、救世主の役割を担うものとされる。そのかぎりで実質的には素戔嗚尊が主神としての内実をもち、そこに主軸を据えて展開される『霊界物語』の壮大なドラマは、この神に迫真のリアリティをあたえるものともなった。

しかし、神学の構造上素戔嗚尊は天之御中主神の分神として相対化されざるをえず、『霊界物語』のドラマチックな効果はその神話的悲劇の英雄としての共感をよびさますとも、そこから信心の対象となるべき神格の絶対性をひき出す契機とはならなかった。王仁三郎における鎮魂帰神は、客観的にはまさにそのような救済論の弱点を補う意義をも担うものであったと考えられる。

ところで、なおにおける神がかりも王仁三郎の鎮魂帰神も、ともに神の憑依現象であるという点では共通しているが、その性格にはかなり異質なものがあった。王仁三郎はなおと出会う以前に高熊山の修行で神人感合の境地に達し、幽斎帰神術への関心を深め、本格的には稲荷講社の長沢雄楯から鎮魂帰神法を学んだ。(67) このような神や霊魂の憑依現象とそれにまつわる宗教活動は、当時の社会に広くみられたものであったが、この鎮魂帰神法では、修練による特殊な作法によって神がかりが人為的につくり出され、憑依した神の正邪や位階が審神者(さにわ)によって判定される点に、その特色があった。こうした霊学をもって大本を訪れた王仁三郎に、なおが最も期待していたのは、自らに憑依した艮の金神の神格を明らかにし、その権威性を弁証してくれることであった。しかし、王仁三郎の唱導する霊学に、なおはしだいに違和感をつのらせていく。当時の「筆先」にみられる「余り霊学ばかりに凝ると筆先が粗略になりて……」「筆先を七分にして霊学を三分で……」「変性女子は帰神で開きたいのが病癖(やまひ)……」「この金神は禰宜や巫子には憑(うつ)らんぞよ。何程神憑りに骨を折りたとて、真の神は肝腎の時でないと憑(うつ)らんぞよ」(68) などの王仁三郎への批判は、なおの神がかりと王仁三郎の鎮魂帰神のちがいをよく現している。すなわち、なおにおける神がかりの意義は、あくまで筆先を通して神(の意志)を世に出すことにあった。したがってまたその神がかりは、なおの予期しない神の一方的意志によるものであり、因縁ある御魂として選ばれたなおにのみ排他的に起りうるものであった。こうしたなおの帰神を、霊学の修行を積んだ審神者を自負する当初の王仁三郎が、「淫祠妖教」のたぐいとみたのも無理はない。しかし、なおの立場からすれば、修法によって誰もが神人合一の境に達しうるとされる鎮魂帰神は、いかにもさかしらな「人の業」としかいいようのないものであった。このような神がかりと鎮魂帰神の様態に現れたちがいは、その霊魂観、神観念、救済論における両者の差違を、最も端的に示したものとみることができよう。そして、明治の末年、王仁三郎の手にその主導権が移されたときから、大本教団は、この鎮魂帰神を軸とする王仁三郎の霊学によって、新たな方向づけがなされることとなったのである。

第一次大戦末期の一九一六、一七年から第一次大本教事件の起る二一年ころまで、大本教団は教勢の飛躍的な発展をみた。この大発展を支えたものは、国家神道教義によって合理化された終末観的ラジカリズムと、それに深く結びついた鎮魂帰神法であった。安丸良夫氏はその背景に、一方は伝統的民俗信仰から他方は観念論的世界観にまたがる大正期のひとびとの幅広い霊魂観の位相をみているが[69]、この時の大本の発展に寄与したのは主として後者であり、またそのようにみることが、霊魂観の変遷史をたどる上では重要だと考える。

すなわち、この時期の大本教団では、都市中間層、なかんずく知識人の入信が相次いでいるが、こうしたひとたちは、もはや、それを信ずるに足る何らかの「証拠」と、一定の世界観的な裏づけがなくては、霊魂や霊界の実在を素朴に認めることのできないひとたちであった。逆にいえば、そうした裏づけさえあれば、進んでそれを認めたいひとたちでもあった、ということである。神道的に合理化された終末観と鎮魂帰神法は、まさにそのようなものとして、かれらをひきつけたのであった。一九一六年に入信した浅野和三郎や、一九一八年に入信した谷口雅春らによる欧米の「科学的」心霊学の導入は、そうした霊魂観の変質を、最も象徴的に物語るものであった。この時期に、欧米の心霊学の訳書や紹介書が目立ってふえていることは、それがひとり大本教にかぎらない普遍的な現象であったことをも示している。かつては証明の必要もない「事実」であった霊魂の実在が、「科学」による論証を必要としたときから、霊魂の歴史は、かえってとめどもない観念的頽廃への一歩を踏み出したのであった。

結びにかえて——霊魂の「新時代」と生長の家

一九二二(大正一一)年一〇月、大本教の新たな指導者の一人であった谷口雅春は、「神観の変化」を理由に教団を去った。しかし、かれが訣別したのは厳密にはなおの神観であり、その終末観を除けば、そうした「変化」はすでに王仁三郎のなかにも兆していたといってもよい。一九三〇(昭和五)年に谷口によって創始された「生長の家」は、大正期の大本にはらまれていた「新時代」への予感を現実のものとし、折からのモダニズムの風潮に乗っていわゆる新興宗教の先駆の一つとなった。その後、昭和恐慌をはさんで急成長を遂げた生長の家は、独自の生命観を売り物にファシズムの時代を乗り切り、今も反動勢力の最も頼もしい味方として、あなどりがたい影響力をもちつづけている。このように、宗教の「現代」をその起点から歩みつづけてきた生長の家は、霊魂の新時代を展望するうえでも無視できない存在といわなければならない。「霊と現代」については、いずれ稿を改めて検討したいと考えているが、最後に、その道標の一つとなるべき生長の家の霊魂観の特質について、ごく簡単にふれておくことにする。

その教養から社会観にいたるまで、大正期の精神的雰囲気を満腔に吸って育った谷口は、折からの社会矛盾の解決を「霊的救済」に求めて大本のひととなり、その自力的信仰(かれはなお改心をそのように受けとった)と、終末観を支える神観(そこにかれは神の不条理をみた)に疑いを抱いて、大本を去った。そこで発芽した思想は、一九三五(昭和一〇)年に刊行を開始した当時のベストセラー『生命の實相』に収録された諸編に結実をみる。いま、そのなかでもとくに、かれの思想のエッセンスをとり出したとみられる聖経『甘露の法雨』ならびにその「講義」(70)などから霊魂観にかかわるものを抽出してみると、かれはまず「物質は無い」という単純明快な命題から出発する。かれによれば、およそわれわれの感覚がとらえる現象の世界は真の実在ではなく、心の世界(念の世界)の影を写したものでしかない。したがって、この世の悲惨な生存競争も、精神的・肉体的痛苦も、病も死も、すべて心(念)の迷いがもたらしたスクリーンの上の映像にすぎない。しからば真の実在とは何か。それは病むことも老いることも死することもない永遠の生命、絶対の愛、宇宙を貫く心、宇宙を貫く真理、一切の光明、すなわち、神である。とすれば、あるのはただ神における実相の世界と、人間における念の世界のみである。その念の世界における心の迷いは、光明の念によって修正することができる。なぜなら、「神は人間の光源にして、人間は神より出でたる光」だからである。かれの生命の哲学の要旨はこのようなものだが、その霊魂観もほぼこれに対応している。かれによれば、霊には神の世界に属する普遍的「霊」と、念の世界に属する個別的「霊魂」がある。この霊魂もまた実在的なものではなく、その正体は念の波によって組成されている。したがって、それは心と同様、念の迷いによって迷える霊魂、病める霊体となる。しかし霊体の病は、霊魂の意識が「本来病無し」と悟ると同時に消えてしまう。それもまた、心の場合と同様である(これによると、かれのいう霊魂とは、死後のそれをさすもののようである)。

ここにみられるかれの霊魂観や神観を王仁三郎のそれと対比させるなら、その最も著しい特徴は、王仁三郎における霊体二元論が、神の霊のみを唯一の実体とする一元論に昇華され、この世の現実が虚像として全て否定されてしまったことであろう。もっとも、王仁三郎にも「物質界は神霊界の映像」という見方がすでに芽生えており[71]、そのかぎりでは谷口との間に大きな断絶はない。それ以外の点では、その汎神論的神観も、一神即多神観も、万教帰一論も、「人間=神の子」観も、ともに王仁三郎の思想を徹底純化したものにほかならなかった。また谷口は、神人合一の境地に達する独自の行法として「神想観」なるものをあみ出し、布教活動の重要な梃子(てこ)としたが、これも王仁三郎の鎮魂帰神から複雑な手続きを取り除き、大衆向けにアレンジしたものといってよい。ただその場合にも、王仁三郎と異なるのは、そうした修法と分かちがたく結びついていた終末観的ラジカリズムが否定されることによって、社会への内的契機が失われ、病気や死からの解放といった即自的現世利益の面のみが強調されていったことである。まさに霊験の宗教の復活である。『生命の実相』を読むだけで病気が治るという自己宣伝は、その最たるものであった。しかし、この本のフェティシズムはまた、東西古今の先哲の思想と最新の心霊学がさながらごった煮のごとく詰めこまれたその内容と無関係のものではなかった。そこにこの現代の流行神の新たな文化相があり、そこに現代の迷える知性を惹きつけていく契機が宿されていたのである。

一九四〇(昭和一五)年四月、宗教団体法の実施に伴って、それまで教化団体であった生長の家は、天皇信仰を教義の中心にすえた宗教結社となった。このとき、谷口はいった。「わたしの「生命」を愛護すること勿れ。「生命」が尊きは、天皇の大御いのちの流れであり、岐れであるが故に尊きなり。寸時も、「天皇のみたまのふゆ」(天皇の恩徳・加護)なることを忘るべからず」[72]。「病気は無い。死も無い」というかれの「生命」論が、行き着くべくして行き着いた地点であったといえよう。そして、私は、今日の社会に跋扈している霊魂説の多くも、御霊信仰以来の民俗的伝統というよりは、こうした大正・昭和のモダニズムを背景とする「新興宗教」に、その水源を見出すべきものであると考えている。むろん、それが新たなファシズムに結びついていく可能性までを含めて。

(1) 柳田国男「人を神に祀る風習」(『定本柳田国男集』第一〇巻、筑摩書房、一九六九年)四七四頁。

(2) 山折哲雄「日本人の宗教観・神と仏」『朝日新聞』一九八四年一〇月二日付夕刊、宮田登「家の神、村の神と国の神—民俗学からみた「靖国」」(『伝統と現代』七九、一九八四年春季号)など参照。

(3) 黒田俊雄「鎮魂の系譜―国家と宗教をめぐる点描」(『歴史学研究』五〇〇号、一九八二年一月)は、御霊信仰の問題をそうした観点から捉えた数少ない力作の一つである。
(4) 山折哲雄『日本人の霊魂観』河出書房新社、一九七六年、二七頁。
(5) 人神信仰については、堀一郎「氏神型と人神型―民間信仰の二つの型」(同『民間信仰史の諸問題』未来社、一九七一年)、同『日本のシャーマニズム』(講談社、一九七一年)など参照。
(6) 黒田俊雄、前掲注3論文、七頁参照。
(7) 宮田登『近世の流行神』評論社、一九七二年、一四〇頁。
(8) 同前、二二五頁。
(9) 魔術(マギー)ないし呪術からの解放の思想史的意義については、大塚久雄「魔術からの解放」(『大塚久雄著作集』第八巻、岩波書店、一九六九年)参照。
(10) 「金光大神御理解集」第II類、佐藤光治郎の伝え28。以下。教祖からの引用は全て『金光教教典』(金光教本部教庁、一九八三年)による。伝承者名の下の番号は、同教典の整理番号。なお「金光大神御理解集」は、以下「理解」と略する。
(11) 柳田国男「先祖の話」(前掲注1『定本柳田国男集』第一〇巻)など参照。
(12) 「理解」I、島村八太郎45。なお文頭の番号は、ここでの便宜のためのものである。
(13) 同前、佐藤範雄20。
(14) 同前、島村八太郎10。
(15) 同前、荻原須喜8。ただし、これは荻原の理解。
(16) 「理解」III、「尋求教語録」23。ただし、これは片岡次郎四郎の理解。
(17) ちなみに、教祖における神の「お知らせ」も、いわゆる神がかりを伴わない、日常態のなかでのものであった。

(18) 岩本徳雄「日天四と金光大神」(『金光教学』第一八号、一九七八年)、桂島宣弘「民衆宗教における神信仰と信仰共同体」(『日ノ本学園短期大学研究紀要』一二号、一九八四年)など。

(19) 「覚」21―10。

(20) なお、このような神号は、他の篤信者にも、それぞれの信境に応じて授けられている。

(21) 神性と人間性のあいだをめぐって揺れ動く教祖観の変遷を教学史的に捉えた島薗進の論文「金光教学と人間教祖論」(『筑波大学哲学思想学系論集』第四号、一九七八年)は、この点についても示唆するところが多い。

(22) 「理解」Ⅰ、徳永健次2―3。

(23) 同前、市村光五郎3―13。

(24) 同前、市村光五郎2―54。

(25) 安丸良夫「日本の近代化と民衆思想」(同『日本の近代化と民衆思想』青木書店、一九七四年)参照。

(26) 「理解」Ⅰ、市村光五郎1―10。

(27) 「理解」Ⅲ、金光教祖御理解98。

(28) 以下、出口なおの「筆先」からの引用は、主として『大本神論』天之巻、火之巻によっているが、池田昭編『大本史料集成Ⅰ　思想編』(三一書房、一九八二年)も併せて参照した。引用の際は注に「筆先」の年月日のみを記しておく。

(29) 明治二五年旧正月…日。

(30) 明治三一年旧五月五日。

(31) 明治三二年旧七月一日。

(32) 同前。

(33) 大正元年旧八月一九日。
(34) 明治三八年旧四月一六日。
(35) 明治三二年…月…日。
(36) 明治二六年…月…日。
(37) 明治三二年旧正月一八日。
(38) 明治三五年旧三月八日。
(39) 明治三五年旧三月一一日。
(40) 明治三三年旧一二月一三日。
(41) その意味で教祖らにおける人間=神の子観は、神性を生得のものとみるヒトガミ観とは明確に区別されなければならない。この点については本書の「生き神の思想史」を併せて参照されたい。また、このような神の子観は、人間平等観の源泉として評価される場合が多いが(たとえば栗原彬「倫理宗教性と政治行動—民衆宗教大本の集合的アイデンティティ」『歴史とアイデンティティ』新曜社、一九八二年、一三九頁参照)、私はそれよりも、新たな倫理的主体の確立に寄与した面を重視したい。
(42) 安丸良夫『出口なお』朝日新聞社、一九七七年、一二九頁。
(43) なお自身も「筆先」で「艮の金神金光殿に憑(うつ)りて先導(さきばしり)の御用を命(さ)したなれど……天地金乃神などと取次が勝手な名を付けて」(明治三一年九月一日)と、その独自性を強調している。
(44) 出口王仁三郎「本教創世記」(『出口王仁三郎著作集』第一巻、読売新聞社、一九七二年)六〇—六一頁参照。
(45) 「筆先」には艮の金神についても、かつてその強い「我」のゆえに悪神たちによって艮の隅に押しこめられたとする、いわゆる「国祖引退」神話がある。
(46) 安丸良夫、前掲注42書の「五、零落れた神たち」の項参照。

(47) 安丸良夫、前掲注42書の「六、出会いと自認」の項参照。
(48) 明治三一年旧五月五日。
(49) 明治三四年旧三月一〇日。
(50) 大正五年旧一一月八日。
(51) 大本教学研鑽所『大本のおしえ』天声社、一九七七年、二一―三頁。
(52) 栗原彬「郷の立替え立直し―出口王仁三郎」(『近代日本の国家像』日本政治学会年報一九八二年、岩波書店)一七八頁。
(53) この三カ条の神教はかれが稲荷講社の長沢雄楯から授かった国家神道家本田親徳の著『道の大原』のなかにあるものと同じで、国学神道説の受売りに近いものだが、教団ではいまも「三大学則」としてこれを重んじている。
(54) 出口王仁三郎「本教創世記」(前掲注44『出口王仁三郎著作集』第一巻)八〇―八一頁。
(55) これはかれ自身の神観を体系化して論じたもので、その基本的性格は、のちの『霊界物語』にひき継がれていく。前掲注44『出口王仁三郎著作集』第一巻所収。
(56) これをかれは天之御中主神に比定している。
(57) 以上「大本略義」からの引用は、前掲注44『出口王仁三郎著作集』第一巻、二一二―二一六頁による。
(58) 「理解」I、徳永健次5。
(59) 食行身禄「三十一日の御巻」(村上重良・安丸良夫編『民衆宗教の思想』日本思想大系六七巻、岩波書店、一九七一年)四三二頁。
(60) 安藤昌益「自然真営道」巻一(尾藤正英・島崎隆夫校注『安藤昌益・佐藤信淵』日本思想大系四五巻、岩波書店、一九七七年)二二頁。

(61) 安藤昌益「自然真営道(稿本)良演哲論」前掲注60書『安藤昌益・佐藤信淵』二五三頁。なお身禄や昌益の身体論については安丸良夫氏の御教示による。

(62) 国際基督教大学アジア文化研究委員会編『日本キリスト教文献目録』(明治期)によれば、明治四〇―四三年にかけて、同名の書が三種出ている。ちなみに筆者は、木下尚江、柳沢謙、赤司繁太郎らである。

(63) 出口王仁三郎「大本略義」(前掲注44『出口王仁三郎著作集』第一巻)二二〇―二二一頁。

(64) 青木和夫・石母田正・小林芳規・佐伯有清校注『古事記』日本思想大系一巻、岩波書店、一九八二年、補注2、三一六頁。

(65) 出口王仁三郎「御霊魂のことわけ」(前掲注44『出口王仁三郎著作集』第一巻)一六二―一七二頁、『大本七十年史』上巻(宗教法人大本、一九六四年)六六〇―六六一頁など参照。

(66) 出口王仁三郎『霊界物語』四七巻総説、大正一二年一月八日。『出口王仁三郎著作集』第三巻(読売新聞社、一九七三年)二四五頁より再掲。

(67) 鎮魂帰神の由来は、古く上代の神道儀礼に淵源するが、王仁三郎に伝授されたそれは、長らくすたれていたこの古法を、幕末の一部の神道家が、より体系化して再興したものである。

(68) 以上、明治三八年旧四月一六日。

(69) 安丸良夫『出口王仁三郎著作集』第二巻(読売新聞社、一九七三年)解説、四三九頁参照。

(70) 谷口雅春『生命の実相』全集第一一巻、経典編。

(71) 前掲注65『大本七十年史』上巻、六六一頁参照。

(72) 谷口雅春「天皇信仰」(『生命の教育』昭和一五年九月号)。『生長の家五十年史』三二四頁より再掲。

あとがき

小著は、私が齢五〇にしてようやく手にする最初の論集である。最初が最後になるかもしれないという、いかにもありうべき妻の助言を容れて、少しだけ、私事にわたる事柄について、しるしておきたい。

六〇年安保などといえば、同じ世代のひとからさえ、古いといわれそうだが、小著にたどりつくまでの私の道のりは、すべて、そこにこだわりつづけてきたもののそれのように思われる。

一九六〇年は、詰襟姿の学生たちにとって、毎日がアンポ、アンポで明け暮れる政治の季節。気がつけば、のちにいうノンポリを決めこんでいた私も、いつのまにかその渦のなかにいた。「ヤンキー・ゴーホーム」という国粋的なひびきのシュプレヒコールを拒みつづける以外、私は、ただの学生にしてはかなり積極的に運動にかかわっていた方だと思う。しかし、連日白亜の殿堂をぐるぐる巻きにし、大いに気勢を上げながら、心の片隅には、なぜか醒めた部分のあることに、私はいつも、かすかな不安を覚えていた。そして、一人の女子学生の骸を残して、季節の終りがやってきたとき、たまたま映画のなかで出会った一つのシーンが、おどろくほど鮮やかに、私の不安の実態を解き明かしてくれたのである。それはたしか今村昌平の『にっぽん昆虫記』のなかの一場面であったかと思う。左幸子演ずるところの貧農の出の主人公が、タクシーに乗って、折からの安保のデモに足止めをくらい、運転手ともども「チッ」と舌打ちをして走り去る。わずかそれだけのシーンである。そのとき、私は、フロントグラスのあちら側に、私自身の姿を垣間みた。あちら側の私には、むろんこちら側の舌打ちなど聞こえはしないし、また聞こうともしていなかったはずである。なんと見事な安保の総括。たまたまそれが、『日本の夜と霧』という饒舌な安保劇をみて、満たされぬ思いにひたっていたときだけに、ひときわその印象が強烈だったのかもしれない。そして、思えばそれが、民衆宗教史などという生まれたばかりの学問に私が迷いこんでいく、そもそものきっかけとなったのであった。その意味で小著は、そのときの「かれら」と「わたし」をへだてているものにこだわりつづけてきた一人の日本人の、ささやかな精神の記録でもある。

最後に、月並みになるが、およそ学者としての資質に欠ける私を、たえず叱咤激励してここまで導いて下さった、家永三郎、武田清子、安丸良夫の諸先生に、心からの感謝を捧げたい。このうちとくに家永先生にこの書を献ずるいわれは、ほかではない。長年にわたって教科書裁判に打ちこんでこられた先生への、これはささやかな陣中見舞のつもりなのである。

また、小著の出版にあたっては、岩波書店編集部の松嶋秀三・岡本磐男の両氏にひとかたならぬお世話になった。記して厚く御礼を申し上げる。

著　者

初出一覧

「日本の近代化と民衆宗教」　「幕末期における民衆宗教運動の歴史的意義」(歴史学研究会編『歴史における民族と民主主義』青木書店、一九七三年)、「民衆宗教と国家」(江村栄一ほか編『国権と民権の相克』日本民衆の歴史6、三省堂、一九七四年)などをもとに再構成。

「民衆宗教における〝近代〟の相剋――教派神道体制下の金光教――」　「民衆宗教における〝近代〟の相剋――教派神道体制下の金光教――」(日本史研究会『日本史研究』二〇二号、一九七九年六月)に補筆・訂正。

「齋藤重右衛門のこと――ある民衆宗教布教者のプロフィール――」　「齋藤重右衛門のこと――ある民衆宗教布教者のプロフィール――」(『富山医科薬科大学一般教育研究紀要』創刊号、一九七九年)に補筆・訂正。

「戦争と信仰――『卡子』と大久保さん父子のこと――」　「戦争と信仰について――『卡子』と大久保さん父子のことなど――」(『富山医科薬科大学一般教育研究紀要』第8号、一九八六年)に補筆・訂正。

「生き神の思想史――神と人とのあいだ――」　「民衆宗教の深層」(朝尾直弘・網野善彦・山口啓二・吉田孝編『生活感覚と社会』日本の社会史第8巻、岩波書店、一九八七年)に補筆・訂正。

「ナショナリズムと民衆宗教」　「ナショナリズムと民衆宗教」(『季刊日本学』第一巻第四号、名著刊行会、一九八四年)に補筆・訂正。

「霊と近代——民衆宗教における霊魂観の変遷——」　「霊と近代——靖国のこちら側を考える——」(黒田俊雄編『国家と天皇』大系仏教と日本人2、春秋社、一九八七年)に補筆・訂正。

岩波人文書セレクションに寄せて

小著の初版本が刊行されたのは、一九八八年八月だから、もうふた昔も前のことになる。当時私は文部省の在外研究員としてケンブリッジに滞在していたので、著者あての献本はケンブリッジの侘び住まいに届いた。包みを解いて本を手にし、真新しい紙とインクの匂いを嗅いだときの微かな興奮が、今も鮮やかに蘇って来る。

それは、初版本の「あとがき」にも記しておいたように、小著は、アカデミズムの世界になかなか馴染めない私が、色々回り道をしたあげく「齢五〇にして」ようやく手にした最初の論集だったからである。しかし、いま一つは「学界のことなどは気にせず、自分らしい仕事を積み上げて、早く論集を出しなさい。私はそれを鶴首して待っている」と繰り返し言って下さった今は亡き家永三郎先生のご恩に、これでいくらか報いられる、と思ったからでもあった。

その後小著は、私の予想を裏切って、何回かの増刷を見るという幸運に恵まれた。折から朝日新聞の書評欄で、近代思想史の先達の一人、鶴見俊輔氏から好意的な評が寄せられ、それが人々の目に留まる契機の一つとなったからでもあろう。

それから二二年、懶惰を自認している私でも、自著の未熟なところが目につくほどには新たな知識や認識が加わって、このところ、機会があれば増補改訂版を出したいなどとしきりに考えるようになった。奇しくもその矢先に今度の復刊の話が舞い込んだのである。ところが、聞いてみると今回の復刊は、誤字の訂正程度にとどめ、原則的に品切れ時の最終版を踏襲する形にしたいのだ、という。となると「まるで古典並みの扱いだ」などと、冗談ばかりは言っていられない。

私は悩んだ。そして自問した。私にとって不満なところ、直したいところをそのままにしてでも、この本にはなおひとに読んでもらう値打ちがあるのだろうか、それで自分の良心は痛まないか、と。そして、自分の口から言うのもおこがましいが、そこでのプラスとマイナスの差し引きは、プラスの方が若干優っているというのが、その時私の下した結論だったのである。そこで、以下、ふた昔前の小著がなお有効だと考えたのはなぜか、できれば手を入れたいと考えていたのはどういう部分かという点について簡単に述べて、いささかなりとも復刊に際しての不備を補っておきたいと思う。

そこで、これは初版本の方では自制して述べなかったことだが、まずは、本書の背景にある私の学問的な動機の部分について、少し触れておきたい。動機の如何と中味のよしあしとは全く別の問題だが、少なくとも動機の部分は、私のものの見方や学問的な方法の特徴と深く結びついていると思われるからである。私は一九三七年の生まれだから、子供ながらに体験した戦争の記憶は、その後の私の生き方やものの考え方に大きな影響を与えてきた。そして、いつの頃からか、「日本はなぜあのような無謀な戦争を起こしてしまったのか、国民はなぜそれを阻止できなかったのか」を問うていくことが、自らの生き方に関わる重要なテーマだと考えるようになった。私が、歴史学という学問に接近していったのも、そのためだったと言える。

そこで私が、歴史学の王道を行く政治史や社会・経済史より思想史に心を惹かれていったのは、人々の内面のあり方を問うていくことが、結局のところ、「国民はなぜ戦争を阻止できなかったのか」という問題を考える上で、最も重要な課題だと思ったからである。

そうした角度から、日本の近代の歴史を振り返った時、私の関心は、日本をあの侵略戦争に導いていった天皇制イデオロギー＝「国体論」の思想、とりわけ天皇を「現人神」とする思想が、人々の内面では実際のところどう受け止められていたのか、という問題に集中していった。というのは、多分「現人神」など民衆的な基盤をもたない荒唐無稽の創作物に過ぎないという認識からであろう、一般にはそうした問題意識は極めて希薄だったが、私は、その点を明らかにすることなしに、人々が天皇制の呪縛から真に解き放たれることはない、と考えたからである。

そのころ、というのは一九五〇年代の終わり頃から七〇年代の初めにかけてだが、いわゆる「民衆宗教史」とか「民衆思想史」と呼ばれる新たな分野が切り開かれ、それまで、仏教やキリスト教などの伝統的な宗教に比べて一段価値の低いものと見なされてきた幕末の民衆的な諸宗教の、民衆解放思想としての役割を積極的に評価しようとする動きが始まる。それはまた、思想史の方法論に新たな地平を切り開いた瞬間でもあった。とくに、民衆思想史の開拓者の一人、安丸良夫氏のいわゆる「通俗道徳」説は、思想史の方法をめぐる議論に、新たな画期をもたらすものであったといえる。

未知の読者の為に、その要点を言えば、近世後期から近代にかけて、勤勉・倹約・謙譲などの通俗道徳が、広範な人々の実践を通して内面化され、それが日本の近代化を最深部から担う厖大なエネルギーになったのだ、ということを実証を踏まえて論じたものである。無論、こうした通俗道徳そのものは、権力の支配イデオロギーとして社会的な規制力を発揮してきたものと別のものではない。しかし、それが人々の実践を通して内面化されるとき、それは広範な人々の自己形成、自己確立に寄与し、その故に、近代化の過程では却って内面的な呪縛力となって、自らを疎外するものに転化していった、と見るところに、それまでの「人民闘争史観」とは異なる安丸説の大きな特徴があった。

私がとくに支配思想との関わりで、民衆意識の内実に迫ろうとするとき、この安丸説から受けた恩恵については計り知れないものがある。しかし、それについてここでこれ以上述べることは控えておこう。ただ、安丸氏が、そうした歴史的な意義を担う通俗道徳思想として取り上げたものの中には、民衆宗教の教祖の思想も多く含まれていたが、そこでの氏の関心は、あくまでその中に見出せる「通俗道徳」的要素へのそれであり、その限りで氏は、それをもって宗教そのものを論じようとした訳ではなかった。

その点で、人々の意識、とりわけその宗教意識は、「現人神」の強制に対して、どういう向き合い方をしていたのか、という問いから出発した私は、教祖らの「通俗道徳」説をその深部から基礎づけている、宗教に固有の救済論や神観念の特徴を明らかにすることが、さらに重要なのではないかと考えた。そのとき私の心を捉えたのが、当時はまだ比喩的なものとして扱われていた、人間を全て神の子とみなす、民衆宗教に固有の「生き神」の思想だったのである。もちろん、「生き神」というキイワードに惹きつけられた理由の一つは、それが「現人神」と対照的な内容をもちながら、ともに神と人とを一体的、ないしは連続的に捉えようとする伝統的な「ヒトガミ」の観念を分け持っているという点に、注目せざるを得なかったからである。

こうして、ある時は民衆の解放思想として発現し、あるときには権力の民衆支配に奉仕するという「ヒトガミ」の観念の両義的性格を軸に、それを否定的媒介として教祖らが獲得した「生き神」思想の変遷を通して、国家とのせめぎ合いにおける民衆思想のダイナミックな展開過程を描き切ってみたい、という目論見から生まれたのが、小著に収められた各章の論文に他ならない。

これに対する反応は、先述の鶴見氏のものと、学界の内部からは、私から見てやや的外れと思われる批判が一つあったのみで、いわばまだ孤高を保っている。しかし、私が一番読んでもらいたいのは、学界などとは関係のない「フツウ」の読者であり、そういう人たちに対して、小著は多分、失望を与えないだけのものを保持していると考える。それが、復刊に応諾した私の何よりの理由である。

もう紙幅も残り少なくなってきたが、できれば手を入れたいと思っていた事柄についても、簡単に触れておきたい。一つは、「生き神」と「現人神」の相克を、小著ではとくに金光教の例をもとに論じているが、他の民衆宗教の豊富な例を投入しなければ、普遍化しにくいのでは、という問題がある。ただ、この点については、後に出版された小著『民衆宗教と国家神道』(山川出版社、二〇〇四年)で、他の民衆宗教の例をほぼ網羅して、その全体像の把握に努めている。また、小著のタイトルと同じ第III部の「生き神の思想史——神と人とのあいだ」では、民俗学の成果などにも学びながら、民間信仰の深みから「ヒトガミ」の観念や「生き神」の思想の意義を説こうとしているが、そこでは重層的に展開されているはずの仏教や神道の流れとの相互関係が、必ずしもトータルに把握されていない。これについてはいずれ検討し直さなければならないと考えているが、とりあえずは、近く刊行予定の共著『はじめて学ぶ宗教——自分で考えたい人のために』(仮題、有斐閣)所収の小論「日本人と宗教——ヒトガミの物語」で、いま少し踏み込んだ検討をしている。興味のある方は併せて読んで頂くとよいかと思う。

最後に、私の期待している「フツウ」の読者のために一言付け加えておくと、小著は先ほど述べた意図のもとに、論文の配列などを若干考慮して編纂されているが、だからと言って、頭から順番に読んでいく必要などは全くない。その意味で私自身はどれか一つを挙げるとしたら、第II部の「戦争と信仰」をお勧めしたい。これは初出が二四年前のもので、いまでは気恥ずかしいくらい自分を丸出しにした作品だが、信仰のあるなしに関わらず、信仰のもつ力というものを理解する上で、いくらか参考になると思うからである。もちろん、頭から順番に読んでここに辿り着いた律儀な読者にとっては、あとの祭りというものだが。

二〇一〇年一〇月

小沢 浩

■岩波オンデマンドブックス■

生き神の思想史——日本の近代化と民衆宗教

1988年8月25日　第1刷発行
2010年12月10日　人文書セレクション版発行
2015年8月11日　オンデマンド版発行

著　者　小沢 浩（こざわ ひろし）

発行者　岡本 厚

発行所　株式会社 岩波書店
〒101-8002 東京都千代田区一ツ橋 2-5-5
電話案内 03-5210-4000
http://www.iwanami.co.jp/

印刷／製本・法令印刷

ISBN 978-4-00-730261-9　Printed in Japan